울력진석찬문고 04

상상력을 활용하는 교수법

키런 이건 지음

송영민 옮김

울력

An imaginative approach to teaching by Kieran Egan
Copyright ⓒ 2005 by John Wiley & Sons, Inc.
Korean Translation Copyright ⓒ Ulyuck Publishing House, 2008
All rights reserved.
This Korean edition was published by arrangement with
John Wiley & Sons, Inc.
through Eastern Insight Agency, Seoul.

이 책의 한국어판 저작권은 이스턴 인사이트 에이전시를 통해 저작권자와 독점 계약한
도서출판 울력에 있습니다. 저작권법에 의해 한국 내에서 보호를 받는 저작물이므로
무단 전재와 무단 복제를 금합니다.

상상력을 활용하는 교수법(울력진석찬문고04)

지은이 | 키런 이건

옮긴이 | 송영민

펴낸이 | 강동호

펴낸곳 | 도서출판 울력

1판 1쇄 | 2008년 12월 1일

등록번호 | 제10-1949호(2000. 4. 10)

주소 | 152-889 서울시 구로구 오류1동 11-30

전화 | (02) 2614-4054

FAX | (02) 2614-4055

E-mail | ulyuck@hanmail.net

값 | 16,000원

ISBN | 978-89-89485-69-8 93370

· 잘못된 책은 바꾸어 드립니다.
· 옮긴이와 협의하여 인지는 생략합니다

차 례

감사의 말

이 책을 저술하는 동안 유익한 조언을 해준 '상상력을 활용하는 교육 연구회Imaginative Education Research Group' 회원들에게 감사한다. 특히 아래의 분들에게서 잊을 수 없는 유익한 조언을 들었다. 앤 코다코스키Anne Chodakowski, 이사벨 이튼Isabelle Eaton, 마크 페티스Mark Fettes, 나탈리아 가다마스코Natalia Gajdamaschko, 스탠 개로드Stan Garrod, 조이 프리드-개로드Joi Freed-Garrod, 모니카 힐더Monika Hilder, 제프 매덕-존스Geoff Madoc-Jones, 니콜 마셔Nicole Marcia, 테레사 마틴 Teresa Martin, 마셔 맥켄지Marcia McKenzie, 앰릿 먼디Amrit Mundy, 앱코 냅Apko Nap, 돈 파피티아Dawn Popetia, 클로디아 뤼텐버그Claudia Ruitenberg, 모린 스타우트Maureen Stout, 케이치 타카야Keiichi Takaya. 그리고 원고 정리를 훌륭히 해준 힐러리 파워즈Hilary Powers에게 감사한다.

일러두기

1. 이 책은 Kieran Egan의 *An Imaginative Approach to Teaching* (Jossey-Bass, 2005)를 완역한 것이다.

2. 이 책을 편집하면서 이론 부분은 원서의 체제를 따랐다. 하지만 중간 장의 수업 사례들은 사례를 중심으로 원서와 달리 편집하였다.

3. 본문 중에 [ ] 안에 작은 글씨로 표시된 것은 모두 옮긴이의 주이다. 그리고 본문 중의 각주도 주 9를 제외하고는 모두 옮긴이의 주이다.

4. 본문에서 책과 잡지 등은 『　』로 표시하였고, 논문과 시나 동화 같은 짧은 글들은 「　」로 표시하였다. 그리고 영화와 연극, 드라마, 음악 등의 작품은 〈　〉로 표시하였다.

5. 원서에서 이탤릭으로 강조된 부분은 이 책에서 중고딕으로 표시하였다.

서론

무시된 상상력

두 해 전, 나는 이 책을 어떻게 시작해야 할지 고민하고 있었다. 그때 손자 둘이 지하실에서 판지 상자를 가져와 책상 밑에서 놀고 있었다. 이제 와서 50대 때의 그 순간을 돌이켜 보면 그것은 매우 소중한 경험이었다. 그러나 당시에는 교육과 상상력에 관한 책을 어떻게 시작할지 애써 생각하고 있었다. 그래서 조금은 성가시고 방해가 되었다.

그때 조슈아가 말했다.

"이걸로 집 만들자, 어때 조단?"

"그래."

조단이 대답했다.

이어 손자들은 의외로 "엄마와 아빠"라는 말이 들어간 복잡한 놀이를 시작했다. 십여 분이 지나자 손자들이 상자에 창문을 뚫어 달라고 했다. 그리고 "그중 하나는 문이니까 더 크게 뚫어 주세요"라고 했다. 교육과 상상력에 관한 고민으로, 내가 그 말을 무시했다는 것조차 알아차리지 못하다니! 나를 방해한 것은 바로 생각하고 있다는 가정이었음을 깨달았다. 어떻게 하면 어린 학생들이 학교에 다니는 동안 대수와 역사 등의 학습에서 부담 없이 상상력을 활용하여 참여하도록 이끌 수 있나? 나는 그 방법을 찾았으며, 이 책에서 바로 그것을 다루려고 한다.

교수 학습에 대한 새로운 접근

성공적 학습을 위해서는 학생의 상상력 활용이 매우 중요하다. 이것이 이 책의 주된 관점이다. 학생의 상상력이 학습에서 일상적으로 사용되기 바란다면, 이용 가능한 도구를 이해해야 한다. 교사는 현재 학생이 지닌 기능이 활용되도록 수업을 구성하고, 장차 그 기능을 계발하도록 도와야 한다.

흔히 상상력은 교육의 중심에서 떨어진 주변적인 것으로 간주된다. "예술 과목"에서 "자기표현" 시간을 주면 해결되는 것으로 생각한다. 반면 적합한 교수 활동은 과학과 수학, 그리고 전통적으로 문식성 계발에 유효한 활동에서 이루어지는 것으로 간주되었다. 이 책에 서술된 접근법에서 교육의 핵심은 상상력이다. 즉, 상상력은 역사와 문학뿐 아니라 수학과 과학 등 모든 교과에서 핵심적인 것으로 간주된다. 교육의 주된 과업을 효과적인 학습에 둔다면, 상상력은 효과적인 학습의 주요 수단이다.

물론, 학습에서 학생의 상상력 활용이 성공적 교수를 위한 하나의 요인이라는 것은 잘 알려져 있다. 지난 수년 동안 상상력 활용을 제시한 많은 방법을 살펴보았다. 그러나 일상 수업에 적용하기는 상당히 어려워 보였다. 이 책과 관련 웹사이트(www.ierg.net)(그리고 내가 쓰고자 하는 후속 저작들)의 목적은 새로운 방식으로 상상력을 활용하는 교수 학습에 접근하는 것이다.

이 접근법에는 중요한 두 가지 특징이 있다. 즉, 학습에서 상상력의 작용 방식을 이해하는 새로운 관점과 구체적 교수 기법을 제시한다. 그리고 이 책에는 상상력과 정서를 이용한 수업 혹은 단원의 계획에 유용한 구성과 사례가 들어 있다.

정서에 관한 언급은 다소 의외일 것이다. 하지만, 상상력은 정서적 삶과 복합적으로 관련되기 때문에 이 언급은 중요하다. 학생이 대수를 학습할 때 가슴 벅찬 열정을 느낄 필요는 없다. 혹은 구두점을 학습할 때 황홀한 기쁨을 느낄 필요도 없다. 그러나 성공적인 교육을 위해서는 교과 내용과 학생의 정서가 관련되어야 한다. 모든 지식은 인간적 지식이다. 그리고 모든 지식은 인간의 희망, 두려움, 열정의 산물이다. 학생의 마음에 살아 있는 지식을 함양하기 위해서는 인간의 희망, 두려움, 열정의 맥락으로 지식을 전해야 한다. 거기서 지식의 충실한 의미를 찾을 수 있다. 이를 위한 최선의 도구는 상상력이다. 이책은 모든 교실에서 상상력이 지속적으로 발휘되도록 하는 방법에 관한 것이다.

학습의 간략한 역사

그러나 이 새로운 접근법에 착수하는 것이 쉽지는 않았다. 나는 교육의 문제가 대략 25만 년 전에(물론 현재까지 연도별로 작성하려는 것은 아니다) 시작되었다고 본다. 현대 진화론에 따르면, 바로 이 시기에 인류의 조상에게 마지막으로 급격한 뇌 성장이 촉발되었다. 뇌의성장으로 인류의 과반수 구성원은 특별한 문제에 직면하게 되었다.

더 커진 뇌를 가진 아기를 출산하기 위해서는 여성의 골반이 확대되어야 했다. 그렇지만 신속한 보행이 곤란하거나 불가능할 정도로 골반이 확대될 수는 없었다. 몇 가지 점에서, 더 커진 뇌는 이 인류에게 중요한 이점이 되었다. 그 인류는 더 많은 아이를 가질 수 있었고, 뇌의 성장은 계속되었다. 여성의 골반 구조는 진화의 이점을 어느 정도는 수용할 수 있었다. 하지만, 출산에 심한 고통이 수반된다는 한계도 분명히 있었다. 그 고통이 남아 있긴 하지만, 해결책이 도출되었다.

그 해결책은 아기의 뇌가 미성숙한 상태로 출산하는 것이다. 대부분의 뇌 성장은 자궁 밖에서 이루어진다. 현재 인간의 뇌 성장과 인간과 유사한 침팬지의 뇌 성장을 비교하면 이 해결책이 의미하는 바를 알 수 있다. 인간과 침팬지는 모두 태어날 때 350세제곱센티미터의 뇌를 가진다. 완전히 성장했을 때, 침팬지는 대략 100세제곱센티미터 정도 증가한다. 그러나 인간은 1,000세제곱센티미터 이상 증가한다. 성장의 대부분은 출생 후 몇 년 내에 발생한다.

어떻게 된 일인가? 수많은 인류에게 큰 고통과 고생을 치르게 하는 이 나머지 뇌 조직의 용도는 무엇인가? 그것은 상징과 관련 있거나, 혹은 적어도 그것의 많은 부분이 상징과 관련 있는 것 같다. 다른 종과 달리, 인간은 소리와 이미지를 의미와 결합시키는 데 탁월하다. 인간은 영리하다. 그러나 이것이 교육 문제 대부분의 근원이기도 하다. 우리가 학습하고 사용하는 상징 중에는 매우 단순한 것도 있다. 실제로, 그 상징이 너무 단순해서 일상 환경에서 자연스럽게 배우기도 한다. 언어 사용 환경에서 아이들은 특정 언어나 주변에서 사용되는 언어를 배운다. 이중 언어가 사용되더라도 상당히 다른 두 언어를 아무 혼란 없이 모두 배운다.

언어와 문식성

(어느덧 역사가 흘러) 그로부터 약 20만 년 후 인간은 언어를 문자로 쓴 상징으로 재현하는 방법을 고안한다. 이것은 매우 영리한 기법이다. 이후 중세 동양인들이 간단한 상징으로 음성을 재현함으로써 이 기법은 더 유용하게 되었다. 고대 그리스인들은 대다수가 배울 수 있는 간결한 알파벳을 고안하여 이 기법을 훨씬 더 세련되게 하였다. 오늘날까지 그리스의 알파벳이 크게 바뀐 것은 없다. 이 영리한 기법은 교육의 전문성을 정당화시켰다. 또한 다루기 곤란한 문제와 쉬운 문제를 남기기도 했다.

　쉬운 문제는 알파벳의 상징을 읽고 쓰도록 가르칠 때 나타난다. 사고와 감정을 재현하고 정보를 전달하는 수단인 음성 언어와 알파벳이 어떻게 닮았는지 인식시킬 때 나타난다. 열심히 가르치거나 공부한다면, 대부분 상당히 빨리 기본적인 기법을 파악한다. 학생은 이상한 모습의 직선과 점과 구부러진 선을 특정한 의미로 읽도록 학습한다. 그러나 이 기본 기술의 습득은 단지 문식성이라는 과업의 시작일 뿐이다. 이것을 깨닫는 순간 더 곤란한 문제가 드러난다. 그 문제는 학습하는 의미의 종류 혹은 정도와 관련된다. 이 문제는 학생에게 문식성을 길러주면 그 사용을 즐길 것인가와 같은 논의로 확장된다. 만약 학생들이 그 기법에서 유쾌한 보상을 찾지 못한다면, 그것이 교육의 주된 목적에 기여하기는 어렵다.

　열악한 조건에서 기본적 문식성을 확보하기 위해 애쓰는 교사들에게 이것은 너무 세밀한 문제이다. 교사들은 문맹 가정의 학생, 교육목적이 제 역할을 못하는 환경의 학생을 가르치고 있다. 이 경우 유용성뿐 아니라 그 경험을 즐기는 것까지 생각할 시간이나 마음의 여유는 거의 없다. 그래서 대개 유용성이 강조된다.

　이처럼 매우 세밀한 문제를 고려하지 못한 이유를 최근 영국의 경험에서 찾을 수 있다. 영국은 문식성 점수를 높이기 위해 많은 노력을 했고, 교사에게 그 과제가 부과되었다. 10여 년 동안의 노력은 큰 성과를 거두었다. 국가 간의 문식성 비교 조사에서 영국의 순위는 올라갔다. 그러나 다른 조사 결과에서 영국 아이들은 다른 나라에 비해 자발적 독서 양의 점수가 여전히 매우 낮게 나타났다. 기본적 문식성에서 영국보다 낮은 점수를 받은 많은 나라에서 실제로 독서를 즐기는 아이의 비율은 훨씬 높았다.

　물론 이것은 문제의 단편일 뿐이다. 대부분의 문제는 상징으로 부호화된 인간 지식과 경험의 엄청난 다양성과 관련된다. 문식성이라는 책략은 거대한 보고寶庫에 들어가는 열쇠일 뿐이다. 그러나 그 보고 안에는 많은 문과 길이 있다. 현관문을 여는 열쇠는 정면에 있는 복도로 들어가는 것을 허용할 뿐이지, 복도와 연결된 많은 방으로 안내하는 것은 아니다. 조야한 문식성 검사는 이 곤란한 문제를 간과한다. 그 검사에서는 학생이 부호화와 해독 기술만 습득하면 성공으로 간주된다. 그러나 그 기술이 큰 기쁨과 능력을 얻을 수 있는 방에 입장하도록 하지는 않는다. 단지 문식성의 보고에 들어가는 큰 현관문을 열 뿐이다.

이론적 사고

지금까지 처음 25만 년을 다루었다. 이 시기에는 두 가지 위대한 기법을 배운다. 하나는 음성 언어적 의사소통이고, 다른 하나는 신체 밖에 축적된 상징을 통한 의사소통이다. 이후 인간은 이론적 사고라는 세 번째 위대한 기법을 배운다. 이 기법에는 특정 지식 분야의 구체적 대상에서 개념과 이론을 도출하는 것이 포함된다. 그리고 특정 규칙에 따라 도출한 것을 다루고, 그 결과를 출발점이었던 개별 대상에 다시 적용하는 것이 포함된다. 이 책을 읽으면서 독자도 이 기법을 사용할 것이다. 아주 익숙한 이 기법에는 한 가지 문제가 있다. 즉, 포괄적인 도출은 구체적 사고 대상을 충분히 파악하지 못하게 하기 쉽다. 그래서 사고 결과를 적용하려는 시도가 무익한 것을 넘어 유해하게 되기도 한다.

이론적 사고를 잘하기 위해서는 먼저 앞의 두 가지 기법에 매우 정통해야 한다. 다음 장에서는 이 위대한 기법들을 더 상세히 살펴보고자 한다(그 기법들이 초래한 것과 교육 방법에 시사하는 바를 예증할 정도로 분석하려는 것은 아니다). 이 기법들은 정신적 삶의 주된 도구(여러 종류의 나사를 다루기 위해 고안된 다양한 부품이 딸린 드라이버와 같은)이다. 만약 언어와 문식성 그리고 이론적 사고가 세 가지 위대한 다목적 인지 도구라면, 그에 딸린 많은 소규모 도구들을 살펴보는 것도 유익할 것이다. 앞에서 자의적으로 사용한 두 은유적 관점으로 표현하자면, 이 위대한 도구들에 적합한 다양한 부품은 무엇인가? 또는 언어와 문식성 그리고 이론적 사고가 제공한 초기 접근을 지나 풍요로운 영역의 출입문을 여는 다른 열쇠는 무엇인가?

교수의 구성

교수의 구성은 매우 포괄적인 주제이다. 이 책은 주로 교수 원리, 실제, 방법, 구성 계획에 관한 것이다. 학생의 상상력을 일상적으로 활용하는 계획 방법을 제시하더라도, 그 방법과 구성은 목적이 아니라 수단일 뿐이다. 그 자체가 목적은 아니다. 여기서 서술하고 예시한 구성은 상상력을 활용하는 교육 원리를 구체화한 것이다. 그 구성은 시작을 위한 토대로 간주되어야 한다. 그 구성은 원리를 비교적 쉽게 실천하는 방법을 안내하기 위한 것이다. 일단 교사가 그 원리에 익숙해지면, 그 구성은 간과될 수 있다. 그 구성은 계획 수립을 위한 제약이 아니다. 그 구성은 단지 원리를 상기하고, 학습 과정에서 학생이 상상력을 활용하도록 하는 데 유익한 인지 도구를 배치한 것이다.

대개 시험 점수를 높이려는 경향과 학생의 상상력 계발은 부합하지 않는 것으로 간주된다. 오늘날 교육의 성공은 특정 검사에서 높은 점수를 얻는 것으로 측정된다. 이 시대에 학생의 상상력 계발은 교사가 누리기 힘든 사치로 보일 수도 있다. 이 책에서는 상상력에 초점을 맞출 때, 기본적인 표준화 검사를 비롯한 모든 교육 성취도 검사에서 학생의 향상 정도를 제시하려고 한다.

이 책의 개요

세 개의 주요 장에서는 상상력의 특징이나 "인지 도구"를 서술한다. 먼저 제1장은 음성 언어에 수반된 도구로 구성된다. 제2장에서는 문식성에 수반된 일련의 도구를 다룬다. 그리고 제3장에서는 이론적 사고에 수반된 도구에 초점을 맞춘다. 이 구분은 전통적 발달 이론에서 도출된 것이 아니다. 전통적 발달 이론은 특정 연령에 따라 전개된다. 반면 이 책은 새로운 교육 발달 이론과 관련 있다(Egan, 1997 참조). 이 이론에서는 인지 도구의 습득이 학생의 교육적 진전을 이끈다. 제1장에서 서술된 대부분의 일반적 인지 도구는 문식성이 사고에 중요한 영향을 미치기 이전의 어린 학생에게서 찾아볼 수 있다. 서구 사회에서는 대개 7세에서 9세 사이에 발생한다. 그래서 제1장에서는 음성 언어를 자유롭게 사용하기 시작하는 시기부터 대개 7, 8, 9세까지의 아이들을 언급한다. 제2장에서 서술된 인지 도구는 대체로 문식성을 습득한 이후에 발달한다. 대개 서구 문화에서는 7-9세부터 14-16세 사이이다. 제3장에서 설정된 인지 도구는 서구 문화에서 대개 고등학교와 대학 시기에 발달한다. 앞선 도구를 습득한 학생에게 가장 충실히 나타난다.

각 장이 끝나면, 그 다음에 "중간" 장을 삽입했다. 이 중간 장은 주요 장에서 탐구된 인지 도구의 실제적 관련성을 제시하기 위한 것이다. "중간" 장에서는 인지 도구를 상상력을 활용한 계획과 교수에 적용한 구성 사례를 제시한다.

요컨대 장황한 서론의 결론은 두 가지이다. 먼저, 이 책에서는 교수법을 서술한다. 그것을 통해 교사의 관점에서 교실 수업을 살펴본다. 교사의 일을 더 쉽게 잘하기 위해 이 책을 어떻게 활용할 수 있는지 강조한다. 또한, 교사가 상상력을 활용한 참여와 성공적 학습을 조장하기 위해 할 수 있는 것을 강조한다. 이 목적을 달성하기 위해 수업과 단원이 어떻게 계획될 수 있는지를 강조한다. 이것은 학생을 교사의 일에 대한 단순한 수동적 수용자로서 간주한다는 의미는 아니다. 또한 수업을 형성하고 방법을 제공하는 데 학생이 배제된다는 의미도 아니다. 그러나 지면의 제약으로, 대부분 교사의 관점에서 서술힌다. 이 책에서 서술된 내용을 교실에서 흔히 만나는 능동적 학생에게 적용하는 적절한 방식은 독자의 몫으로 남겨 둔다. 특히 현재 학생의 상상력을 활용한 학습이 이루어지고 있다면 더욱 그렇다.

끝으로 1장에서는 "인지 도구"가 의미하는 바를 좀 더 상세히 서술한다. 그리고 이 책에서 사용된 용어를 편리하게 참조하도록 뒤에 용어 해설을 제시한다.

상상력을 활용하는 교수법

제1장

음성성 도구

깜깜한 동굴에서 지팡이에 의지해 길을 찾아야 한다고 상상해 보자. 지팡이로 더듬거리자 앞에서 단단한 돌이 느껴졌다. 옆에서는 푹신한 것이 느껴졌다. 이끼 같았다. 더 앞쪽에서는 물렁한 것이 느껴졌다. 버섯 같았다. 여기서 실제로 느낀 것은 손바닥에 전해진 지팡이 손잡이의 느낌이다. 다른 의미의 느낌이지만, 지팡이 끝에서 단단한 돌과 푹신한 이끼와 물렁한 버섯도 "느낀 것"이다.

인간의 놀라운 뇌 발달은 도구의 특이한 사용과 관련 있다. 다른 동물들도 하나 이상의 도구를 사용한다. 썩은 나무에서 유충을 찾기 위해 막대를 사용하고, 먹이를 잡기 위해 판자를 사용한다. 껍질을 부수기 위해 돌을 사용한다. 이것은 유용한 기법이다 이 기법이 중요하긴 하지만 그 용도는 제한적이다. 그러나 인간과 도구의 관계는 질적으로 다르다. 즉, 인간은 특이한 방식으로 도구를 신체화한다. 나아가 인간은 도구를 통해 감각을 확장한다. 그리고 인간은 특정 목적을 위해 고안한 도구를 다른 목적에 활용할 수 있는지 탐색한다. 이것은 자연계에서 인간만의 특징이다. 인간은 반짝이는 바위 조각을 가열하기 시작한 후, 얼마 지나지 않아 토성의 위성에 로봇을 보냈다.

인간의 신체적 도구는 중요한 정신적 도구나 인지적 도구가 되기도 한다. 경고와 만족의 소리를 내기 시작한 인간은 얼마 지나지 않아 베토벤의 〈환희의 송가Ode to Joy〉를 부른다. 뼈에 양의 숫자를 기록하기 시작한 인간은 얼마 지나지 않아 『햄릿』을 쓴다. 언어적 도구와 문식적 도구는 처음 고안된 비교적 단순한 목적을 위해서만 사용되지 않는다. 발명자의 상상력을 뛰어넘는 광범위한 목적을 낳는다.

그러면, 언어적 도구의 발달을 살펴보자. 여기서는 교수와 학습을 위해 중요하다고 생각되는 몇 가지만을 확인한다. 이 도구들이 항상 기대하는 만큼 사용되는 것은 아니다. 애석하게도 (단순한 문식성의 커다란 정문 뒤에는 풍요로운 문화가 있다. 여기에 들어가는 문을 열기 위해 학생이 학습에서 가장 쉽게 사용할 수 있는 도구임에도 불구하고) 이 도구가 전혀 이용되지 않기도 한다.

나는 심리학자 오스벨David Ausubel이 "선조직자advance organizer"라고 부르는 것을 사용하여 시작하려고 한다. 그는 학습자에게 학습 내용의 구조화된 의미를 먼저 제공하면 개념 학습에 향상이 있다는 증거를 제시했다. 나는 "선조직자"를 오래된 격언이라고 생각한다. 그 격언에서 개념을 제시하는 최선의 절차는 "무엇을 말할 것인지를 말하고, 그것을 말하고, 무엇을 말했는지를 말하라"이다. 이 좋은 충고를 따르고자 한다. 그래서 먼저 일련의 인지 도구와 관련된 간단한 서술을 제시한다. 이러한 목록 혹은 이와 유사한 목록은 주요 장마다 제시된다. 또한 그 정의는 용어 해설에서도 제시된다. 용어 해설에서는 인지 도구, 음성성, 상상력 같은 기본 개념의 정의가 제시된다.

기초적 인지 도구

이야기

이야기는 가장 유력한 인지 도구의 하나이다. 학생은 이야기를 통해 지식에 상상력을 활용하여 참여한다. 이야기는 내용에 대한 정서적 이해를 형성한다. 이야기는 허구적 내용뿐 아니라 현실 세계의 내용도 구성한다. 이처럼 현실 세계를 이야기로 구성하는 것은 가장 가치 있는 교수를 보장한다.

은유

은유는 다른 대상을 통해 어떤 대상을 보는 인지 도구이다. 이 특별한 능력의 핵심은 지적인 참신성, 창조성, 상상력에 있다. 많은 연습을 통해 학생에게 이 능력이 생생하게 유지되도록 하는 것이 중요하다. 교수할 때 은유를 자주 사용하면 학생은 정열과 융통성을 가지고 읽기를 배운다.

상반된 쌍

상반된 쌍은 지식을 조직하고 범주화하는 가장 기본적이고 유력한 도구이다. 대부분의 이야기에서 갈등하는 상반을 볼 수 있다. 그리고 상반은 다양한 지식의 복잡한 형식에 중요한 초기 질서를 제공한다. 가장 강한 상반(선/악, 안전/두려움, 경쟁/협동)은 정서를 부과하고, 애착을 가진 내용에 상상력을 활용해 참여한다.

운율, 리듬, 유형

운율, 리듬, 유형은 내용을 의미 있고, 기억 가능

하고, 관심을 끌도록 제시하는 유력한 인지 도구
이다. 학습에서 이 도구의 역할은 매우 다양하다.
그리고 언어의 리듬과 유형의 학습(그리고 그것
이 반영하는 기초적 정서)이 상상력을 소환하는
힘은 매우 크다. 이 도구는 수학이나 음악과 같은
상징체계의 학습과, 모든 형식의 지식과 경험 학
습에 중요하다.

농담과 유머

농담과 유머는 언어가 작용하는 기본 방식을 나
타낸다. 동시에 학생에게 지식의 요소를 사용하
여 놀이할 수 있도록 한다. 그래서 학습의 기쁨을
찾도록 한다. 또한 농담과 유머는 학교에 다니는
동안 상상력이 무뎌지지 않도록 도와준다(규칙
의 엄격한 관습적 적용에 맞서도록 한다. 그리고
지식의 다양한 측면을 제시하고, 마음의 유연성
을 조장한다).

심상

심상은 정서적으로 매우 중요한 도구이다. 그것
은 전 생애에 영향을 미친다. 오늘날 모든 서구
국가와 대부분의 동양 국가는 시각적 이미지에
사로잡힌 사회이다. 그래서 자신의 심상을 낳을
여지를 주는 것이 점점 중요해지고 있다. 단어에
서 생성되는 고유한 이미지의 효능을 쉽게 잊고
있다. 개념만 가지는 것에 비해 이미지는 더 상상
력 넘치고 기억 가능한 힘을 수반한다. 이미지와
개념이 함께 할 때 훨씬 더 유효하다. 심상의 사

용(외적인 그림과 구별되는)은 교수와 학습에서 큰 역할을 한다.

잡담

흔히 잡담은 나태한 쾌락으로 간주된다. 그러나 잡담 역시 학습에서 매우 중요한 역할을 한다. 잡담은 사회적 상호 작용의 가장 기본적 형식 중 하나이다. 즉, 잡담은 쉽게 참여할 수 있으며, 대체로 즐겁다. 어찌 이것이 교수에서 회피해야 할 좋은 이유가 될 수 있단 말인가! 잡담에는 사건의 서사 능력과 같은 일련의 기술이 포함된다. 그리고 잡담은 학생의 상상력을 자극해 지식에 대한 이해를 확장시킨다. 또한 잡담은 학생의 언어 능력, 특히 음성 언어 능력에 중요한 요소로 기여한다.

놀이

놀이는 인지 도구, 혹은 일련의 도구들과 관련되어 있다. 놀이는 수업처럼 목표 지향적인 행위에서 벗어나게 한다. 예를 들어, "놀이 학교playing school"에서 학생은 학교의 행위 규범과 한계에 대한 이해의 폭을 넓힐 수 있다. 그리고 이전에 학생을 속박했던 세계를 흉내 내면서 즐거움을 얻는다. 놀이는 자율과 그것의 중요성에 대한 이해의 폭도 넓힐 수 있다. 놀이를 통해 학생은 충동에 따라 행동할 수 없다는 것과 융통성 있게 규칙을 따라야 한다는 것을 배운다. 그래서 학생은 참여의 즐거움을 느끼면서도 우는 척할 수 있다.

신비

신비는 학생에게 일상적 환경을 넘어 지식에 참여하도록 하는 중요한 도구이다. 발견되지 않은 채 황홀하게 남아 있는 것이 얼마나 매력적인지 느끼게 한다. 모든 교과에는 교과의 신비가 있다. 그래서 학생이 이미 알고 있는 교육 내용을 다룰 때, 교사의 일은 더 풍부하고 깊이 있는 이해와 관련된 이미지를 주는 것이다. 이것은 학생의 정신을 학습이라는 탐험으로 이끈다.

초보적 문식성 도구

초보적 문식성 도구는 학생이 주로 음성 언어적 도구를 사용하는 동안 나타난다. 그리고 학생이 더 유능하게 읽고 쓰는 사람이 되었을 때, 이 새로운 도구가 사용된다. 비록 그것이 초보적 형태라고 하더라도 교사는 차후의 도구를 사용할 기회를 제공할 필요가 있다. 비고츠키(Vygotsky, 1978)가 말한 "근접 발달 지대zone of proximal development"에서 학생의 발달을 이끄는 것과 같다.

이상 학생의 상상력 활용에 초점을 맞춰 목록을 제시하였다. 학생의 상상력 활용이 성공적 학습 조건으로서 점차 부각된다면, 교사는 이 목록에 관심을 기울여야 할 것이다.

처음에는 이 접근이 다소 이상할 수도 있다. 이 접근은 색다른 관점을 많이 채택한다. 그리고 애석하게도(중요한 문제이기도 하다) 이 접근은 교사에게 많은 시간을 요구하는 것처럼 보인다. 이 접근법이 처음처럼 그렇게 이상한 것은 아니라는 점이 차차 분명해졌으면 한다. 나아가 교수와 학습 참여를 위한 더 자연스럽고 현명한 방법으로 간주되기를 바란다. 또한 이 접근법에 익숙해지면 시간도 절약된다. 이후부터 "선조직자"로서 제시된 용어들을 일상적 교수 과업과 관련지어 더 자세히 살펴보고자 한다. 이에 앞서 이 책 전체에서 사용될 이 범주의 본질을 논의하는 것이 유익할 것 같다.

인지 도구

인지 도구의 개념과 작용 방식을 간단히 소개하기 위해 시간을 거슬러 올라가 보자. 7만 5천 년 전 인류의 한 무리가 한낮의 열기 속에서 가시나무 앞에 세워진 거주지에 기대어 낮잠을 자고 있다. 그중 한 사람이 가장 짙은 그늘 아래서, 가장 부드러운 모피 가죽에 누워 가볍게 코를 골고 있다. 그는 이 작은 부족에서 크게 존경받는 것이 분명하다. 그는 약 십 년 전에 과거 시제를 고안했다. 이제 부족 구성원 모두가 과거 시제를 사용하며, 다른 부족들도 그것을 채택하였다. 실제로 그것은 들불처럼 번지고 있다. 오래 전에 혹은 어제 일어난 일을 언급하는 데 적합하고 간편한 방식이기 때문이다. (그의 딸들이 과거 시제를 발명했는데, 그가 자신의 공로로 삼았다는 소문이 있다. 그의 딸들은 성인이 되어서 지적 재산권에 대해 관심을 가지게 되었다. 그래서 현재 연구 중인 가정법의 원형을 조만간 공식적으로 발표할 계획이다.)

언제부터인가 과거 시제는 모든 언어의 일부가 되었다. 그 이후 대부분의 언어에서 구성 요소로 학습되고 있다.

과거 시제가 문법책에서 언급되면, 그것은 규칙처럼 보인다(그러나 문화적 도구로서 파악하는 것이 더 생산적이다). 어린 시절에 과거 시제를 배우면, 그것은 각자의 인지 도구가 된다. 그래서 과거의 경험 이나 사건을 효과적으로 언급할 수 있게 되어 언어 사용 범위를 넓힌 다. 즉, 의사소통을 위한 정신 능력을 함양한다. 학습을 통해 문화적 도구는 인지 도구가 된다.

누군가 문화적 도구 상자를 채우는 계산법을 발명했다. 그 계산 법을 학습한 사람은 개인적 인지 도구를 획득한 것이다. 비고츠키는 그러한 도구들을 서술한다. 즉, 언어, 숫자 세기와 계산 체계, 기억술, 대수학의 기호, 예술 작품, 쓰기 등이다. 이것이 인간의 성취, 발명, 혹 은 발견이라는 보고에 축적된 것이라면, 그것을 문화라고 언급하는 것이다. 문화의 각 요소들은 개인에 따라 다양한 방식과 정도로 내면 화된다. 문화적 도구의 보고에서 개인적 인지 도구를 선택하고 구성 할 수 있다. 상상력을 활용하는 접근의 교육은 중요한 문화적 도구를 학생의 인지 도구로 최대한 전환하려는 것이다.

누구도 말하기(또는 읽고 쓰기나 이론적 추상화를 사용하여 생각 하기)를 혼자서 배우지는 못한다. 개인은 고유한 두뇌를 가졌지만, 정 신은 공동체 내의 삶과 학습에서만 비롯되는 공유물로 이루어진다. 음성 언어, 그 이후의 문식성, 이어서 이론적 사고를 이 공동체에서 배운다. 이때 문화적 보고에서 이용할 수 있는 가장 유력한 세 가지 도구 상자를 선택한다. 이 도구 상자는 다시 특정한 도구들로 구성된 다. 이 책에서는 교육적으로 매우 중요하고 상상력의 자극과 발달에 결정적인 것들을 서술한다. 이 보고에는 이론적 사고를 넘어선(다른 책에서 "역설적 이해"라고 부른) 다른 도구 상자도 있다. 그렇지만 보 통 공식적인 학교 교육을 통해서는 그 발달의 초기 단계만이 시작될 뿐이다. 따라서 그것은 이 책의 범위를 넘어선다.

> 누구도 말하기(또는 읽고 쓰기나 이론적 추상화를 사용
> 하여 생각하기)를 혼자서 배우지는 못한다.

상상력을 활용하는 접근의 교육에서는 주요 인지 도구의 습득에 초점을 맞춘 교수 학습을 강조한다. 주요 인지 도구는 한편으로는 교육 과정의 지식과 학생의 상상력을 연결시킨다. 그리고 다른 한편으로는 학생의 일반적 지능을 함양한다. 상상력 계발은 사고의 유연성, 창조성, 정열을 증진하는 데 기여한다. 훨씬 더 식견 있는 학생으로 만드는 것이 상상력을 활용하는 교육의 목적이다. 그 학생은 세상과 경험을 통해 얻은 지식을 융통성 있게, 창조적이며 정열을 가지고 생각한다.

이야기

이야기는 모든 음성 문화에서 사용된다. 음성 문화에서 이야기는 사회생활에서 핵심적인 역할을 수행한다. 그 이유는 무엇인가? 이 물음에 답하기 위해, 이야기란 무엇이며, 어떤 역할을 하는지 이해할 필요가 있다.

그러면 이야기란 무엇인가? 가장 간단한 이야기 형식을 살펴보자. 거기서 이야기의 가장 중요한 특징을 확인해 보자. "제니퍼가 장미 정원으로 들어갔다." 이것을 어떻게 판단해야 할까? 분명치 않다. 제니퍼가 장미 정원으로 들어갔을 때 기분이 좋았을 수 있다. 그녀가 복잡한 사회생활 속에서 바쁜 나날을 보내고 있었다고 해보자. 그렇다면 좋아하는 고요한 순간이 되었을 것이다. 그러나 그녀가 악명 높은

장미 정원의 독살자일 수도 있다. 우리는 그녀가 장미 정원으로 들어 갔다는 것만 알 뿐이다. 따라서 기뻐할지 유감스러워할지는 알 수 없 다. 혹은 그 다음 어떻게 될지도 알 수 없다.

그녀의 행위 동기와 그 결과를 알아야 한다. 그러면 제니퍼가 할 아버지에게 기쁜 소식을 전해 드리기 위해 장미 정원으로 갔다고 해 보자. 이제 우리는 우울한 할아버지를 즐겁게 한 제니퍼의 선행을 좋 은 감정으로 느끼기 시작한다.

그러나 이야기가 전개되면서, 이것이 매우 중대한 사건임을 발견 하게 된다고 해보자. 제니퍼와 할아버지는 주요 마약 거래상이다. 특 히 젊은이를 대상으로 한다. 할아버지가 우울한 것은 1톤의 코카인을 수령하여 공급망에 배달하는 데 필요한 세부 정보가 없기 때문이다. 그의 공급망은 도시 전역의 학교로 마약을 운반할 준비를 하고 있었 다. 제니퍼가 장미 정원으로 들어간 것은 할아버지에게 코카인의 위 치를 알려 주기 위해서였다.

이제, 제니퍼가 장미 정원으로 간 것을 유감스럽게 느낄 수도 있 다. 만약 그녀를 막을 수만 있다면! 서두르지 말자! 제니퍼가 전달한 정보는 "거짓 정보"라는 것을 추가해 보자. 그 정보는 친구인 체하는 마샤에게서 얻은 것이다. 실제로 마샤는 비밀경찰이다. 제니퍼가 코 카인의 위치를 밝히자, 그것을 챙기려고 한 할아버지는 함정에 빠진 다. 그래서 경찰이 제니퍼와 사악한 할아버지를 체포하고 배급망과 판매망을 일망타진할 수 있었다. 장미 정원에서 제니퍼가 잘못된 정 보를 준 것이 단서였다. 이제, 독자는 제니퍼가 장미 정원으로 들어가 치밀하게 설정된 함정에 빠지게 된 것을 다행으로 느낄 것이다.

물론, 동화에서도 이와 같은 간단한 분석이 가능하다. 즉, "배고픈 아이들이 생강 빵과 사탕으로 만들어진 예쁜 오두막에 이르렀다." 숲 에서 길을 잃고 허기졌을 때였으니 얼마나 다행인가! 그러나 곧….

이야기가 끝나야 제니퍼가 장미 정원으로 간 것을 어떻게 느끼게 될지 알 수 있다. 실제로, 어떻게 느끼는지 안다는 것은 이야기가 끝 났다(이야기를 구성하는 사건에 대해 어떻게 느끼는지 안다)는 것이 다. 이야기를 탐지하는 도구는 인간의 정서이다. 그래서 아무도 다른 서사들과 구별되는 이야기를 인식하는 컴퓨터 프로그램을 만들 수 없을 것이다.

이야기가 다루는 의미는 정서와 관련된다. 이야기는 그 내용으로 인간의 정서를 지향하는 도구이다. 이야기는 단지 사건이나 인물의 정보를 전하기 위한 것이 아니다. 또한 단순히 정서를 사용하여 정보 를 전달하기 위한 방법도 아니다. 이야기는 특정한 방식으로 사건과 인물에 대한 정서(그 내용을 어떻게 느끼는지 전하는)를 **지향하거나** 형성한다. 다른 형식의 언어로는 이렇게 할 수 없다. 어떤 형식의 언 어도 이야기로 가능한 정도의 효과를 얻을 수 없다. 이야기는 음악의 악보와 같다. 그리고 인간의 정서는 그것을 연주하기 위해 고안된 악 기인 셈이다.

그러므로 이야기는 동시에 두 가지 일을 수행하는 대단한 능력을 가지고 있다. 첫째, 이야기는 정보를 기억 가능한 형식으로 전하는 데 매우 효과적이다. 둘째, 이야기는 의사소통 중인 정보에 대한 청자의 감정을 지향한다.

음성 문화에서는 대개 기억한 것만을 안다. 이야기는 중요한 사 회적 정보를 기억 가능한 형식으로 저장하는 가장 효과적인 도구의 하나이다. 그래서 이야기는 보편적으로 사용된다. 또한, 이야기는 내 용에 대한 반응으로 청자의 정서를 형성한다. 그것은 다른 형식으로 는 불가능하다. 모든 인지 도구와 마찬가지로, 이야기는 사용자가 성 장해도 사라지지 않는다. 그래서 문식적인 사람들은 역사를 단순한 사건의 설명에서 이야기로 끊임없이 구성하려고 한다. 그 이야기는.

국가나 민족의 도덕적 덕을 전한다. 그것은 다른 국가나 민족보다 우월한 "우리의" 신념과 가치를 부각시킨다. 일상생활에서도 정서적 의미를 전하기 위해 끊임없이 이야기를 사용한다. 설득력 있는 표현을 빌리자면, 이야기가 아니었다면 "연이어 발생한 그저 그런 것"으로 남았을 것이다. 이야기는 정서적으로 의미 있는 형식으로 사건을 구성한다.

나는 독자가 어떤 상황에서 이 책을 읽고 있는지 모른다. 독자가 안락의자에 앉아 있다고 해보자. 그 옆의 작은 탁자에 금방 탄 뜨거운 차나 커피, 약간의 초코칩 쿠키가 놓여 있다고 해보자(내가 바라는 바이다). 독자가 정말로 이 조건을 따라 하기로 결정했다고 상상해 보자. 그래서 마실 차를 타고, 쿠키를 가져온다. 다시 책을 읽기 위해 앉아 이 책의 다음 부분을 읽는다고 상상해 보자. 독자는 이 사소한 차와 쿠키만으로도, 삶을 개선한 유익한 책을 읽고 있다고 흐뭇하게 생각할 것이다. 유감스럽게도 의자에 기대어 앉을 때, 다리에 찻잔을 떨어뜨렸다고 해보자. 게다가 화상까지 입게 되었다. 이런 예를 들어 미안하다. 이제는 큰 고통을 준 시시한 책이라고 욕할 것이다. 의사에게 보여야겠다고 결정할 만큼 상처가 심하다. 의사는 약국에서 구할 수 있는 연고를 처방한다. 돌아오는 길에 충동적으로 복권을 산다. 그 복권이 12,000,000달러에 당첨된다! 이제 컵을 엎질러 약국을 찾게 하고, 세금도 없는 돈(나는 10%면 만족한다)을 벌 수 있게 한 책을 어떻게 생각할까? 독자는 새로운 부를 낳은 책을 가진 것이다. (그것을 위해서라면 이 책을 계속 읽을 필요는 전혀 없다.) 제일 먼저 당신이 바라던 요트를 산다. 첫 항해를 나갔는데 침몰한다. 다시 한 번 사과한다. 이제 차를 쏟게 해서 일련의 사건을 초래한 이 책을 어떻게 느낄까? 삶에서 사건에 대한 감정은 잠정적이다. 감정은 미래의 사건이 과거의 사건을 재구성하는 데 영향을 미치면 변하기 때문이다. 이야기가 끝났을 때에만, 어떻게 느끼는지 확실히 안다. 의미를 형성하는 것은 바로 이 "결말의 의미"이다(Kermode, 1966).

교수에서 이야기의 가치는 교육 내용에 대한 학생의 정서(또한 관련된 학생의 상상력)를 불러일으키는 힘에 있다. 이야기에는 두 가지 의미가 있다. 먼저, 가장 상식적인 의미는 허구적 형식이라는 것이다. 그것은 가상적 인물로 구성된다. 화자와 청자는 이야기를 사실로 이해하지 않는다. 두 번째 의미는, 기자에게 "이게 무슨 이야기지?"라고 묻는 신문 편집자의 관점에서 쉽게 이해할 수 있다. 분명히 이 편집자는 기자에게 허구를 구성하라고 요구하는 것은 아니다. 정서적 영향력을 미칠 수 있도록 사건을 구성하라는 요구이다. 정서적이고 상상적인 의미가 나타나도록 기사 내용을 선택하고 구성하라는 것이다. 이 책에서는 바로 이 의미에 관심을 갖는다. 이것은 교사가 수업에서 교수 내용을 전혀 허구화하지 않고도 끊임없이 이야기를 사용할 수 있다는 의미이다. 이야기는 사실의 문제라기보다는 그 내용을 제시하는 형식의 문제이다.

분명히, 학생이 활용할 수 있는 인지 도구에 부합하는 교수 계획은 의미가 있다. 그러므로 이야기 구성이라는 도구를 일단 도구 상자에 담아 두자. 교수 학습에서 이야기를 사용하는 다양한 방식은 나중에 언급할 것이다. 수업이나 단원을 도달해야 할 목표로 생각하기보다는, 학생의 상상력과 정서를 불러내기 위해 들려주는 좋은 이야기로 생각할 수 있다. 이것은 분명히 교사에게 교수 활동을 상당히 다르게 생각하도록 한다.

상상력을 활용하는 교실에서, 교사는 늘 마음 한편에서 수업이나 단원의 내용을 이야기로 들려주는 방식을 찾는다. 어떤 이야기가 있을까? 학생에게 동음이자homophones인 there, their, they're의 철자를 구별하도록 가르치는 방법이 문제라고 해보자. 교사가 학생의 상상력을 쉽게 불러낼 수 있는 방법이 이야기임을 안다고 해보자. 우선 그 교사는 흔한 훈련과 반복 연습은 피할 것이다. 대신 학생에게 이웃에 새로 이사 온 가족이 있는데, 좀 이상하지만 그 가족에게는 There, Their, They're라는 세 아이가 있다고 말한다. 이 기법은 각 단어가 다른 철자를 가지고 있음을 기억하게 하려는 것이다. 그리고 학생을 세 집단으로 나눈다. 각 집단마다 한 가지 이름이 부여된다. 그리고 부여된 이름의 철자로 해당 인물의 특성을 묘사하는 과제가 부과된다. 예를 들어, Their는 이기적인 녀석이다. 그 이름에 있는 "I"를 단단히 지키고 있기 때문이다. 그리고 They're는…. 동음이자에 대한 수업에서 이 인지 도구를 구체화할 수 있는 구성 방법은 나중에 제시할 것이다. 철자 학습에서 특징을 찾고 간단한 이야기를 꾸미도록 하자. 그러면 학생의 마음에 그 차이가 어떻게 각인되는지 쉽게 볼 수 있다.

은유

은유는 어떤 대상을 다른 대상의 관점에서 보는 능력 혹은 인지 도구이다. 예를 들면, "좋아서 어쩔 줄 몰랐어!"(나는 공중을 걷고 있는 것 같은 느낌이 들었어I felt like I was walking on air), "우울하니?"(쓰레기 더미에 떨어진 것 같았니Feeling down in the dumps?), "그는 자수성가했다"(그는 혼자서 신발손잡이 가죽을 당겼다He pulled himself up by his bootstraps), "장이 하락했다"(그 가게는 남쪽으로 갔다The markets went south) 등. 간단히 말해, 은유는 어떤 것을 마치 다른 것인 양 표현한다. 이처럼 독특한 방식으로 끊임없이 대체한다. 그것은 문구나 문장으로 표현하는 것보다 강하고 활력 있고 풍부한 의미를 나타내기 위해서이다. 모든 사람이 은유를 잘 사용하는 것은 아니다. 그러나 모든 사람이 은유에 접근할 수는 있다. 그래서 적절한 은유의 사용은 모든 교과에서 상상력과 창의성을 자극한다.

물론, 이 책에서도 **도구**tool라는 용어를 은유적 의미로 사용하고 있다. 기계적 도구의 두드러진 특징이 인지 도구라는 은유적 개념에 분명히 부여된다. 인지 도구라는 용어는 비고츠키 등의 학자에게서 차용했는데, 매력적인 것 같다. 유용한 도구의 특성, 작업할 때 인간의 가능성을 확장시키는 도구의 힘이 선택된다. 그리고 "도구가 된" 자신을 어떻게 볼 것인가라는 도구의 전환이 선택된다. 그리고 이 적절한 특성들이 인지에 적용된다.

우리는 은유의 힘을 느낄 수 있다. 은유는 매 순간 언어에 퍼져 있어 쉽게 접근할 수 있다. 예를 들어, "매 순간every turn," "접근할 수 있는accessible," "능력power," "가득하다suffuses"는 모두 무심결에 사용된 은유이다.

분명 은유는 인간의 정신 활동의 토대 중 하나이다. 또한 합리적 탐구 체계의 논리적 토대이거나, (더 좋은 은유는) 논리가 성장하는 토대이다. 레비스트로스Levi-Strauss에 의하면, "은유는 언어의 부가적 장식이 아니라 기본적 양식(추론적 사고의 초기 형식)의 하나이다" (1962, p. 102).

놀랍게도 적절한 은유를 낳고 인식할 수 있는 인간의 능력은 약 4세경에 절정에 이른다(Garder & Winner, 1979; Winner, 1988). 4세 이후 은유적 기능이 감퇴하다가, 사춘기에 다시 조금 분출된다. 사춘기 이후에는 계속 줄어든다. 소위 정신 발달 이론에서 제시된 진행 양상과는 일치하지 않는다. 풍부한 이해를 위해서는 아동과 성인의 변화를 감안하여 은유적 도구의 작용 방식을 고려하는 것이 타당하다. 은유는 상상력을 활용하는 능력에서 거부할 수 없을 만큼 중요하다. 그렇다면, 통상적인 감퇴기 이후에도 활기를 유지하고 발달시킬 수 있는 연구에 교육적 우선권이 주어져야 한다. 여기에 단서를 달자면, 비고츠키적 관점에서 보면, 초기의 유창한 은유 사용은 피상적(중개되지 않은)이다. 비고츠키는 단지 아이의 유창성을 보존하기 위해서 뿐만 아니라, 성장 과정에서 은유 사용의 종류와 능력을 계발하기 위해서도 노력할 필요가 있다고 한다.

은유의 영향력을 파악하기 위해서, 은유가 전혀 포함되지 않은 문장을 작성해 보자. 위의 문장을 주의 깊게 살펴보면, 소위 사은유 graveyard of metaphor를 찾을 수 있다. 그것을 (은유에 관한 은유를 사용하여!) 죽은이라고 했다. 한때는 솜씨 있는 언어적 고안물이었지만, 이제는 당연하게 받아들여져 문자적으로 읽히기 때문이다. 그래서 그 은유적 본질을 알아차리는 것은 거의 불가능하다. 영향*influence*은 문자적으로 "유입하다flow in"를 뜻하는 단어에서 파생된다. 이처럼 어떤 지역이나 그릇으로 물이 흘러들어 간다는 의미를 적용한 것은 매우 창조적인 행위이다. 이 생각은 행위의 계획 방식에 영향을 미친다. 또 어떤 것을 짓기 위해 돌과 나무를 함께 놓는다는 구성*constructing*을, 작문을 위해 단어를 함께 둔다는 의미에 적용한다. 이것도 매우 특이하고, 적절하고, 인상적이다.

우리는 새로운 은유를 낳는 사람을 높이 평가한다. 그들은 놀라운 통찰력을 제공하여 사고력을 쉽게 확장시킨다. 솜씨 있는 은유적 유희로 독서에 활기를 불어넣는 작가를 높이 평가한다. 셰익스피어는 숨 쉬는 것만큼 쉽게 생생한 은유를 낳을 수 있었다. 그리고 이 능력은 그의 문장을 수백 년 후에도 참신하고 놀라운 것으로 만들었다. 아인슈타인은 빛의 속도로 움직이는 입자의 관점(심상적 도구와도 연관되어 마음에 지니게 된 사례)에서 우주를 봄으로써 발견한 상대성에 관한 통찰을 서술했다.

은유를 낳고 인식할 수 있는 능력은 음성 언어에 수반되어 나타난다. 다른 인지 도구처럼, 중요한 음성적 인지 도구인 은유적 능력도 무기력하고 관습화될 수 있다. 교수에서, 교사는 은유적 능력을 활발하게 사용하는 방법을 추구하는 것이 현명하다. 교사는 이 능력을 키우는 농장에 투자할 수 있다!

상상력을 활용하는 교실에서, 교사는 항상 은유를 사용한다(그것을 피하기는 어렵다). 또한, 학생이 은유에 주목하고(예를 들어, "영향"과 같이), 논의하고, 작용 방식을 인식하고, 반성적으로 생각하도록 조장한다. 매일 한두 번이라도(혹은 가끔이라도 적절한 노력이 이루어진다면) 은유에 대해 의식적으로 분석을 시도해 보자. 학생이 들어 보았거나 사용해 온 빼어난 은유를 수업에서 사용하도록 조장하자. 그리고 "이번 주 최고의 은유"에 투표해 보자.

상반된 쌍

학습에서 (단점을 해결할 수 있다면) 피할 수 없는 또 다른 인지 도구가 있다. 대상을 상반되게 구분하여 파악하는 것이다. 그래서 세상을 좋음/나쁨, 높음/낮음, 땅/하늘, 뜨거운/차가운, 용기/비겁과 같은 것으로 흔히 구분한다. 물론 세상의 복잡성을 인식하기보다 상반된 것으로 파악하는 것에는 문제도 있다. 그러나 이 형식을 피할 수는 없다. 그렇다면 음성 언어에 수반되는 이 중요한 인지 도구를 사용하고 통제하는 최선의 방법을 배우는 것이 더 좋다. 아동 연구가들은 아동의 사고에서 상반이 매우 일반적이라는 것을 인식했다. 예를 들어, 베텔하임Bruno Bettelheim은 "(아동이) 모든 대상을 상반된 것으로 구분하여 (그들의) 세상에 질서를 부여하는 방식"을 관찰했다(1976, p. 74).

음성 문화적 사고에서 사용되는 상반된 쌍이 반드시 정확히 상반되는 것은 아니다. 그러나 상반된 쌍은 제재를 조직하고, 더 많은 것을 식별하도록 한다. 예를 들어, '뜨거운/차가운' 혹은 '큰/작은' 으로 상반을 설정하는 것은 온도와 크기의 영역에서 우선적 개념을 파악하도록 한다. 그런 다음 이 영역에서 따뜻한, 시원한, 아주 작은, 거대한과 같은 일련의 개념적 차이를 이해하게 한다.

잠시 중요한 사건 보도를 생각해 보자. 혹은 다른 대륙의 극적인 정치적 사건 소식을 상상해 보자. 그 뉴스에 대한 입장은 (가장 일반적으로) '좋은/나쁜' 이라는 상반으로 설정된다. 그러고서 더 많이 알게 되면, 어떤 측면은 좋게 어떤 측면은 나쁘게 보면서 처음의 두 범주를 조정한다. 깊이 생각할수록 감춰진 관련 상반을 계속 찾을 수 있다. 물론 (역사적으로 남성/여성을 능동/수동, 지배적인/복종적인 것에 결합시킨 것과 같이) 상반의 남용을 경계할 필요도 있다. 그러나 사고와 학습에서 상반의 큰 유용성과 힘을 인정할 필요도 있다. 나아가, 상반된 쌍에 대한 인식과 숙고는 단순하고 엉성한 사고를 교정한다. 또한 방금 제시한 바와 같이 남용된 단순성을 인식하도록 한다.

최근에 큰 금액의 복권에 당첨된 사람의 운명을 조사한 연구를 게재한 기사를 읽었다. 대부분은 복권을 사면서 당첨되어 백만장자가 되는 꿈을 꾼다. 그리고 당첨자들이 일상생활의 권태와 구속에서 벗어나 자유, 여가, 태양과 영원한 쾌락을 만끽할 것으로 생각한다. 그 연구에서는 큰 금액의 당첨자에게 대체로 이와 반대되는 일이 생겼다고 보고한다. 그 연구의 요점 중 하나는 대부분 자신이 인식하는 것 이상으로 일상 환경의 반복된 구조(타인과 상호 작용하는 본성, 감수해야 하는 위험의 계산 등)에 의존한다는 점이다. 막대한 돈을 받으면, 이 모든 안정된 반복은 완전히 붕괴된다. 처음에는 행복감을 느끼고, 이전의 직업을 버리고, 좋아하는 휴양지에 큰 별장을 구입한다. 그 이후에는 익숙한 일상과 환경의 어떤 지원도 받지 못한다. 단지 방향감을 상실한 채 하루하루 살아간다. 그 연구에서 인터뷰에 응한 사람 대부분은 당첨(막대한 금액이 당첨되지 않은 사람이 기꺼이 그 위험을 감수하고 싶어 하는)을 저주했다. 그 신문 기사가 어떻게 상반된 쌍으로 구성되었는지 잠시 생각해 보자. 얼마나 다양한 상반을 찾을 수 있는가?

고전적 동화를 잠시 생각해 보자. 그리고 그 이면을 고려해 보자. 「헨젤과 그레텔」은 어떤가? 그것은 안심/두려움이라는 상반의 고려를 나타낸다. 그리고 「신데렐라」는 어떤가? 부/가난, 허영/검소, 이기심/이타심을 나타낸다. 「잭과 콩나무」나 다른 동화는 어떤가? 용기/비겁, 위험/안전 등을 나타낸다. 아동은 언어를 배우자마자 이 유력한 한 쌍의 범주를 개발하기 시작한다. 물론 아동만 그런 것은 아니다. 이 분석을 성인이 좋아하는 텔레비전 쇼에 적용해 보자. 이면을 철저히 파고들면, 거기에는 추상적 의미 만들기라는 가장 오래되고 기본적인 인지 도구가 있다. 고전적인 서부극, 술래잡기, 공상 과학 이야기의 이면이라고 무엇이 다르겠는가?

어린이가 아주 좋아하는 공상적 이야기에는 상반이 비교적 분명히 드러난다. 안전/위험, 선/악, 용기/비겁 등의 상반이다. 이 상반에는 두 가지 분명한 특성이 있다. 첫째는 정서적으로 강력하다는 것이고, 둘째는 추상적이라는 것이다. 쉽게 말해, 언어는 추상화를 함의한다. "언어는 자아와 대상 사이의 거리를 낳는다. 언어는 고유한 지각을 공유된 것으로 전환시켜 일반화한다. 언어는 실제를 추상으로 변화시킨다"(Coe, 1984, p. 253).

좀 어렵게 말하면, 실제 구체물에 직면하여 추상이 계발되는 것이 아니라 추상을 사용할 때에만 실제 구체물의 인식이 가능하게 된다. 즉, "실제 구체물은 추상의 산물이다. 구체적 감각, 지각, 혹은 이미지를 경험하기 위해서 정신은 추상을 소유해야 한다"(Hayek, 1970, p. 311).

물론 이것은 난해한 문제이다. 그러나 음성 문화에 속한 아동과 사람이 "구체적 사고자"라는 단순한 주장은 의심해 보아야 한다. 이 이상한 신념이 지배적으로 되면, 그들도 원래 추상적 사고자라는 인식을 은폐할 수 있다. 이들이 추상적 사고자라는 인식은 현대 교육 사상과 교사 교육 프로그램의 가장 일반적인 가정과 상충된다. 그러나 가장 일반적인 가정이라고 해서 옳은 것은 아니다. 생각할수록, 그 가정은 정말로 틀린 것 같다.

음성 문화에 속한 아동과 사람이 "구체적 사고자"라는 단순한 주장은 의심해 보아야 한다.

가드너Gardner의 연구를 다시 살펴보자. 그에 의하면, "유아도 상당히 추상적인 세계의 속성을 감지한다는 인상적인 증거를 발달론 연구자들은 확보하고 있다"(1993, p. 182). 가드너는 캐리와 겔먼Carey and Gelman의 연구(1990), 자신의 "교육받지 않은 마음the unschooled mind"에 대한 연구(1990), 케일Keil의 연구(1989)를 인용한다. 거기서 아주 어린 아동들이 추상적 속성을 선호하여 강한 지각적 혹은 실제적 단서를 간과하기도 한다는 것을 제시한다.

모든 아동의 학습에 도움을 주는 이 유력한 도구를 무시하는 것은 경솔한 것이다. 물론 모든 것을 상반된 쌍으로 구성하여 가르쳐야 한다는 주장은 아니다. 그러나 상반된 쌍은 교사에게 제재를 상반된 관점으로 소개하는 방법을 보여 준다. 그래서 그 제재의 명확한 이해에 접근하도록 한다. 일단 이 접근이 이루어지면, 상반된 것을 중재하고 다양한 방식으로 그 내용을 정교하게 만들 수 있다. 반면 기본적인 상반의 구조화보다 정교화를 먼저 한다고 해보자. 그러면, 첫째, 그것은 학생의 이해를 돕는 주요 도구를 무시할 위험이 있다. 둘째, 이러한 교수는 학생에게 가르치고자 하는 것을 적절하게 파악하지 못하게 할 위험이 있다. 애석하게도, 이것은 흔히 일어난다.

상상력을 활용하는 교실에서는, 학생에게 제재를 제시하기 위해 흔히 상반된 쌍을 사용한다. 그리고 그것이 명시적으로 논의되기를 기대한다. 이것은 어떤 교과를 다루든지 마찬가지다. 예를 들어, 3학년 과학에서 "공기의 속성" 단원을 구성한다고 해보자. 교사는 먼저 공기에 대한 사실을 제시한다. 볼 수도 없고 비어 있는 것 같은 공기가 실제로는 가시적인 어떤 대상보다도 다양하고 놀라운 것으로 가득 차 있다는 사실이다. 교사가 나비의 변태에 관해 가르친다고 해보자. 작은 공간에 갇힌 유충과 고치 시기의 신기한 결합을 제시할 수 있다. 그리고 이 시기에 끊임없이 먹고 나비가 되면, 다른 많은 종들에 비해 이동 범위가 엄청나게 넓어진다. 그러나 나비가 되고 나면 거의 먹지 않는다. 이처럼 제재의 상반에 초점을 맞춤으로써, 교사는 상상력을 활용하여 제재와 학생을 연결시키는 또 하나의 도구를 가지게 된다.

운율, 리듬, 그리고 유형

모든 음성 문화에서는 생명이 있는 정신에 지식을 저장해야 했다. 따라서 기억화를 돕는 기술은 사회적으로 매우 중요했다. 어떤 깃(악소 치료, 귀한 뿌리 캐기 기술)은 한 번 망각되면, 영원히 잊힌다. 모든 음성 문화에서는 운율, 리듬, 유형이 기억화를 돕는 데 유용한 도구임을 발견했다. 3월은 며칠이 있는지 오늘날의 영어 사용자에게 묻는다면, 마음속으로 오래된 운율을 암송할 것이다.

30일이 있는 9월
4월, 6월, 그리고 11월,
나머지 달은 31일…
30 days hath September
Apil, June, and November,
All the rest have 31…

3월에 31일이 있음을 인식하면, 특이한 2월을 서술하는 운율 부분은 시작하려고 애쓰지 않는다. 그러나 문자 시대에 접어들면, 그러한 운율은 드물어진다. 현재 운율을 잊었다면, 언제든지 달력을 찾아보면 된다. 음성 문화에서 많은 구전 지식은 유형화된 소리 형태로 보존되었다. 가장 흔한 것은 기억 가능성을 높이기 위한 이야기 구성이었다. 신성한 신화에는 모든 구전 사회의 가장 중요한 구전 지식 대부분이 들어 있다. 흔히 신성한 신화는 리듬감 있게 북을 두드리거나, 간단한 현악기 혹은 넓적다리를 손으로 치면서 암송되었다.

유형화된 소리는 청자의 마음에 구전 지식과 개념을 각인시킨다. 이 기본적 유형화는 더 큰 유형화의 작은 형태이다. 더 포괄적인 유형화에서는 절망과 희망, 두려움과 해방감, 억압, 분노, 반란, 젊은이와 노인 등이 언어로 파악되고 숙고된다. 즉, 정서적 삶도 유형화된다. 리듬 속에서 그 정서적 유형이 메아리치도록 언어를 사용할 수 있다. 운율과 리듬이 언어와 삶에 스며들어 있음을 인식하는 것이 현명하다. 그리고 어떤 운율과 리듬을 귀로 듣더라도, 거기에는 눈이나 다른 감각을 자극하는 또 다른 형식의 유형화가 있다.

상상력을 활용하는 교실에서는, 모든 교육 과정 영역에서 운율, 리듬, 유형에 더 많은 관심을 기울이기 바란다. 예를 들어, 동음이자라는 제재를 다룰 때, 학생이 "there," "their," "they're"의 상이한 철자를

기억하도록 운율을 덧붙일 수 있다. 아래의 운문은 페티스Mark Fettes
의 도움을 받았다. 나는 이 운문을 이상적인 사례 혹은 위대한 문학의
일부로 사용한 것은 아니다. 또한 페티스가 처음으로 사용한 사람이
기 때문도 아니다. 그 이유는 잠깐이면 교사가 이 운문을 재미있게 활
용할 수 있기 때문이다. 기억 가능성이 중요하므로, 이보다 더 짧은
운문을 만들 수도 있다. 그러나 교사만 운문을 만드는 것은 아니다.
학생에게 기억해야 할 정보를 담은 깔끔한 운문을 작문하게 하여 학
습한 것을 제시하도록 할 수 있다.

There, They're, Their라는 세 꼬마 단어가 있어요,
놀러 갔다가 갑자기 곰을 만났어요.
There는 두려움에 떨지 않았어요.
"내 앞에는 T가 있어, 그래서 나는 여기가 아니라 저기 있어."
They're는 생략 부호를 높이 흔들었어요.
"곰아 달아나! 그들이 쫓아와, 보이지."
Their는 눈물을 흘리거나 울거나 소리치지 않았어요.
"그들의 총이 나의 빛나는 눈(I)처럼 번쩍이고 있어."
곰은 안전한 자기 동굴로 달아났어요,
새끼들에게 [자신이 겪은] 무시무시한 공포에 대해 말했어요,
There, Their, They're는 차를 마시러 집으로 갔어요,
그들은They're 거기서There 그들의Their 용감함을 노래했어요!

교사는 "공기의 속성" 단원을 위해서도 운문을 지을 수 있다 —
나는 8분이 걸렸다(독자는 그 시간을 다르게 보내길 바랄 수도 있다):

공기는 텅 비어 있고, 투명해서,

아무 걱정 없이 통과할 수 있을 것 같아요.

그러나 태양에서 오는 무수히 많은 뮤온muons을 제외하면,

장난치며 끝없이 주변을 떠다니는 부패한 피부,

주변으로 갑자기 퍼지는 꽃가루의 얼룩,

소리로 바뀌는 무수한 전자파.

감염시키려는 바이러스와 박테리아,

아주 많은 부서진 부유물들. 불결해요.

공기는 가득 차 있는, 거대한 스튜 요리예요.

교사는 이러한 운문을 몇 분 내에 작성하여 제시할 수 있다. 그런 다음 학생에게 제시한 운문을 고쳐 보도록 할 수 있다. 혹은 학생에게 같은 제재에 대해 운문을 지어 보도록 할 수도 있다. 언어적 기술을 함양하는 것과는 별도로, 이 활동은 공기의 속성에 대한 학생의 이해를 함양한다.

교사는 인간의 정신이 리듬과 유형(미술, 악기에서 현의 떨림, 파도와 물과 바람, 살아 있는 유기체의 규칙성, 심장 박동에서부터 자고 일어나는 것에 이르는 신체의 기본적 리듬과 유형)에 사로잡혀 있음을 기억할 필요가 있다. 교사는 제재를 수업으로 구성하기 위해 이것을 직시해야 한다. 하지만, 너무 쉽게 망각하는 것 같다. 반면 학생의 상상력 소환을 우선시한다면 이것을 쉽게 상기할 수 있다.

농담과 유머

내가 기억하는 최초의 농담은 다음과 같은 질문과 답이다. 즉, "문(a door)은 언제 문이 아니게?" "모르겠는데." "문이 조금 열렸을ajar 때지." 그 농담을 처음 듣고 많은 세월이 지났어도 아직 기억나는 까닭

은 그 당시 "ajar"가 무슨 뜻인지 몰랐기 때문인 것 같다. 나는 어떤 항아리(a jar)처럼 보이는 문, 혹은 문이 있는 항아리를 상상하려고 했던 것이 떠오른다. 그래서 전혀 이해하지 못했던 것 같다. 내 친구 리치가 아주 재미있어 했던 기억이 난다. 그 후 몇 주가 지나서, '조금 열린'이라는 뜻의 "ajar"라는 단어를 찾았다. 나의 이해가 느리긴 했지만, 리치는 분명히 나만큼 기억하지는 못할 것이다. 그러한 농담은 우리의 은유적 능력을 강화하고 확장한다.

　　문식성의 결과물들 중 하나는 언어의 시각화이다. 문식성은 언어를 귀에만 관련된 매체에서 눈에도 관련된 매체로 전환시킨다. 우리가 사용하는 특정한 종류의 쓰기 체계는 언어를 마음에 그리는 데 영향을 미친다(Olson, 1994). 일반적으로, 이 변화가 언어의 이해에 얼마나 깊이 영향을 미치는지 쉽게 주목하지 못한다. 그렇지만 문식성은 새로운 방식으로 언어를 생각하고 의식하도록 한다. 물론 음성성 내에서도, 언어에 관심을 갖고 그것을 의식하게 하는 기법이 있다. 이 기법 중의 하나가 농담이다. 조금 열린 문에 관한 농담은 오직 음성 환경에서만 의미가 있다. 그것이 기록되면, 시각성이 그 의미를 훼손시킨다. 장기간에 걸쳐, 교실은 음성적 환경이라는 것을 명심할 필요가 있다.

　　흔히 그러한 농담은 동음이의에 의존하기 때문에, 문자 환경에서도 남아 있다. 그러나 농담의 중요한 교육적 가치는 언어를 무의식적인 행위로 두기보다는 대상으로서 관심을 갖도록 하는 데 있다. 일단 아동이 언어를 대상으로 관찰하기 시작하면, 지적 발달에 중요한 "메타 인지적 인식"을 계발하게 된다.

　　교사: 존, 나무의 바깥쪽을 뭐라고 부르지?
　　존: 모르겠어요.

교사: 나무껍질이야, 존. 나무껍질.

존: 멍 멍 멍

Teacher: John, what's the outside of a tree called?

John: I don't know.

Teacher: Bark[1] John. Bark.

John: Bow, wow, wow.

소녀가 마술사에게: 모자에서 토끼를 꺼낼 수 있어요?

마술사: 그야 쉽지. 그런데 방금 토끼를 씻겼거든. 그래서 할 수 없구나.

Girl to magician: Can you pull a rabbit out of your hat?

Magician: I can normally, but I've just washed my hare[2] and can't do a

thing with it.

여행자: 잊을 수 없는 경치를 봤어.

집에 있는 사촌: 하나를 가져오렴. 늘 내 것을 잊거든.

Traveler: There are some spectacles[3] that one never forgets.

Cousin at home: I wish you'd get me a pair. I'm always forgetting mine.

방문자: 공원이 어디 있나요?

거주자: 이 근처에는 공원이 없어요.

방문자: 그러면 어째서 "여기가 공원"이라는 표시가 있지요?

Visitor: Where is the park?

---

1. 교사는 bark를 나무껍질로, 존은 짖는 소리로 인식.
2. 마술사는 [hɛər]를 토끼(hare)로, 소녀는 [hɛər]를 머리카락
   (hair)으로 인식.
3. 여행자는 spectacles를 경치로, 사촌은 안경으로 인식.

Resident: There's no park around here.

Visitor: Then how come this sign says "Park Here?"[4]

짐: 손으로 프라이드치킨을 먹어도 되나요?

제인: 아니. 네 손은 따로 먹어야해.

Jim: Should you eat fried chicken with[5] your fingers?

Jane: No. You should eat your fingers separately.

메리: 건포도 빵을 좋아하니?

피터: 모르겠어. 나는 어떤 것도 구워 보지 않았거든.

Mary: Do you like raisin[6] bread?

Peter: I don't know. I've never raised any.

의사: 환자의 체온은 쟀나요?

간호사: 아니요. 그것을 놓치셨어요?

Doctor: Did you take[7] the patient's temperature?

Nurse: No. Is it missing?

잠시 실례했네요. 그리 대단한 농담은 아니지요. 그러나 각각은
재미라는 목적(학생은 계속해서 다른 목적도 발견한다)으로 취급된
대상으로서 언어에 관심을 갖게 한다. 여기에 교육적 가치가 있다. 언

---

4. 거주자는 "park here"를 주차장으로, 방문자는 공원으로 인식.
5. 짐은 with를 수단(~을 사용하여)으로, 제인은 수반(~와 같이)
   으로 인식.
6. 메리는 [réiz-ən]을 건포도로, 피터는 [reizd]을 (빵을) 부풀린
   으로 인식.
7. 의사는 take를 재다로, 간호사는 잡다로 사용.

어적 조작이 제공하는 잠재된 매력을 받아들이기 위해서는, 그 가능성을 인식할 필요가 있다. 이 인식은 특정 농담에 의해 자극될 수 있다.

농담은 앞서 언급한 다양한 인지 도구를 유발한다. 대개 농담은 은유적 관계에 의존하는 일종의 짧은 이야기이다. 혹은 농담은 그 이면에서 전개되는 이야기를 제시한다. 농담은 예상 범위를 넓힌다. 그리고 우리가 느낄 수 있는 일련의 정서적 리듬을 더 복잡하게 만든다. 바나나껍질 위에서 자고 있는 거만한 사람은 더 정교한 농담을 계속 낳는 압축된 형식이다. 그 정교한 농담은 지속적인 도덕적 가르침을 수반하며 웃음을 자아낸다.

문식성의 단점 중 하나는 소위 (훌륭한 추론을 위한) 문자적 사고이다. 문자적 사고는 논리적 원리에 사로잡히게 한다. 논리적 원리에서는 실재의 더 포괄적인 유연성과 복잡성이 희생된다. 복잡한 실재를 제한적인 엄밀한 개념으로 대치한다. 그 개념 구조가 적합하지 않다는 것을 부인하는 사람을 볼 수 있다. 유머는 사고에서 과도한 문자성을 크게 완화시키고 와해시킨다.

아동의 일상생활에서 풍부한 유머를 쉽게 찾을 수 있다. 이 언어적 놀이 형식은 성인기에도 분명히 지속된다. 유머 감각이 없는 사람은 삶의 위대한 기쁨 중 하나를 놓친 것이다. 그 사람은 언어적 도구 상자에서 소중한 선물을 잃어버린 것이다.

농담은 언어로 수립할 수 있는 것과 언어로 적절하게 포착할 수 없는 실제 사이의 간극에 관심을 갖게 한다. 농담은 언어 발달의 보편적 결과이다. 그래서 교수에서 그 역할을 무시하는 것은 위험하다. 이 맥락에서, 핀커Steven Pinker의 연구를 인용할 필요가 있다. 즉, "은유와 유머는 문장 이해의 두 가지 정신적 실행을 정리하는 유용한 방법이다"(1994, p. 230).

대개 농담하기는 학습에서 주요한 위치를 차지하지 못해 왔다(학습을 좋아하도록 하기 위한 장식이나 오락적 특성 정도였다). 그리고 유머는 학습이라는 고된 일을 위한 유인책hook 정도로 사용되었다. 그것은 본격적 활동이 시작되도록 학생의 관심을 끌기 위한 장치였다. 그러나 상상력 활용을 위한 교수에서, 유머는 간헐적이고 부수적인 역할에서 이해를 확장하는 중요한 고취자로 다루어진다.

유머와 농담의 사용은 교사 개인의 결정 사항이기도 하다. 교사의 선호도나 개인적 특성에 달려 있다. 그러나 이러한 생각은 이해를 돕는 가장 유력한 기법 중 하나를 폄하하는 것이다. 농담은 흔히 (어떤 대상을 명백히 잘못된 맥락이나 범주로 보면서, 혼동한 체하여 그 범주를 보강하는) 부조화에 근거한다. 세상을 이해하려는 인간의 시도에서 특별히 우스운 것을 찾기 위해 농담을 분석하는 수렁에 빠질 필요는 없다. 동정하는 자질만 있으면 된다. 우리는 집단 내에서 살고, 음식을 찾고, 자식을 낳고, 죽게 되어 있다. 그 속에서 인간은 별을 잡으려 하고, 인지 범주 안에 우주를 넣으려고 한다. 이것이 전혀 쓸데없는 것은 아니다. 학생들은 신체 밖에 사고의 일부를 형성하는 기법과, 오래 전에 죽은 사람의 사상을 마음에 새기는 특별한 기법을 배울 수 있다. 더불어 세상에 대한 학습이라는 희극의 멋진 측면을 배울 수 있다.

그래서 상상력을 활용하는 교실에서는, 지금보다 훨씬 더 많은 유머를 기대한다. 교사는 제재와 관련된 농담을 제지하기보다는, 학생이 좋은 농담을 히도록 조장해야 한다(매우 경솔한 즉각적인 경고는 상상력을 발휘하지 못하게 할 뿐이다). 이때 진정한 재치가 조장된다. 적어도 그것은 공유된 경험이다. 다른 모든 교과에서도 쉽게 가정할 수 있지만, 수학에서 많은 유머가 가능하다. 처음 숫자 세기에서, "왜 6은 7을 무서워하지?"라고 질문한다. "7이 9를 먹었기 때문이지 Seven ate nine(이것은 쉽게 이해된다)." "99번 가고 쿵, 99번 가고 쿵,

99번 가고 쿵 하는 것은 무엇일까?" "한 다리가 나무로 된 지네." "왜 2곱하기 10은 2곱하기 11과 같지?" "2곱하기 10은 20이고, 2곱하기 11 도[twenty, too]니까요" (22).

심상

음성 언어의 발달에 따라, 단어가 마음에 이미지를 낳는 데 사용될 수 있다는 특이한 발견을 하게 된다. 심상에 관해 숙고해 보면, 그것은 사람들이 알고 있는 바와는 다르다. 우리는 이미지라는 단어를 조금 오도해서 사용하는 것 같다. 회화적인 정신적 이미지는 마치 그림(실제 장면을 보는 것처럼 눈을 감고 떠올릴 수 있는 것(Shepard, 1975))과도 같기 때문이다. 그러나 시각적 신호가 전혀 없는 많은 정신적 이미지가 있다. 예를 들면, 냄새의 "이미지"를 떠올릴 수 있다.

음성 문화에서는 기억 속에 정보를 저장하는 것이 중요하다. 모든 인지 도구는 이처럼 사회적으로 매우 중요한 활동을 지원한다. 그래서 신화는 생생하고 별난 이미지로 가득하다. 형성된 이미지가 이국적이고, 놀랍고, 이상할수록 더 잘 기억될 수 있다는 것이 오래 전에 밝혀졌다.

이 이야기를 잠시 중단해야 할 것 같다. 호주 서부의 캘거리 북서쪽에 농장을 소유한 친구 이야기를 하기 위해서다. 그 친구의 집 서쪽과 남쪽 편에는 붉은 자라jarrah 나무로 바닥을 깐 넓은 베란다가 있다. (더운 날 시원한 느낌 때문에) 그곳에 서면 맨발로 걷고 싶어진다. 그곳에는 작은 강 쪽으로 경사진 거친 풀밭이 있다. 집을 휘도는 강가에는, 이전 주인이 심어 놓은 일곱 그루의 자카란다jacaranda 나무가 있다. 최근 방문했을 때, 늦은 오후에는 자줏빛 꽃을 피운 자카란다의 커다란 그늘이 차양처럼 드리운 베란다에 앉아 있곤 했다. 바람이 전하는 나무 향기와 흐르는 강물 소리를 들으며 일상사를 이야기했다.

거짓말을 해서 미안하다. 내게 캘거리 북서쪽에 농장을 가진 친구는 없다. 그곳에 가본 적도 없다. 그러나 2, 3분이면 이러한 허구를 쓸 수 있다고 해보자. 조금 잘 쓴다면, 청자의 마음에 이미지를 낳을 수 있다. 많은 서사들은 그러한 이미지를 낳지 못한다. 이 문단과 앞의 문단을 비교해 보자. 이미지를 낳는 것이 읽고 기억하기 쉽다. 어떻게 가르칠지를 계획할 때 이 언어적 능력을 간과하는 것은 어리석은 일이다. 불러내고자 하는 이미지는 각기 다를 것이다. 그러나 모든 경우에 이미지를 유발하는 언어 능력은 상당히 영향력 있는 인지 도구를 제공한다. 언젠가 내가 차를 타고 캘거리로 간다면, 자라나무로 만든 시원한 베란다와 자줏빛 꽃을 피운 자카란다 나무 뒤편의 개울을 찾을 것이다. 독자들도 그렇겠지요?

우리는 어린 시절 들은 이야기의 이미지를 회상하곤 한다. 이상하게도, 책 속의 그림보다 그 이야기를 들었을 때 형성된 이미지가 더 생생하게 기억된다. (나는 이 의견을 잠정적으로 제시한다. 단지 지난 두서너 해 동안 약 20명의 성인을 대상으로 한 비형식적인 조사에 근거한 것이기 때문이다. 그러나 동일한 결과를 제시할 수는 있다. 원작을 읽은 다음에 영화를 본 사람들 대부분은 실망스러워 한다. 몇 안 되는 예외 중 하나는 〈반지의 제왕Lord of the Rings〉이다. 이 영화에서는 작가 톨킨Tolkien조차도 생각하지 못한 이미지를 유발하기 위해 막대한 제작비가 사용되었다.) 그러나 신드바드의 동굴이나 모글리Mowgli의 정글에 대한 생생한 회화적 이미지만 남아 있는 것은 아니다. 회화적 이미지는 정서의 저장소이고, 강한 향수를 자아낸다. 즉, 이미지에는 정서적 색채가 수반된다. 그래서 우리는 마음에 떠오르는 공유된 이미지로 생각하고 느낀다.

교수에서, 교사는 학습자가 습득하기 바라는 내용 혹은 기술에 주된 관심을 둔다. 대개 교사는 의사소통하려는 기본 개념을 고려한다. 나의 경험과 교사 교육 방법에 관한 자료를 통해서 볼 때, 교수 내용이 불러일으키는 생생한 이미지를 숙고하는 경우는 드물었다. 모든 음성 문화에서 이미지의 생성은 보편적이다. 따라서 교수에서 이 인지 도구를 사용하는 방법을 숙고하고 반성하는 것은 타당하다. 학습자는 정신적 이미지를 낳는 능력을 분명히 가지고 있다. 그리고 이 능력을 쉽게 그리고 기꺼이 사용한다.

상상력을 활용하는 교실에서는, 모든 교육 과정 영역에서 이미지에 호소하는 것을 훨씬 더 광범위하게 볼 수 있다. 대개 수학의 자릿수나 십진법의 교수에서, 원리를 설명하고 나서 훈련과 연습과 반복을 많이 시킨다. 그 대신 교사는 잠시 수업을 계획하면서, 어떤 이미지가 제재와 이에 대한 학생의 이해에서 상상력을 발휘해 참여하도록 조장할지 생각해 보자. 여기서 자신의 군인 수를 세고 싶어 하는 왕을 상상해 보자. 현명한 한 조언자가 5명의 하인에게 각각 10개씩의 돌을 들고 표시 뒤에 서 있게 하라고 왕에게 제안한다. 표시 뒤에 서 있는 각각의 하인 앞에 그릇을 놓는다. 그러고서 군대는 표시 끝에서부터 행진한다. 끝 쪽에 있는 하인은 행진하면서 지나간 군인의 수만큼 그릇에 돌을 넣는다. 10개를 넣으면, 그 돌을 다시 줍는다. 군인이 한 명씩 지나갈 때마다 그릇에 돌을 하나씩 계속 넣는다. 그 하인 왼쪽에 서 있는 하인은 첫 번째 하인을 본다. 첫 번째 하인이 10개의 돌을 주울 때마다, 돌을 하나씩 넣는다. 두 번째 하인도 그릇에 돌이 10개가 되면, 그것을 주워 낸다. 이처럼 첫 번째 하인이 10개의 돌을 주울 때마다 자기의 그릇에 돌을 하나씩 넣는다. 세 번째 하인은 두 번째 하인만 관찰한다. 두 번째 하인이 10개의 돌을 주울 때마다 그릇에 돌을 하나씩 넣는다. 이렇게 되면, 가장 왼쪽에 있는 하인은 바로 오른쪽에 있는 하인이 10개의 돌을 주울 때까지 기다리면서 지루한 시간을 보낸다. 몇 시간 후, 가장 왼쪽에 있는 하인의 그릇에는 돌이 하나 있었다. 그 옆의 네 번째 하인의 그릇에는 돌이 세 개 있었다. 그 옆의 세 번째 하인의 그릇에는 돌이 두 개 있었다. 그 옆의 두 번째 하인의 그릇에는 돌이 없었다. 그리고 끝에 있는 첫 번째 하인(가장 힘든 하루 일과로 지친)의 그릇에는 돌이 아홉 개 있었다. 현명한 조언자는 왕의 군대에는 1만 3천 2백 9명의 군인이 있다고 한다. 이처럼 이미지가 수반된 훈련과 연습을 통해 학생들은 친구나 다른 대상을 세는 데 그 방법을 사용할 것이다. 자릿수와 10진법과 관련된 다른 수업 기술을 배제할 필요는 없다. 그러나 제재를 학생에게 더 생생하고 명확하며, 의미 있게, 상상력을 발휘해 참여하도록 만드는 방법이어야 한다.

잡담

잡담은 나태한 수다나 악의적인 소문 만들기로 폄하되어 왔다. 그래서 사회적으로 중요하지 않거나 진지하지 못한 말이 되었다. 오랫동안 경솔한 편견으로, 잡담은 여자들의 허물없는 말과 관련되어 있었다. 그래서 사업이나 정치와 같이 "중요한"(즉, 남성의) 영역보다는 가정과 가족, 지엽적 사건에 중점을 둔 말과 관련되어 있었다. 일반적으로 공적인 세계보다는 사적인 세계에 속하는 말이 되었다. 영어에서, 이 말은 godsibb에서 유래한다. 대부모*godparent*처럼, 신을 통해 매개된 사람을 뜻한다. 잡담은 그런 사람과 해야 하는 말이다.

점차 인류학자들은 사회적 안정성의 가장 중요한 근원 중 하나로 잡담을 인식하게 되었다. 또한 잡담을 최초의 언어 발달의 장으로 보았다(Mithen, 1996, 10장). 일상적인 사회 활동에서 대개 이 형식의 말이 가장 쉽다. (남자든 여자든) 가장 쉽게 참여하는 형식이라고 해서 하찮은 것은 아니다(Dunbar, 1991). 잡담이라는 서사도 일종의 이야기이다. 그래서 이 인지 도구는 앞에서 논의한 이야기 형식과 공통점을 가진다. 그러나 잡담은 비형식성, 임의성, 일반적 형식 구조의 결여라는 점에서는 이야기와 차이가 있다.

최근 회의에서 나는 다른 대학에 다니는 대학원생을 만났다. 조금 전 저명한 모 교수가 발표한 흥미로운 논문이 실제로는 그녀의 연구라는 것이다! 그녀는 그 교수의 강의에서 연구 과제를 작성했다. 그 교수는 그녀에게만 B학점을 주었다. 그러고는 그녀의 논문을 거의 그대로 자신의 논문으로 제출했다. 그 교수의 정체가 드러났다. 그녀처럼, 그 교수의 논문에서도 푸코Foucault를 인용했다. 그러나 그 교수가 푸코라고 생각하고 인용한 부분에는 푸코에 관한 그녀의 논의가 포함되어 있지 않은가! 맥주를 마시며, 그녀는 그 교수에 대해서 뿐만 아니라 자신에게도 화가 난다고 했다. 그 교수가 자신의 연구를 훔쳤다고 모든 사람 앞에서 말해야 했었다. 그러나 아무도 자신을 믿지 않을 것이라고 걱정했다. 또한 몇 달 후 취업 신청을 위해서는 그 교수에게 추천서를 부탁해야 한다는 것도 걱정했다. 그녀의 경력은 추천서를 쓰는 그 교수의 태도에 달려 있다는 것도 걱정했다.

다시 한 번, 사과한다. 이상은 모두 내가 지어냈다. (나는 이것이 현실과 너무 닮은 가상이 아닐까 걱정이다.) 위의 문단을 그 앞의 문단과 비교하면 어떻게 읽히는가?

잡담하는 능력에는 사건을 서사화하기, 사건을 적절하게 인식된 정서로 채색하여 제시하기, 수용 가능한 인과적 연쇄를 확인하여 사건을 구성하기, 인과적 연쇄에 동기를 통합하기, 다양한 인물의 의도를 해석하기 등이 포함된다. 물론, 이것은 매우 정교한 인지적 능력이다. 그러나 이미 학생들은 이 도구를 어느 정도 개발하고 있다.

잡담을 게으름이나 시간 낭비라고 생각하더라도, 그것은 중요한 사회적 역할을 수행한다. 잡담은 가장 오래된 음성적 인지 도구이다. 교사는 적절한 음성적 도구를 소유하게 될 학생을 교수한다. 이 경우, 잡담을 적극적으로 즐기는 능력을 함양하기 위한 방법을 숙고해야 한다.

상상력을 활용하는 교실에서는, 적어도 그동안 내가 본 수업보다 는 잡담을 더 많이 사용하기 바란다. 학교에 오면서 본 이상한 사건이 나 사고에 대해 말하면, 곧 학생들의 집중력이 높아진다는 것을 모든 교사들은 알고 있다. 그 사건이 잘 전해지면, 학생의 높은 관심을 끌 수 있다. 어떤 제재를 교수하든 이 기법을 생각해야 한다. 그리고 이 해를 함양하고 학생의 상상력을 활용하는 잡담거리를 제시해야 한다. 수학자, 과학자, 탐험가, 작가의 삶은 사건으로 가득 차 있다. 그 사건 은 대개 교수에서 초점이 아니다. 그러나 그 사건은 학생들이 배우고 있는 세상의 많은 부분을 깨우치게 하고 생생하게 할 수 있다.

훌륭한 문식성 기능이 훌륭한 음성적 기능 발달에 크게 의존한다 는 것을 거의 인식하지 못해 온 것 같다. 음성 문화 시기의 학생이 언 어적 인지 도구를 적절하게 개발하지 못하는 경우가 흔히 있다. 문식 성에 어려움을 느끼는 많은 학생에게 필요한 것은 문식력 수립의 토 대가 되는 풍부한 음성성이다. 흔히 학교에서, 읽고 쓰기에 문제가 있 는 학생은 컴퓨터 앞이나 학습지를 가지고 혼자 앉는다. 그들에게 가 장 절실히 요구되는 음성 발달로부터 차단된다. 그리고 가정에서는 TV 앞에서 시간을 보내거나 전자 기기를 가지고 논다. 이 모든 것은 가장 필요한 인지 도구의 발달과 무관하다. 어린 시기의 잡담은 풍부 한 음성성의 토대를 개발하는 가장 쉬운 방법 중 하나이다. 그 음성성 에 근거해서 풍부한 문식성이 수립될 수 있다. 훌륭한 문식성 기능은 훌륭한 음성성 기능의 발달에 크게 의존한다.

놀이

수많은 책과 논문에서 놀이의 중요성을 다루고 있다. 따라서 다른 곳에서 더 나은 표현을 찾을 수 있는 놀이의 교육적 이용에 관한 지식을 반복할 필요는 없다. 간단히 말하면, 인지 도구의 관점에서 놀이는 일련의 광범위한 상징적 기능을 개발한다. 잡담에 관한 논의에서처럼, 자신이 정교하게 만든 공상적 게임이 가장 유익하다. 거기서 역할을 정하고, 가상의 세계를 짜고, 끊임없이 잡담하고, 규칙에 대해 협상한다. 그 시간은 단지 재미있을 뿐이다. 놀이의 중요한 가치 중 하나는 세상에 대한 숙고에서 정신을 해방시키는 것이다. 또한 메타 수준의 사고를 계발하는 도구라는 점이다. 즉, 규범적 형식, 행동, 강요된 일상적 목적이라는 제약에서 벗어나 세상을 생각하게 한다.

또한 놀이를 통해 자율이라는 중요한 능력을 배울 수 있다. 역할이 정해지면, 그 역할에서 벗어나 반응할 수 없다. 마녀 역할을 맡는다면, 악하게 행동해야 한다. 동시에 그 행동을 악으로 인식한다. 놀이 기회를 제공할 때 발생하는 미묘하고 다양한 발달을 여기서 상세하게 논할 필요는 없다. 놀이는 무한한 가치와 다양한 형식을 가진 인지 도구이다.

비고츠키의 관점에서, 대개 놀이는 "근접 발달 지대"를 낳는다. 기억, 언어, 감정이입, 추론을 개선하여 더 높은 수준의 심리적 기능 발달로 이끄는 것이 근접 발달 지대이다. 비고츠키의 주장에 의하면, 놀이를 하는 동안 아이들은 반복된 일상 활동에서 나타나는 평균적 능력 이상으로 기능한다. 놀이는 아이들에게 사회와 문화의 규칙을 탐구하는 실험 상황을 제공한다(1978).

전자"오락"은 아이들 사이에서 가치 있는 이 협상 놀이를 (몇몇 사람의 이익을 위해) 중단시킨다. 전자오락은 "상상력의 패스트푸드"

라고 말할 수 있다. 거기에 너무 열중하게 되면(오래 걸리지 않는다), 상상력의 동맥에 패스트푸드와 유사한 영향을 미친다.

상상력을 활용하는 교실에서는, 지금보다 훨씬 더 많은 놀이가 기대된다. 보드 게임, 창작, 경쟁, 실험, 퍼즐 게임 등 모든 놀이는 배우고 있는 제재와 관련된다. "상상력을 활용하는 교육" 경험을 통해, 이 도구를 수업에서 이용할 때 역할 채택 상황을 제시하는 것이 유익하다는 것을 발견했다. 따라서 공기의 속성을 가르칠 때, 학생을 집단으로 나눈다. 각 집단에서 학생은 전자파, 부유물, 뮤온, 꽃가루의 행동을 탐구한다. 그 과정에서 학생은 이것 중 하나의 역할을 맡고, 다른 역할과 적절히 상호 작용한다. 그 단원의 수업이 끝날 때, 학생들이 나타낸 대상을 아주 큰 모형으로 제작한다. 혹은 자릿수 학습에서 왕과 조언자, 군인의 역할을 맡는다. 실제로 교육 과정 상의 모든 제재는 학생에게 놀이 역할을 부여하도록 고안될 수 있다. 그러면 학생들은 훨씬 더 집중하고 참여하여 그 제재를 탐구한다.

신비의 인식

인지 도구의 목록에 신비를 포함시키는 것이 다소 무리임을 인정한다. 다른 이유는 제외하더라도, 신비의 인식을 "인지 도구"라고 부르는 것은 분명히 이상한 것 같다. 또한 그 용어의 사용과 관련된 대중적 선정성의 문제도 있다. 비록 "자연의 신비"에는 반대가 적겠지만, "버뮤다 삼각지대의 신비" 혹은 "고대 세계의 신비"에는 선정성의 문제가 있다. 그러나 어떻게 대상에 대한 신비감이 이해의 성장에 중요한 요소가 되는지 살펴볼 수 있다. 신비감은 무엇을 배우든 그것은 기껏해야 알려진 것들의 작은 단편일 뿐임을 인식하도록 하는 도구이다. 신비감은 이 현실을 무능하고 침울한 것이 아닌 흥분되고 매혹적인 것으로 만든다. 이것은 학생을 활용 가능한 넓고 풍부한 이해로 이끈다. 그래서 나는 『내셔널 인콰이어어*National Enquirer*』와 같은 출판물의 제목에서도 나타나는 신비의 감각적 측면을 쉽게 무시하고 싶지는 않다. 오히려 신비감을 교육 목적에 부합하게 전환하는 방법을 탐구하고자 한다.

신비를 통해 주변 세계에 대한 정신적 인식을 증진할 수 있다. 보고 들을 수 있는 세상, 그리고 그 속에서 행동 방식을 배우는 세상은 단지 드러난 표면일 뿐이다. 그 속에, 그 이면에, 그것을 넘어선 곳에서 드러날 수 있는 지적 풍요와 경험이 있다. 주변에서 보고 듣고 경험할 수 있는 것 이상이 있다는 느낌이 신비이다. 이처럼 더 크고, 더 이상하고, 쉽게 접근할 수 없는 세상에 마음을 열면, 그 탐구를 위한 최초의 도구가 발생한다. 상투적인 것을 넘어서려는 이 욕구를 가장 잘 표현한 테니슨Tennyson의 시가 생각난다.

> 그러나 모든 경험은 하나의 홍예문,
> 가보지 못한 세계가 얼핏 보이나,
> 다가가면 다가갈수록
> 지식의 추구는 떨어지는 별과 같아
> 인간 사상의 경계 저 너머에 있네.
>
> — 「율리시스」에서

테니슨은 단테Dante의 영향을 받았는데, 그의 율리시스는 자신의 욕망을 다음과 같이 묘사한다.

> …새로운 체험에서도 여전히 남아 있네.
> 그래도 해를 쫓아 항해하면서,

사람이 한 번도 도달하지 못한 새 세상을 찾으려는
앞에 있는. 너의 자랑스러운 운명을 생각하라:
너희는 돼지같이 편안함을 추구하는 짐승으로 태어나지 않았기에,
오히려 덕과 지혜를 추구한다.

— 『신곡』 지옥편에서

어느 면에서, 신비감은 발전된 지적 겸손의 일부이다. 이에 대한 가장 유명한 표현 중 하나는 아마 역사상 가장 위대한 과학적 인물이 말했던 것일 게다. 뉴턴(Sir Isaac Newton, 1642-1727)은 조카에게 편지를 썼다. 사람들은 수학, 광학, 물리학, 천문학, 만유인력 법칙의 발견, 운동의 기본 법칙에 관한 공식, 미분법의 개발, 백색광의 본질 분석 등과 같은 연구 성과 때문에 자신을 아주 총명한 사람이라고 생각하지만, 자신은 그 반대로 생각한다고 썼다. 즉, "나는 해변에서 놀고 있는 소년과 같다고 생각한다. 그 소년은 부드러운 조약돌이나 특이한 예쁜 조개 찾기를 즐길 뿐이다. 그때, 진리의 거대한 대양은 발견되지 않은 모든 것을 내 앞에 내놓는다"(David Brewster, 1965[1855]).

이제, 이 도구를 기술하는 데 큰 조력자를 얻었다. 시를 인용했을 때는, 대상의 신비를 인식하는 능력을 인지 도구로 특징짓는 데 어려움이 있었다. 그러나 방금 제시한 예에서 더 분명해졌기를 바란다. 모든 설명 뒤에 신비가 있다는 말은 당연한 것 같다. 이미 누군가 그렇게 말했을 것이다.

상상력을 활용하는 교실에서는, 신비에 대한 강조를 훨씬 많이 볼 수 있다. 실제로 신비에는 대중 잡지에 의해 널리 퍼진 더 선정적인 신비가 포함될 수도 있다. 그래도 지식이 미치지 못한 심오한 신비를 향해서 끊임없이 나가야 한다. 단순한 숫자 세기에서조차도, 아주 어린 아동의 머리를 자극하도록 무한이라는 개념이 제시될 수 있다.

소수prime number를 배울 때, 소수의 양상에서 유형을 발견하도록 할 수 있다. 그리고 이것은 수세기 동안 수학자들이 풀지 못하고 고민한 가장 어려운 문제 중 하나라고 제시할 수 있다. 정교한 쉼표와 같은 구두점은 단지 규칙을 배우도록 하는 것이 아니다. 다양하게 구부러진 선은 눈으로 그 페이지를 얼마나 더 쉽게 받아들이게 하는지 생각하게 한다. 그리고 학생에게 구두점의 핵심인 친절함을 증진하는 새 구두점을 고안해 보게 할 수 있다. 이처럼 익숙한 것을 다르게 볼 때 지식이라는 작고 연약한 공간을 감싼 신비가 끊임없이 드러난다.

초보적 문식성 도구

점차 학생은 다양한 언어 형식의 일반적 도구 상자를 유능하게 사용하게 된다. 그리고 점차 유능한 독자와 저자가 된다. 그렇게 되면, 교사는 문식성 도구 상자의 인지 도구들을 계획과 교수에 통합시키려고 한다. 특히 경험의 극단, 실재의 한계, 영웅의 모험, 서사적 이해와 문식적 시각에서 도출되는 경이감을 사용하려 한다.

상상력을 활용하는 교실에서는, 문식성이 성장함에 따라 학생이 이해하는 데서 나타나는 변화가 인식된다. 2장에서는 이것을 탐구한다. 일반적으로 문식성으로 전환되면, 정보 수집에서 눈보다는 귀가 우선된다. 특정 활동은 이 변화를 촉진하며, 학생에게 문식성이 얼마나 새로운 능력을 부여하는지도 보여 준다. 가장 기본적인 활동 중 하나는 목록, 순서도, 도형 등을 만들고 다루어 보게 하는 것이다. 이것은 음성 사회에서는 제한적인 형식으로만 이용할 수 있는 도구이다. 그러나 학생이 읽고 쓸 수 있게 됨에 따라 목록을 제작하고 다루는 데서 큰 기쁨과 상상적 자극을 얻을 수 있다. 예를 들어, 학생에게 지도를 사용하여 강의 목록을 만들도록 한다. 그리고 "500마일보다 더 긴 강," "둘 이상의 나라를 통과하는 강," "사람의 이름을 딴 강" 등의 범주표로 분류해 보도록 한다. 혹은 학생이 알고 있는 운동 목록을 만들도록 한다. 그리고 "공을 발로 차는 운동," "공을 도구로 치는 운동," "공이 떨어지면 안 되는 운동," "실내 운동," "두 팀 이상이 경쟁하는 운동," "두 사람만이 경기하는 운동" 등의 하위 목록으로 분류하도록 한다.

◆

이 장의 시작 부분에서 말하려고 하는 인지 도구를 개괄적으로 소개했다. 그리고 그것에 대해 말했다. 이제는 무엇을 말했는지 언급할 차례다.

학습에서 사용해야 하는 인지 도구라는 관점에서 교육과 학습의 과정을 생각할 때 그것을 가장 잘 이해할 수 있다는 것이 토대가 되는 이론이다(Egan, 1997). 이 장에서 어린 학생이 교육 과정을 이해하는 데 흔히 사용할 수 있는 주요 인지 도구의 목록을 제시했다. 이야기나 유머를 사용하는 것처럼 이 중 일부는 이미 익숙할 것이다. 그러나 전체적으로는 다소 익숙하지 않을 수도 있다. 이것은 학습에 관한 숙고에서 교사에게 권유되어 온 방식은 아니다. 그리고 이전의 교육 프로그램에서는 계획과 교수 방법을 서술할 때 여기에 많은 관심을 기울이지도 않았다.

그다지 익숙한 것은 아니지만, 각각에 대한 간단한 서술을 통해 그것이 교육 목적을 위해 사용될 수 있다는 것은 다소 분명해졌기를 바란다. 살펴본 바와 같이, 인지 도구에 초점을 맞추는 것은 학습에서 상상력을 활용하는 데 있어 불가피하다는 점이 더 분명해졌기를 바란다. 그 도구들은 어떤 유인책이나 동인으로 보이지는 않는다. 그것은 학생에게 세상에 관한 지식을 의미 있게 만들어 문제 해결에 도움을 주는 단서이다. 상상력을 자극하는 것은 학습을 위한 사탕발림의 수식어가 아니다. 그것은 학습의 핵심이다. 우리가 가르치고자 하는 지식은 바로 의미와 느낌과 맥락과 이해를 이끄는 것이다.

> *상상력을 자극하는 것은 학습을 위한 사탕발림의 수식어가 아니다. 그것은 학습의 핵심이다.*

그러므로 지금까지 언급한 것(이야기, 은유, 상반, 운율과 리듬과 유형, 농담과 유머, 심상, 잡담, 놀이, 신비)은 풍요로운 문화의 출입문을 여는 중요한 열쇠들이다. 그것은 언어라는 위대한 도구에 맞는 보조적 도구들이다. 단순히 이 도구들을 찾아보려는 것이 아니라, 동시에 그것을 실행하고 개발하려는 것이다. 이 도구들이 이해의 초기 도구이기 때문이다.

학생의 정신적 특징에 초점을 맞추면서, 실제로 어떻게 새롭고 효과적인 계획과 교수를 이끌지 제시하는 일이 남아 있다. 처음에는 언어에 수반된 인지 도구 체계를 기술하고 나서, 문식성에 수반된 인지 도구, 이론적 사고에 수반된 인지 도구, 사례의 제시라는 순서로 이 책을 서술하려고 계획했다. 그러나 이 도구들이 사용되는 방식을 설명하기 전에, 인지 도구들을 서술하는 것은 너무 지루할 것이라는 생각이 들었다. 그래서 그 도구들이 교수와 학습 구성에서 어떻게 사용되는지 보이기 위해 서술적인 장 다음마다 중간 장을 추가해야겠다고 생각했다.

2장에서는 문식성 도구에 해당하는 새로운 인지 도구들을 살펴본다. 그러나 지금까지 제시된 도구들이 새 도구의 개발로 일소되는 것은 아니다. 그것들은 섞이기도 하고 고유한 방식으로 계속 발달하기도 한다. 예를 들어, 이야기는 더 정교한 서사로 변한다(그러나 더 지적인 학생과 성인도 단순한 이야기를 계속 활용한다). 이것을 상세히 다루지는 않는다. 그러나 인지 도구와 그와 연관된 능력에 주목하고자 한다. 어린 시절 학습한 능력이 추가적 도구의 습득으로 폐기되지 않는다. 그것은 성장하면서 불변하는 것도 아니고, 더 단순한 형식으로 남아 사용되는 것도 아니다. 다소 복잡하지만, 그것이 인간이 가진 난해함이다. 단순한 발달 이론은 매력적이다. 그러나 세상과 사람의 복잡성을 고려한다면, 발달 이론을 그대로 받아들이기는 어렵다.

제1.5장

수업 사례

여기서는 1장에서 서술된 원리와 인지 도구가 일상적 실천에서 활용되는 다양한 방법을 탐구하고자 한다. 1장에서는 수업에서 도구의 용도를 개별적으로 제시했다. 반면 여기서는 그 도구들을 함께 사용하여, 어떻게 일상적 교수에서 교사의 접근을 재형성할 수 있는지 탐구하고자 한다.

1장에서 논의한 인지 도구들이 계획 구성에 함께 짜 맞추어진다. 짜 맞추어진다는 당황스러운 은유를(다섯 살짜리 아이의 놀이!) 양해해 주기 바란다. 도구의 사용은 구성의 부분이라는 의미이지 유일한 구성 방법이라는 의미는 아니기 때문이다. 그 기법은 모든 개념, 원리, 인지 도구를 상상력을 활용하는 수업과 단원 계획을 돕는 제세에 함께 도입된다.

분명히, 처음에는 이 구성이 다소 이상하게 보일 것이다. 이 구성은 타일러Ralph Tyler의 연구(1949)에서 도출된 일반적인 "목표/내용/방법/평가" 모형에는 적합하지 않다. 타일러의 연구는 대부분의 예비교사 교육 프로그램에서 여전히 가르쳐지고 있다. 반면, 여기서 제시된 구성은 앞에서 서술한 인지 도구를 사용한다. 이는 상상력을 활용하여 참여하는 학습의 계획 혹은 학습 단원의 전개를 돕기 위한 기초로 의도되었다. 수업을 계획할 때 처음 몇 번은 이 구성이 유용할 것이다. 그렇더라도 규칙적인 실천 속에서 유용하게 발견한 요소들을 이 구성에 통합하기 바란다. 아마도 나중에 그 기록은 유익한 참조나 메모가 될 것이다.

이 구성이 몇 해에 걸쳐 많은 교사들과의 연구를 통해 수정되고 개선되었음을 짐작할 것이다. 기본 구조는 매우 일관되게 유지되었지만, 이 기간 동안 더 정교화된 것 같다. 먼저 가장 단순한 체계를 적용한 두 가지 사례를 제시한다. 이어서 계획 과정에 더 유용하고 발전된 형식을 제시한다. 처음 두 사례에서는 일반적인 기본 구성의 사용이 특정 제재의 교수에 미치는 영향을 제시한다. 이어서 더 정교한 형식의 가능성을 탐색한다. 또한 다양한 제재와 관련된 사례를 제시한다. 상당히 쉬운 제재(그 제재에 대해 상상력을 활용할 가능성을 비교적 살펴보기 쉽다는 의미이다. 알에서 애벌레를 지나 번데기가 되는 나비의 성장 같은 것이다)에서부터 더 어려운 제재(그 제재에서 학생의 상상력을 어떻게 자극할지 애매하다는 의미이다. 수학에서 자릿수나, "their," "there," "they're" 용법의 기억 같은 것이다)까지 제시한다.

이 사례들은 비교적 간단하다(나는 활동에 도움이 되는 내용과 제안을 가득 채우려는 유혹과 싸웠다). 자신의 경험과 기술을 활용해 이 방안을 구체화할 수 있는 방법을 많이 찾기 바란다('상상력을 활용하는 교육 연구회(IERG)'의 웹사이트(www.ierg.net)에서 유익한 내용들을 더 찾을 수 있다). 이 책의 목적은 일상적인 교육 과정 내용에 대해 이 구성이 미치는 영향을 제시하려는 것이다. 하지만 (비록 내가 여기저기서 이 방침을 따르라고 제안하더라도) 활용 가능한 특정 활동과 관련된 많은 책들을 복제하려는 것은 아니다.

단순한 형식

다음은 가장 단순한 구성 형식이다.

첫 번째 구성 계획(단순한 형식)

1. **중요성 확인하기**: 제재에서 가장 중요한 것은 무엇인가? 왜 학생에게 문제가 되는가? 정서적으로 관련된 것은 무엇인가?
2. **상반된 쌍 찾기**: 제재의 중요성을 가장 잘 나타내는 상반된 쌍은 무엇인가?
3. **이야기 형식으로 내용 조직하기**:
    3.1. 제재에 명료하게 접근하도록 상반된 쌍의 중요성을 보여 줄 수 있는 내용은 무엇인가?
    3.2. 제재를 더 발전된 이야기 형식으로 형성할 수 있게 하는 가장 좋은 내용은 무엇인가?
4. **마무리**: 상반된 쌍에 포함된 극적 갈등을 해소하는 최선의 방법은 무엇인가? 상반을 어느 정도로 중재하는 것이 적절한가?
5. **평가**: 제재가 이해되었는지, 중요성이 파악되었는지, 내용이 학습되었는지 어떻게 알 수 있는가?

사례 1: 자릿수

전형적인 2학년 교실의 수학 수업에서 자릿수와 십진법에 대해 상상력을 활용하여 참여하도록 이 구성을 어떻게 사용할 수 있을까? 다음은 이 구성이 교사에게 어떤 도움을 주는지 보여 주기 위해 고안된 사례이다.

이 제재에서 정서적으로 중요하게 관련된 것을 찾는 것이 첫 번째 과제이다. 바로 이것이 출발부터 차별되는 부분이다. 자릿수에 정서적 관련이라니⁉ 이것은 교수에 관한 사고에서 거의 조장되지 않았던 방식이다. 그렇지만 훌륭한 교사는 모두 직관적으로 이렇게 한다. 이 접근에서, 이것이 계획의 시작이며, 가장 중요한 과제이다. 그리고 가장 어려운 과제이기도 하다.

이 제안은 일반적으로 학생의 관심을 끌기 위해 유인책을 찾으려는 생각과는 상당히 다르다. 이 점을 강조해야 한다. 유인책도 학생의 상상력을 자극하기 위해 사용될 수 있다. 그렇지만 여기서 제시된 과제는 제재를 개관하고, 그 제재가 왜 중요한지 생각하도록 하는 것에 가깝다. 이것은 실용적 의미에서만 중요한 것이 아니다. 세상에 대한 이해와 평가를 풍부하게 확장시키려 할 때도 중요하다.

다음에서는 모형을 단계별로 소개한다. 그리고 그 단계가 어떻게 구성되고 수업에 활기를 주는지 제시한다.

1. 중요성 확인하기: 이 제재에서 가장 중요한 것은 무엇인가? 왜 학생에게 문제가 되는가? 정서적으로 관련된 것은 무엇인가?

이 모형에서는 먼저 자릿수라는 제재에 중요성을 부여해야 한다. 그리고 어떤 중요성이 확인되든 정서적 반향을 기대하면서 시작한다.

그것이 왜 문제가 되는가라는 질문에 대해 유용성의 관점으로 답하고 싶은 마음이 들 수 있다. 즉, "수학은 오늘날 실용적 가치를 가진다. 그래서 자릿수 학습은 중요하다. 왜냐하면 학생이 자릿수를 이해하지 못한다면 용돈을 계산할 때 계속 틀릴 수 있기 때문이다." 실제로 이것도 답의 일부가 될 수 있다. 그러나 그것은 순전히 기계적 방식으로 이 제재를 생각하는 것이다. 그리고 이 제재가 학생에게 주어야 하는 정서적 중요성을 무시하는 것이다. 어쩌면 정서적 중요성은 교사에게 더 중요한지도 모른다. 이 제재에 대해 교사의 정서적 관련을 찾을 수 없다면, 학생 역시 찾을 수 없을 것이다.

　교사는 자릿수 체계에 들어 있는 놀라운 현명함을 파악해야 한다. 흔히 자릿수는 그 현명함을 인식하지 못할 정도로 아주 당연한 것으로 간주된다. 앞으로 수학을 더 잘하기 위해서라는 실용적 용도에서 이 개념을 배울 필요가 있다고 학생에게 가르친다고 해보자. 그것은 이 개념을 아주 지루하게 보이게 한다. 교사가 이 제재의 놀라운 점을 학생에게 확인시키지 못한다면, 경이로움을 아주 당연한 것으로 믿게 된다. 그래서 교사는 자릿수의 놀라운 현명함을 확인할 수 있어야 한다. 무엇이 중요하며, 왜 문제가 되며, 그 제재에서 정서적으로 자극을 줄 수 있는 것은 무엇인가 등이다.

2. 상반된 쌍 찾기: 이 제재의 중요성을 가장 잘 나타내는 상반된 쌍은 무엇인가?

　현명함이 주요 특성으로 확인된다. 교사는 현명함과 아둔함 사이의 상반에 근거해서 단원을 수립한다. 혹은 상상력을 활용한 것과 활용하지 않은 것으로 그 단원을 구성한다.

3. 이야기 형식으로 내용 조직하기: 여기에는 두 가지 하위 질문이 있다.

즉, 이 제재에 명료하게 접근하도록 상반된 쌍의 중요성을 보여 줄 수 있는 내용은 무엇인가? 이 제재를 더 발전된 이야기 형식으로 형성할 수 있게 하는 가장 좋은 내용은 무엇인가?

여기서 이야기 형식이라는 말은 허구적인 이야기로 수업 혹은 단원을 구성해야 한다는 뜻이 아니라는 점을 다시 강조할 필요가 있다. 또한 수업이나 단원의 일부를 허구적인 이야기로 말할 필요가 있다는 뜻도 아니다. 교사는 허구적인 이야기를 전혀 사용하지 않고도 이 구성을 사용할 수 있다(도심 화재에 대한 이야기를 요구하는 편집자는 기자에게 어떤 것을 꾸며내라고 요구하는 것은 아니다). 그러나 어떤 제재를 가르치기 위해 허구적인 이야기를 해야 한다면, 그것을 사용하지 않을 이유도 없다는 것이 강조된다. 그래서 이 사례에서는 허구를 사용한다. 사례 2에서는 허구적이지 않은 "이야기"를 어떻게 사용할 수 있는지 제시할 것이다.

첫 번째 교수 과제는 현명함과 아둔함의 차이를 드러내는 것이다. 그 방법은 십진법 체계의 영리함을 학생에게 분명히 하는 것이다. 이를 위해서 십진법 체계와 비십진법 체계의 방식을 비교한다. 근본적으로는, 십진법 체계가 우리의 본능적인 수 감각의 사용과 어떻게 다른지 비교한다.

나는 까마귀와 농부 이야기로 이 제재의 교수를 시작하곤 한다. 이 이야기는 독자도 알 것이다.

한 농부에게 곡식을 보관하는 오래된 헛간이 있었다. 그 헛간 곳곳에 난 구멍과 틈으로 살찐 까마귀 한 마리가 매일 와서 곡식을 먹었다. 농부는 까마귀 때문에 고민하다가 총으로 쏘기로 결심했다. 그러나 농부가 헛간으로 갈 때마다, 까마귀는 문 열리는 소리를 듣고 급히 달아나 멀리 떨어진 나무 위에 앉았다. 농부는 헛간에서 총을 든 채

까마귀가 돌아올 때까지 기다렸다. 농부가 계속 기다려도, 까마귀는 돌아오지 않았다. 그러나 농부가 농가로 돌아가자마자, 까마귀는 얼른 되돌아와서 다시 곡식을 먹기 시작했다. 그래서 농부는 한 가지 꾀를 내었다. 다음 날 헛간으로 친구 한 명을 데리고 갔다. 그들 두 명이 헛간에 나타나자, 까마귀는 여느 때처럼 달아났다. 십여 분 후에, 그 친구는 헛간을 떠났다. 헛간 문을 세게 닫은 다음 집으로 가서 집 문도 세게 닫았다. 그리고 농부는 헛간에서 총을 든 채 까마귀가 돌아오기를 기다렸다. 까마귀는 돌아오지 않았다. 결국 농부는 포기하고 농가로 향했다. 농부가 떠나자마자, 까마귀는 얼른 돌아와서 곡식을 먹었다. 다음 날 농부는 친구 두 명을 헛간으로 데려갔다. 두 명의 친구가 농가로 돌아가고 나서, 농부는 총을 들고 헛간에서 기다렸다. 그러나 까마귀는 농부가 갈 때까지 돌아오지 않았다. 다음 날, 농부는 세 명의 친구를 헛간으로 데려 갔지만, 결과는 같았다. 다음 날은 네 명의 친구였지만, 여전히 운이 없었다. 그 주의 마지막 날이 되자, 농부와 일곱 명의 끈기 있는 친구들이 헛간으로 갔다. 일곱 명의 친구는 농가로 돌아가고, 농부는 지난번처럼 헛간에서 기다렸다. 그 때 까마귀가 헛간으로 돌아왔고, 농부는 그것을 총으로 쏘았다!

얼마나 놀라운 이야기인가! 까마귀도 7까지는 사람과 같은 수 감각을 가지고 있다는 것이 이야기의 요점이다. 3-4분 정도 걸리는(교사가 얼마나 극적인 요소를 더하느냐에 달려 있지만) 이 이야기는 계산 체계의 중요성을 나타낸다. 7보다 큰 수에서 부정확한 수 감각에 의존한다면, 우리도 그 까마귀처럼 총에 맞을 수 있다. 숫자 세기를 잘하면 다른 것도 잘할 수 있다. 그리고 훨씬 더 큰 숫자를 정확하게 다룰 수 있다.

숫자 세기의 현명함을 제시하는 한 가지 이야기를 했다. 그러면 정서가 관련된 형식으로 내용을 구성하기 위해서 또 다른 이야기를 해보자. 다음 이야기는 1장의 군인 수를 계산하는 이야기를 조금 더 정교하게 만든 것이다.

어떤 왕이 자신의 군대에 몇 명의 군인이 있는지 알고 싶어 한다고 상상해 보자. 그러나 왕이 부탁한 조언자들은 군인 수를 셀 수 있는 간편한 방법을 제시하지 못했다. 어떤 조언자는 군인 수만큼 눈금을 새기는 표시 막대를 제안했다. 어떤 조언자는 군인들에게 부착물을 붙이고 나중에 그것을 세자고 했다. 그리고 어떤 사람은 군인 수가 "매우 많다"라고 했다. 누구도 군인 수를 셀 수 있는 훌륭한 체계를 고안하지 못했다. 실망한 왕은 자신의 딸에게 갔다. 왕은 공주의 현명함을 알고 있었기 때문이다. 공주는 얼마나 많은 군인이 있는지 말할 수 있다고 했다. 먼저, 다섯 명의 어리석은 조언자에게 각각 10개의 돌을 줍게 하라고 했다. 그런 다음 공주는 군인들이 그들의 막사에서 행진해 갈 들판에다 탁자를 하나 가져다 놓았다. 어리석은 조언자들을 그 탁자 뒤에 나란히 줄지어 서 있게 했다. 각각의 조언자 앞에는 그릇이 놓여 있었다.

군인들이 지나갈 때, 그 탁자 끝에 있는 조언자는 군인 수만큼 그릇에 돌을 넣었다. 그릇의 돌이 10개가 되면, 그것을 줍는다. 지나간 군인 수만큼 그릇에 돌 넣기를 계속한다. 그래서 그는 아주 바쁜 오후를 보낸다. 군인들이 지나갈 때마다 그릇에 돌을 넣고, 10개가 되면 그 돌을 줍는 일을 반복해야 했기 때문이다. 그의 왼쪽에 있는 어리석은 조언자는 덜 힘든 일을 맡았다. 첫 번째 조언자가 그릇에 돌을 넣는 것을 지켜본다. 첫 번째 조언자가 10개의 돌을 주울 때마다 두 번째 어리석은 조언자는 돌을 하나씩 그릇에 넣는다. 두 번째 조언자도 그릇에 10개의 돌을 넣으면, 그것을 다시 줍는다. 그리고 첫 번째 조언자가 10개의 돌을 주울 때마다 돌을 하나씩 넣는 일을 계속한다. 세 번째 어리석은 조언자는 두 번째 조언자의 그릇만 지켜보면 된다. 두 번째 조언자가 10개의 돌을 주울 때마다, 세 번째 조언자는 그릇에 돌 하나를 넣는다. 이렇게 진행되기 때문에, 다섯 번째 조언자는 매우 따분한 오후를 보낸다. 네 번째 조언자가 10개의 돌을 주울 때마다 돌 하나를 넣으면 되기 때문이다. 저녁 때, 다섯 번째 어리석은 조언자의 그릇에는 돌이 하나, 네 번째 조언자는 돌이 일곱, 세 번째 조언자는 돌이 없었고, 두 번째 조언자는 하나, 그리고 아주 지친 첫 번째 조언자에게는 돌이 여섯 개 있었다. 공주는 그릇을 보면서 군대에는 1만 7천 16명의 군인이 있다고 왕에게 말했다.

제시된 이야기가 아주 짜릿한 이야기라고 하기는 어렵다. 그렇지만, 큰 수의 대상을 세는데 십진법 체계가 지닌 빼어난 현명함에 초점을 맞출 수 있게 한다. 그리고 학생에게 자릿수가 왜 문제가 되는지를 제시한다. 남은 수업이나, 다음 수업에서 학생은 이 방법을 사용하여 대상을 세는 데 몰입할 수 있다. 자릿수가 이렇게 학습되면, 보통 두 가지 일이 일어난다. 첫째, 학생은 십진법 체계의 핵심을 빨리 잘 배우고 이해한다. 예를 들면, 왜 십진법 체계에서 0을 쉽게 무시할 수 없나 등과 같은 것이다. 둘째, 대개 학생은 공주의 현명함과 정서적 유대를 가지기 시작한다. 그래서 십진법 체계의 현명함과도 유대를 가진다. 학생은 십진법을 당연한 것이 아니 현명한 것으로 본다. 십진법은 경이로운 것이다. 학생이 자릿수 사용에 몰입하도록 하기 위해서는 경이감이 필요하다.

4. 마무리: 상반된 쌍에 포함된 극적 갈등을 해소하는 최선의 방법은 무엇인가? 상반을 어느 정도로 중재하는 것이 적절한가?

이 수업을 어떻게 마무리할까? 지금까지 이 수업에서 형성된 현명함과 아둔함을 어느 정도 해소하거나 중재할 필요가 있다. 마무리 활동에서 주변에 돌이 없었다면 공주가 어떻게 군대의 수를 셀지 학생에게 질문할 수 있다. 학생들이 이 문제에 쉽게 이용할 수 있다고 생각한 것은 무엇인가? 공주는 조언자들을 정렬시키고 첫 번째 조언자에게 군인이 지나갈 때마다 손가락 하나를 펴도록 한다. 그리고 매번 10명이 지나가면 손가락을 접어 주먹을 쥔다. 다음 조언자는 첫 번째 조언자가 주먹을 쥐면 손가락 하나를 편다. 계속 이렇게 한다. 또한 십진법 체계로 숫자 세기를 최초로 고안한 사람의 현명함은 대단한 것임을 인식하게 할 수도 있다. 그렇지만 조언자들이 정말로 우둔했다는 이야기는 하지 말아야 한다(그들은 단지 뛰어난 상상력을 갖지 못했을 뿐이며, 우리들 대부분도 마찬가지다). 그러나 십진법 계산 체계의 현명한 고안자가 가진 풍부한 상상력을 인정하고 그와 연관되도록 한다. 이를 통해 학생은 스스로 현명한 존재, 혹은 현명한 존재가 되는 데 조금은 끌리기 시작한다. 물론 이 이야기는 허구이고, 공주는 가상적이다. 하지만, 어느 시대 누군가가 십진법 체계를 발명했다는 것을 분명히 하는 것은 유익할 것이다. 십진법은 당연하게 간주되는 교재의 진부한 일부분이 아니다. 그것은 누군가의 경이로운 현명함의 산물이다.

5. 평가: 이 제재가 이해되었는지, 중요성이 파악되었는지, 내용이 학습되었는지 어떻게 알 수 있는가?

일반적 평가 절차가 모두 사용될 수 있다. 경험적으로, 어떤 제재에 학생의 상상력이 발휘될 때 모든 표준화된 성취도 검사에서 좋은 결과가 나왔다. 모든 교사는 이것을 알고 있을 것이다. 문제는 자릿수나 구두점과 같은 제재에서 상상력을 자극하는 방법이다. 그러므로 내용 습득에 관한 표준화 검사를 사용하는 것은 전혀 문제가 없는 것 같다.

그러나 학생의 상상력을 활용한 학습이 목적이기 때문에, 교사는 이 목적도 성취되었다는 증거를 원할 것이다. 학생들이 이 이야기에서 제시된 기법을 약간 다른 과제에도 적용한다면, 그에 대한 다양한 정보를 얻을 수 있다. 그 정보는 토의, 토론, 작품 활동, 기사 쓰기 등에서 나온다. 교사가 사용했고 학생들이 계발하기를 바랐던 정서적 관련, 상상력을 활용한 참여, 인지적 도구의 배치와 같은 것을 살펴보자. 정서적 관련, 상상력을 활용한 참여, 인지 도구의 개발을 측정하기 위해 어떤 증거가 이용될 수 있는가?

정도의 차이는 있겠지만 아주 경험 많은 교사가 이 경험을 확인하는 것은 그리 어렵지 않다. 교사는 다음과 같은 것에 주목한다. 즉, 처음 이야기에서 드러난 과제에 지속적으로 참여한 시간, 제시된 질문과 논평의 종류, 그 이야기에 근거한 과제 수행의 독창성, 그 과업에 헌신하는 정도, 공주가 생각한 해결책에서 뛰어난 현명함의 역할 인식, 적절한 수준에서 학생 자신의 공부에 이것을 반영하려는 방식, 문자 · 구두 · 그림에서 나타난 능력과 자신감, 학생의 음성 언어 · 쓰기 · 회화적 표현에서 사용된 이미지의 생생함 · 독창성 · 관련성 등이다. 물론 더 전통적인 평가 형식과 새로운 질적 절차도 내용에 대한 앎의 정도와 범위를 제시하는 증거로 사용될 수 있다.

물론 어떤 교사도 매 수업마다 이렇게 잘 갖추어진 평가 절차를 실시할 수는 없다. 단지 그 내용을 교수한 단원에서 학생들이 상상력을 얼마나 잘 활용했는지 알아보는 지침을 제시했을 뿐이다. 더불어 비고츠키의 연구에서 도출된 역동적인 일련의 평가 도구들은 웹사이트(www.ierg.net)에서 찾아 이용할 수 있다.

(참고: 칼더Tannis Calder는 자릿수에 관한 더 정교한(그리고 훨씬

좋은) 이야기 방법인 「미타와 오그락Mita and Ograk」을 썼다. 그것은 www.ierg.net에서 이용할 수 있다. 그 이야기에서, 어린 소녀가 작은 수의 대상들과 큰 수를 정확하게 셀 수 있는 주머니들을 사용하여 괴물로부터 마을을 구한다.)

사례 2: 나비의 변태

이 구성을 사용하여, 사실을 (비허구적) 이야기 형식으로 만드는 방법을 설명하기 "쉬운" 제재(나비에 관한 것)가 있다.

멋있게 꽃을 찾아 날아다니는 낯익은 상태가 되기 전에 나비가 거치는 변태는 분명 극적인 사건이다. 그것을 상상력을 활용하는 제재로 만들기 위해 크게 애쓸 필요는 없다. 따라서 나비의 변태 단원이 어떻게 구체적인 형식으로 나타나는지 살펴보기 위해, 그 구성을 곧장 제시하는 것이 좋을 것 같다. 교사가 이 단원에서 사용할 수 있는 다양한 활동을 설명하지는 않는다. 그 활동은 이미 상당히 익숙하며, 참고가 되는 많은 자료가 있기 때문이다. 여기서는 이 제재를 상상력을 활용한 드라마로 제시하는 구성 방식에 관심이 있다. 이 제재에서는 그 드라마가 쉽게 드러난다.

1. 중요성 확인하기: 이 제재에서 가장 중요한 것은 무엇인가? 그것이 왜 학생에게 문제가 되는가? 정서적으로 관련된 것은 무엇인가?

잠시 나비의 변태에서 무엇이 중요하며 정서적으로 관련되는지 생각해 보자. 나비의 한살이에서 나타나는 변태의 정도는 매우 특이하다. 그것은 상반의 공부이다. 즉, 유충일 때는 오직 먹기만 하지만, 나비가 되면 과즙 이외에는 거의 먹지 않는다. 둔하고 길쭉한 번데기에서 눈부신 날개를 가진 공중의 보석으로 변한다. 유충일 때는 거의 움직이지 않지만, 나비가 되면 1,000마일 이상을 이동한다. 끊임없이 성장하는 유충에서 거의 변하지 않는 나비로의 변태는 상반이다. 사람을 포함한 모든 생물도 나이에 따라 극적인 변화를 겪지만, 실제로 이처럼 놀랍게 변하는 것은 드물다. 나비에 관한 지식은 지구상의 생명 형태에 대한 경이와 생생한 통찰을 제시한다.

2. 상반된 쌍 찾기: 이 제재의 중요성을 가장 잘 나타내는 상반된 쌍은 무엇인가?

지식 수립의 근거로 사용할 수 있는 추상적, 정서적 상반 개념은 무엇인가? 한 가지 가능한 설정은 구속된/자유로운이다. 그러면 이 단원의 이야기는 땅 위의 한 장소에 구속되었던 나비가 하늘을 자유롭게 날 수 있게 되는 과정에 대한 것이다. (다른 상반의 선택도 가능하다. 결국 배우는 지식은 거의 같지만, 다른 것을 선택하면 다소 상이한 이야기가 전개된다. 이 수업에서 거의 변하지 않는/극적으로 변하는, 탐욕스러운/절제하는, 추한/아름다운이 대안으로 재조명될 수 있다.)

3. 이야기 형식으로 내용 조직하기: 이 제재에 명료하게 접근하도록 상반된 쌍의 중요성을 보여 주는 내용은 무엇인가? 이 제재를 더 발전된 이야기 형식으로 형성할 수 있게 하는 내용은 무엇인가?

작고 정적인 나비의 알이 어떻게 될지 아무런 암시도 주지 않고 시작한다. 그리고 껍질이라는 감옥에서 이 생물은 대단한 탈출을 준비하고 있다고 말한다. 하지만 탈출에 성공하기 위해서는 몇 차례 스스로 모양을 바꿀 필요가 있다고 말한다. 이 생물은 자유로움을 막는 일련의 제한에 직면한다. 작은 유충이 나와서, 탈출구를 먹어 치우고, 나머지 껍질을 먹는다. 그리고 끊임없이 먹고, 먹고, 또 먹는다. 이 생물은 동물계에서 가장 단순하고 탐욕스럽다. 이 생물은 피부가 터질 때까지 자라 허물을 벗는다. 그리고 또 피부가 터질 때까지 먹고 또 먹는다. 이렇게 먹는 것은 모두 탈출을 위한 준비이다. 어떻게 탈출할까? 이 생물은 잎을 떠나 본 적이 없다. 단지 새로운 먹을 것을 찾기 위해서 그 잎 위에서만 움직였을 뿐이다. 점점 커진다고 해서 어떻게 이 생물이 잎을 벗어날 수 있단 말인가? 이 생물은 몸무게의 수백 배, 어떤 종은 수천 배를 소비한다. 이 생물은 대개 턱, 발톱, 교미 기관, 소화 기관으로 이루어진다. 크게 확대된 사진에서 그 생물은 무섭고, 추한 괴물처럼 보인다.

그러고서 갑자기 이 생물은 먹지 않는다. 마지막으로 허물을 벗고 자기 주변에 번데기를 만든다. 그 안에서 이 생물은 활발하게 움직이지도 못하고, 무력하고, 춥게 지낸다. 그 생물은 그곳에서 어떻게 탈출할 수 있을까? 그 생물은 분명히 또 변한다. 머리, 가슴, 다리로 발달된 모습이 각인된 단단한 번데기를 볼 수 있다. 그렇더라도 그 번데기라는 감옥에서 탈출할 수 없을 것만 같다.

학생이 지금까지 몰입한 관찰과 활동에서, 유충과 번데기의 갇혀 있음을 강조하는 것이 이야기 전개에서 중요하다. 유충과 번데기는 활동과 이동이 거의 없다. 아무리 해도 멀리 갈 수 없다. 그것들은 먹이와 번데기에 매여 있다. 그것들은 단색이고, 느리고, 좀 따분하다. 이러한 강조는 그 생물들이 어떻게 탈출할 지에 대한 긴장과 궁금증을 유지하기 위해 필요하다.

그러고서 번데기는 서서히 분리된다. 일단 유충이 나오면 어떤 자유를 성취하려고 할까? 그러나 달라진 머리가 먼저 나오고 쭈글쭈글한 날개를 가진 떨고 있는 생물이 나타난다. 약한 몸을 흐르는 피와 펴진 날개, 흔들림과 퍼덕거림, 빛나는 색을 가진 생물. 그 생물은 곧 **날 수** 있다. 연약한 나비가 1,000마일 이상을 이동한다. 비록 더 이상 먹을 수는 없지만, 나비는 먹이 가까이에 다시 알을 낳는다. *거기서 나온, 탐식하고 부자유스러운 유충도 분명히 날개를 가진 나비의 자유를 위해 스스로 준비하기 시작한다.*

이 수업에서 나비의 변태에 관한 정보는 통상적인 것과는 다르다.

이 차이가 이야기를 형성한다. 이 이야기는 알, 유충, 번데기 형태의 변화 단계를 구속에서 벗어나 자유를 얻으려는 극적인 장면으로 보여 준다. 이야기 속에서 극적인 변화는 많은 의미를 갖는다.

4. **마무리:** 상반된 쌍에 포함된 극적 갈등을 해소하는 최선의 방법은 무엇인가? 그 방법을 찾기 위해 상반된 쌍을 어느 정도로 중재하는 것이 적절한가?

교사는 나비의 한살이에서 구속과 자유라는 상반을 복합적 관계로 보도록 한다. 수백 마일을 여행하는 나비의 궁극적인 위대한 자유는 초기 형태의 제한 때문에 가능한 것이다. 대개 태어나자마자 뛸 수 있는 다람쥐는 같은 영역 안에서 유사한 방식으로 뛰면서 살아간다. 반대로, 나비의 한살이에서 전반부는 정적이고 제한적이다. 그러나 그것은 다람쥐가 결코 알 수 없는 자유로운 이동을 위한 준비이다. 즉, 다른 생물의 삶에서 초기의 구속과 자유 사이의 관계를 살펴봄으로써 이 짧은 단원을 마무리할 수 있다. 그것을 나비와 비교할 수 있다.

5. **평가:** 이 제재가 이해되었는지, 중요성이 파악되었는지, 내용이 학습되었는지 어떻게 알 수 있는가?

모든 일반적 평가 절차가 사용될 수 있다. 사례 1에서 제시된 설명이 여기서도 마찬가지로 적용된다.

심화된 구성

이제 더 정교하게 만든 구성 형식을 살펴보자. 이것은 단원 혹은 수업을 구성하는 과정에서 교사에게 더 많은 도움을 주기 위한 것이다. 몇 가지 특징은 단순한 형식에서 바꾼 것이다. 이 구성은 인지 도구를 사용하는 옳은 방법이 있다는 것을 제시하지는 않는다. 여기서 서술된 원리와 인지 도구에 근거해서 자신만의 구성을 찾아야 한다는 것이 그 차이를 통해 나타난다. 그것은 '상상력을 활용하는 교육 연구회'의 구성원들이 했던 방식과 별반 다르지 않다. 여기서는 초기 구성 계획에서 더 정교하게 만든 모형이 개괄적 형식으로 제시된다.

첫 번째 구성 계획(더 보완된 형식)

1. 정서적 의미 설정하기: 제재에서 정서적으로 관련된 것은 무엇인가? 그것은 어떻게 경이감을 자아내는가? 그것은 왜 문제가 되는가?
2. 이야기 형식으로 내용 생각하기: 어떻게 그 내용이 정서적 의미를 갖도록 구성할 수 있는가? 어떻게 상상력을 활용하면 정서적 의미를 잘 나타낼 수 있는가?
  2.1. 상반된 쌍 찾기: 제재의 경이와 정서를 가장 잘 포착하는 상반된 개념은 무엇인가? 이야기인 경우, 상충하는 힘은 무엇인가?
  2.2. 이미지, 은유, 극적 사건 찾기: 제재에서 상반된 개념을 가장 극적으로 나타내는 부분은 무엇인가? 그 내용과 극적인 대비를 가장 잘 포착하는 이미지는 무엇인가? 어떤 은유가 풍부한 이해를 위해 사용될 수 있는가?
3. 수업이나 단원의 체계 수립하기: 어떻게 그 내용을 이야기 형식으로

가르칠까? 그 제재에 학생이 상상력을 활용하여 참여하도록 추가
해서 사용할 수 있는 인지 도구는 무엇인가?

   3.1. 잡담과 놀이 기회를 제공하는 내용 설정하기: 제재와 관련된 내
      용 중에서 잡담에 참여하여 생생하고 풍부한 이해를 가능케 하
      는 내용은 무엇인가? 그 내용의 어떤 측면이 게임, 가상 놀이,
      역할 놀이 형식으로 사용될 수 있는가?

   3.2. 차후 인지 도구의 초기 형식 개발하기: 제재를 가르치면서 어떻
      게 문식성에 수반되는 인지 도구의 사용을 조장할 수 있는가?

4. 마무리: 수업이나 단원을 가장 잘 마무리할 수 있는 방법은 무엇인
  가?

   4.1. 이야기를 만족스러운 결말로 마치기: 이야기를 어떻게 끝내야
      할까? 상반된 쌍에 설정된 갈등을 어떻게 해결해야 할까? 학생
      에게 상반된 쌍에 대해 어느 정도로 설명해야 하며, 얼마나 명
      시적으로 해야 하는가?

   4.2. 제재 이면의 신비 제시하기: 제재에 수반된 신비감을 학생에게
      어떻게 제시할까?

5. 평가: 제재가 이해되었는지, 중요성이 파악되었는지, 내용이 학습
  되었는지 어떻게 알 수 있는가?

    여기에는 단순 형식보다 더 깊이 있는 질문들이 많이 있다. 그래
서 사례 제시에 앞서 각 질문을 상세히 살펴볼 필요가 있다.

1. **정서적 의미 설정하기**: 제재에서 정서적으로 관련된 것은 무엇인가? 그
것은 어떻게 경이감을 자아내는가? 그것은 왜 문제가 되는가?

    내용에 대한 경이감과 정서적 반응은 학생의 상상력을 이끌어내
기 위해 중요하다. 그 내용에 학생이 정서적으로 연관되도록 하기 위

해서, 내용에 대한 교사 자신의 정서적 애착을 먼저 확인할 필요가 있다. 따라서 그 제재에서 어떤 경이감을 느끼는지 교사 자신에게 먼저 물어 보아야 한다. 그 제재가 쉼표의 사용과 같은 것이라면 이것은 어려울 수도 있다! 그렇지만, 그 기법은 아동의 시각으로 그 제재를 다시 보는 것이다. 그리고 가장 지루한 제재에서도 경이감을 자극할 수 있는 것이 무엇인지 파악하는 것이다. 특히 교사가 교실 활동을 조직하고 수업 단원으로 제재를 구성하는 전문가가 되도록 배워 왔다면, 이것은 어려울 수 있다. 아마도 상당히 낯선 것(그 제재에 대한 느끼기를 통해 시작되는 것)을 교사에게 요구하는 것이기 때문이다. 교사가 가르치려는 모든 제재에서 경이로운 것은 무엇이며, 학생에게 정서적 관련을 맺게 해주는 것은 무엇인지 제시해 보자.

검토할 내용:

• 경이의 근원:

• 정서적 관련의 근원:

---

2. 이야기 형식으로 내용 생각하기: 어떻게 그 내용이 정서적 의미를 갖도록 구성할 수 있는가? 어떻게 상상력을 활용하면 정서적 의미를 잘 나타낼 수 있는가?

이 문제는 몇 가지 방향으로 전개된다.

2.1. 상반된 쌍 찾기: 제재의 경이와 정서를 가장 잘 포착하는 상반된 개념은 무엇인가? 이야기인 경우, 상충하는 힘은 무엇인가?

먼저 교사가 말하려는 "이야기" 구성에 가장 좋은 상반을 설정한다. 최선이라고 생각되는 것을 선택한다. 수업이나 단원에서 첫 번째 설정이 기대한 만큼 잘 수행되지 않을 경우, 다른 대안에 주목할 수도 있다.

검토할 내용:

• 주된 상반:

• 가능한 대안:

　2.2. 이미지, 은유, 극적 사건 찾기: 제재에서 상반된 개념을 가장 극적으로 나타내는 부분은 무엇인가? 그 내용과 극적인 대비를 가장 잘 포착하는 이미지는 무엇인가? 어떤 은유가 풍부한 이해를 위해 사용될 수 있는가?

　여기서는 제재가 본래 가지고 있는 극적 사건을 확인하는 것이 목적이다. 모든 제재에는 극적 갈등이 있음을 기억하자. 여기서 확인된 상반을 가장 잘 나타내는 갈등은 무엇인가? 역시, 교사가 그 극적 사건을 느끼려고 하는 것은 그것을 생각하는 것만큼이나 중요하다. 처음에는 이 과제가 상당히 어려울 수도 있다. (이 관점으로 사고하는 것이 당연하다고 인식하면 더 쉬워진다.) 쉼표에서 극적 사건은 분명하지 않다. 더욱이 쉼표에 관한 수업을 상반된 쌍으로 어떻게 나눌지도 분명하지 않다. 그러나 모든 것은 그 안에 극적인 요소를 가지고 있고, 상반된 쌍으로 나눌 수 있다. 우리는 내용과 개념적 사고에 지나치게 익숙하다. 그래서 모든 제재에 광범위한 이미지가 수반된다는 것을 흔히 잊는다. 그 이미지는 제재의 정서적 의미를 전달할 수 있다. 제재를 훨씬 더 기억 가능하게 만들 수 있다는 것을 기억하자(물론, 훌륭한 이미지를 찾는다면). 제재의 경이와 정서를 가장 잘 전달할 수 있는 핵심적 갈등, 모순, 극적 사건을 찾자.

검토할 내용:

• 상반된 쌍을 포착하는 이미지나 은유:

• 상반된 쌍을 반영하는 내용:

---

3. 수업이나 단원의 체계 수립하기: 어떻게 그 내용을 이야기 형식으로 가르칠까?

기본적 구성 요소를 설정하는 어려운 작업을 했다면(상반된 쌍과 기본적인 극적 사건을 확인했다면), 그 내용을 서사적 줄거리로 만드는 것은 비교적 쉽다. 상반된 쌍은 그 이야기의 인지적 정서적 구성을 제공한다. 허구적 이야기는 모두 갈등과 난제로 성립됨을 기억하자. 여기서의 "이야기"는 단지 그 내용이 교육 과정의 내용이라는 것만 다를 뿐이다.

검토할 내용:

• 수업이나 단원의 전체적 이야기 구조:

3.1. 잡담과 놀이 기회를 제공하는 내용 설정하기: 이 제재와 관련된 내용 중에서 학생이 잡담에 참여하여 생생하고 풍부한 이해를 가능케 하는 내용은 무엇인가? 그 내용의 어떤 측면이 게임, 가상 놀이, 역할 놀이의 형식으로 사용될 수 있는가?

대부분의 제재에는 관련 인물에 대한 잡담거리가 있다. 그 인물에는 수학자, 역사적 인물, 과학자, 예술가 등이 있다. 교사는 등장인물의 삶에서 흥미 있는 세부 사항을 찾을 수 있다. 특히 그 수업의 제재와 연관된 일화를 찾을 수 있다. 종종 지식을 어떻게 활용할 수 있는 지가 잡담거리가 되기도 한다. 극적이거나 재미있게 적용할 수 있는 상황이 잡담거리가 되기도 한다. 쉽게 고안된 게임이 제재의 이해를 확장시키기도 한다. 그 게임에는 역할 놀이가 포함되기도 한다. 거기에 교사가 참여할 수도 있다. 보통 그 제재에 대한 공상적 놀이를 조장하는 방법을 생각해 내는 것은 좀 어렵다. 그러나 처음 보기보다 그렇게 어렵지만은 않다. 안내된 발견 활동은 제재에 대해 학생이 자신의 상상력을 활용해 참여하는 놀이를 훌륭하게 자극할 수 있다. 그때 학생들은 교사의 안내된 발견적 서사에 의해 제시된 이미지를 정교하게 만든다.

검토할 내용:
• 제재에서 잡담과 놀이 기회를 제공하는 측면:

3.2. 차후 인지 도구의 초기 형식 개발하기: 제재를 가르치면서 어떻게 문식성에 수반되는 인지 도구의 사용을 조장할 수 있는가?

이것은 매우 바쁜 교사들에게 무리한 요구가 될 수도 있다. 그러나 흔히 아주 쉬운 일로 판명되기도 한다. 차후의 인지 도구를 살펴보자. 그러면 정도의 차이는 있지만 그중 많은 도구들이 저학년 학생에 의해 이미 사용되고 있음을 보게 된다. 어떤 교사는 차후 인지 도구의 관점에서 생각하기를 선호했음을 발견한다. 그래서 수업의 특징으로 그것을 반영하는 것이 상당히 쉽다는 것을 보여 준다.

검토할 내용:
• 수업이나 단원에서 형성할 수 있는 차후 인지 도구:

---

4. **마무리:** 아직도 포함되어야 할 것이 있다. 몇 가지 세부 질문을 한다면 이 과정은 더 쉬워진다.

　4.1. 이야기를 만족스러운 결말로 끝내기: 이야기를 어떻게 끝내야 할까? 상반된 쌍에 설정된 갈등을 어떻게 해결해야 할까? 상반된 쌍에 대해 학생에게 어느 정도로 설명해야 하며, 얼마나 명시적으로 해야 하는가?
　모든 이야기에는 결말이 있다. 그 결말에서는 어떻게든 갈등이 해결되거나 적어도 설명된다. 저학년 학생에게는 단순한 해결책이 적합하다. 고학년 학생이라면 상반의 함의와 상반 사이의 극적인 여지가 탐구될 수 있다. 따라서 다양한 형식의 마무리가 가능하다(학생의 표현, 전시, 그 상반이 작용된 다른 형식의 이야기, 시각을 사용한 이야기의 극적인 표현 등). 마무리는 학생에게 이야기라는 드라마를 느끼고 내용을 내면화하는 또 다른 기회라는 것을 기억하자. 이것은 상상력을 활용하는 방식으로 학생들이 이해한 것을 표현하는 동안 이루어진다.

검토할 내용:
• 마무리 활동:

4.2. 제재 이면의 신비 제시하기: 제재에 수반된 신비감을 어떻게 제시할까?

제재에 대한 학생의 이해를 풍부하게 하고 확장시키려는 것이다. 그러면 학생은 제재에 신비한 것이 있음을 느낀다. 제재에 더 이해해야 할 것이 많이 남아 있다고 느낀다. 여기에는 평소에 실제로 알고 있는 것이 얼마나 적은지 느끼도록 하는 측면이 있다. 그렇지만 다른 측면에서 미지의 대상과 불가지한 것에 관해 더 심오한 것을 이끌어야 한다.

검토할 내용:
• 제재에서 학생에게 신비감을 주는 측면:

---

5. **평가**: 제재가 이해되었는지, 중요성이 파악되었는지, 내용이 학습되었는지 어떻게 알 수 있는가?

모든 전통적인 평가 형식이 사용될 수 있다. 나아가 교사는 그 제재에서 학생의 상상력을 얼마나 불러일으켰는지도 측정하고자 한다. 그 단원을 가르치는 동안 논의, 토론, 창작 활동, 기사 쓰기, 실험 분석 등의 다양한 비형식적 평가들이 이루어질 수 있다.

검토할 내용:
• 평가 형식:

사례 3: 공기의 속성

우리는 대체로 주변의 공기를 당연하게 받아들인다. 이 단원에서 공기는 우리가 무시하고 지나친 다양한 대상으로 가득 차 있음을 알려주는 것이 하나의 목적이다. 학생이 앉아 있는 교실의 공기는 관심 있는 다른 어떤 대상보다도 복합적이고 경이롭다.

1. 정서적 의미 설정하기: 이 제재에서 정서적으로 관련된 것은 무엇인가? 그것은 어떻게 경이감을 자아내는가? 그것은 왜 문제가 되는가?

의미의 근원: 교육의 중요한 기능은 일상 환경의 의미를 풍부하게 하는 것이다. 당연하게 생각되는 것의 경이로움을 밝히는 것이다. 공기의 경우, 마치 진공을 통과하는 것처럼 당연하게 받아들이는 경향이 있다. 그래서 이 제재는 학생에게 문제로 제기되어야 한다. 왜냐하면 이 제재는 학생의 세상에 대한 지각과 경험의 이해를 확장하고 풍부하게 하기 때문이다. 경이감을 유발하고, 자극하고, 계발하는 공기의 힘은 정서적으로 관련될 수 있다. 그리고 실제로 공기를 사용하게 된다. 이것은 학생이 매일 그 속에서 걷고 앉아 있는 공기의 의미를 근본적으로 바꿀 수 있다.

정서적 관련의 근원: 학생이 당연하게 받아들이는 공기에는 매우 다양한 구성 성분이 있다. 이것이 공기의 경이로움이다. 인간의 삶 자체가 이 구성 성분에 달려 있다. 그리고 인간처럼 공기 중에서 숨 쉬는 다른 생물들도 이에 좌우된다. 1제곱 인치의 공기에는 여러 다양한 물질들이 포함되어 있다. 그리고 우리의 상상력으로는 그 풍부함을 파악할 수 없을 정도의 생명체가 있다.

2. 이야기 형식으로 내용 생각하기: 어떻게 그 내용이 정서적 의미를 갖도록 구성할 수 있는가? 어떻게 상상력을 활용하면 정서적 의미를 잘 나타낼 수 있는가?

2.1. **상반된 쌍 찾기**: 이 제재의 경이와 정서를 가장 잘 포착하는 상반된 개념은 무엇인가? 이야기인 경우, 상충하는 힘은 무엇인가?

주된 상반: 대개 공기의 속성 단원에서 설정할 수 있는 상반 중 하나는 '텅 빈/가득한'이다. 이것은 아주 단순해서 어떤 감정적 "매력"도 없는 것 같다. 그러나 비어 있음에 순수함, 무, 헛된 삶과 같은 감정적 요소를 부여할 수 있다. 그리고 가득함에는 풍요로움, 복잡성, 유익한 삶과 같은 다양한 상반이 부여될 수 있다.

가능한 대안: 정지/이동

2.2. **이미지, 은유, 극적 사건 찾기**: 이 제재에서 상반된 개념을 가장 극적으로 나타내는 부분은 무엇인가? 그 내용과 극적인 대비를 가장 잘 포착하는 이미지는 무엇인가? 어떤 은유가 풍부한 이해를 위해 사용될 수 있는가?

상반된 쌍을 포착하는 이미지나 은유: 가능하다면, 교실을 깜깜하게 하고 한 줄기 빛을 비추어 보자. 분명히 먼지를 볼 수 있다. 학생에게 먼지가 무엇으로 구성되어 있는지 물어보자. 먼지의 60%는 노화된 인간 피부로 이루어졌다고 말해 보자. 손과 얼굴을 문지를 때마다 미세한 피부 조각이 떨어져서 먼지가 되고, 공기 중에 떠다닌다. 그래서 숨 쉴 때…! 혹은 지나치지 않다면, 파리가 화장실에서 어디로 가는지 학생에게 물어보자. 그리고 파리똥이 어떻게 되는지 물어보자. 이것 역시 부패해서…! 혹은 교실의 한 귀퉁이에서 라디오를 틀고 잠시 그 소리를 들어보자. 그런 다음 라디오를 끄고 교실의 다른 귀퉁이로 가서 음악을 듣기 위해 선국을 바꿔 보자. 어떻게 그 소리가 라디오에 잡히는지 물어보자. 라디오파에 대해서 들은 학생도 있을 것이다. 라디오에게는 그 교실이 어떻게 보일지 학생에게 물어보자. 만약 학생이 라디오처럼 라디오파를 "보는" "눈"을 가졌다면, 그 교실은 어떻게 보일까? 벽을 통과해서도 보이는가? 은유적으로 공기는 교실을 통과하는 혼잡한 고속도로처럼 제시될 수 있다. 어떤 것은 초고속으로 움직이고, 어떤 것은 꿈꾸듯 정처 없이 거니는 아주 이상한 교통편들이다.

상반된 쌍을 반영하는 내용: 비어 있고 활기 없는 존재라는 공기의 느낌에서 출발하자. 그리고 점차 실제 공기는 가장 충만하고, 가장 이상하고, 교실에서 가장 복합적인 것임을 제시하자.

3. 수업이나 단원의 체계 수립하기: 어떻게 그 내용을 이야기 형식으로 가르칠까?

그 수업의 전체 이야기 구조: 공기에 관한 이야기는 어떤 것인가? 분명히, 살기 위해서는 공기 속의 기체가 필요하다는 사실에서 한 가지 "이야기"가 나온다. 우리가 숨 쉬는 공기 속에는 얼마나 많은 기체가 있을까? 그 기체를 여러 색깔로 볼 수 있다면, 교실에 있는 공기는 어떻게 보일까? 그리고 거기에 다른 것도 있을까? 방금 공기를 통과한 햇빛의 수많은 입자에 손을 내밀어 보자. 이 입자들은 무엇인가? 그것은 항상 우리를 통과하는가? 뮤온muon은 무엇인가? 공기를 통과하는 원자와 분자로 된 모든 입자를 볼 수 있다면 방은 어떻게 보일까? 왜 재채기를 하는가? 꽃가루 알레르기가 있는 사람은? 얼마나 많은 종류의 꽃가루가 방안의 공기 중에 떠다니고 있을까? 얼마나 많은 꽃가루가 방안에 있을까? 바이러스와 박테리아는 어떤가? 그 크기가 사람만큼 커서 볼 수 있다면 방은 어떻게 보이겠는가? 박테리아는 꽃가루보다 큰

가, 작은가? 그 냄새는 어떤가? 냄새를 볼 수 있다면 교실은 어떨까? 빠르게 돌아가는 선풍기를 설치한다면, 무엇이 움직이고 있을까?

안내된 발견 활동에서 학생에게 눈을 감고 자신이 점점 작아지는 상상을 하게 한다. 방안의 공기 중에 떠다니는 먼지만큼 작아질 때까지 그렇게 한다. 그런 다음 교사는 학생에게 다양한 다른 입자들(지나가는 박테리아, 떠다니는 꽃가루 씨氏)을 소개한다. 그리고 다양한 기체의 눈부시게 빛나는 색깔, 주변을 끊임없이 통과하는 라디오파, 뮤온과 빠르게 지나가는 중성미자를 소개한다.

교사는 공기의 많은 구성 성분을 수업에 끌어들인다. 그 수업에서 텅 비어 있고 무관심하게 생각했던 것과 대비되는 놀이를 계속한다. 그 수업에서 복잡성이라는 층 다음에 경이라는 층을 추가한다. 마침내 공기는 너무 많아서 주목하지 못한 놀라운 성분으로 가득한 것처럼 보이게 된다.

3.1. 잡담과 놀이 기회를 제공하는 내용 설정하기: 이 제재와 관련된 내용 중에서 학생이 잡담에 참여하여 생생하고 풍부한 이해를 가능케 하는 내용은 무엇인가? 이 내용의 어떤 측면이 게임, 가상 놀이, 역할 놀이의 형식으로 사용될 수 있는가?

이 제재에서 잡담과 놀이 기회를 주는 측면: 기체나 박테리아를 발견한 사람을 가르치자. 그리고 그 사람의 생일이나 잡담거리가 포함된 사실이나 일화로 넘어가자. 그 일화는 "TV 인터뷰"를 위한 기초가 된다. 그 인터뷰에서 한 학생이 발견자 역할을 하는 다른 학생을 인터뷰한다. 혹은 노화된 피부 조각 역할 학생과 꽃가루 역할 학생이 서로 인터뷰한다. 그 역할을 하면서 학생들은 하루 동안 어디에 있었는지 논의한다. 그리고 교실에서 이리저리 움직이도록 만든 것은 무엇이며, 그 과정에서 어떤 모험을 했는지 논의한다. 그리고 여기서 처음에 무엇을 하고 있었는지 논의한다.

3.2. 차후 인지 도구의 초기 형식 개발하기: 이 제재를 가르치면서 어떻게 문식성에 수반되는 인지 도구의 사용을 조장할 수 있는가?

이 수업이나 단원에서 형성할 수 있는 차후의 인지 도구: 학생에게 다음과 같은 질문을 탐구하도록 한다. 공기 중에 떠다니는 것에서 눈에 보이지 않는 가장 큰 생명체는 무엇인가? 현재 가장 희소한 기체는 무엇이며, 가장 흔한 기체는 무엇인가? 가장 불쾌한 냄새는 무엇이며, 그 냄새의 구성 성분은 무엇인가? 방에서 덥거나 춥다고 느낄 때 공기 중에는 어떤 일이 일어나는가? 누가 기체를 발견했으며, 살기 위해 기체를 얼마나 필요로 하는가? 박테리아를 발견한 사람은 누구이며, 그것은 왜 우리를 아프게 하는가? 그리고 바이러스도 유사한가?

4. **마무리**: 이 수업이나 단원을 가장 잘 마무리할 수 있는 방법은 무엇인가?

4.1. 그 이야기를 만족스러운 결말로 마치기: 그 이야기를 어떻게 끝내야 할까? 상반된 쌍에 설정된 갈등을 어떻게 해결해야 할까? 학생에게 상반된 쌍에 대해 얼마나 명시적으로 설명해야 하는가?

마무리 활동: 소집단의 학생에게 공기의 다양한 구성 성분을 표현하도록 한다. 네 명이나 다섯 명으로 된 한 집단은 꽃가루가 된다. 그리고 다른 소집단은 라디오파, 먼지, 기체 등이 된다. 교사의 도움으로 학생은 담당한 성분에 대해 가능한 많이 발견한 후에, 두 가지 활동을 한다. 첫째, 교실의 다른 집단 학생에게 발표한다. 둘째, 학생들은 담당한 요소의 모형을 만든다. 학생들은 모형을 만들면서 발표한다. 실제보다 훨씬 더 큰 모형을 만들도록 하는 것이 목적이다. 그 크기와 양을 어느 정도 고려하여 제작한다. 5개의 큰 꽃가루 공과 20개

의 먼지 덩어리가 완성된다. 이 단원을 마무리할 때 학생들의 모형을 천장에 매단다. 천장에서 바닥까지 색실의 수평선은 햇빛의 입자를 나타낸다. 그리고 다양한 색으로 복잡하게 얽힌 물결치는 띠들은 라디오파를 나타낸다. 마지막 결론에서, 공기를 볼 수만 있다면, 그것은 놀라울 정도로 복잡하다는 인상을 줄 것이다. 모형으로 가득한 교실은 사람이 아주 작다면 삶도 비슷할 것이라는 점을 보여 준다.

4.2. 제재 이면의 신비 제시하기: 이 제재에 수반된 신비감을 학생에게 어떻게 제시할까?

이 제재에서 학생에게 신비감을 주는 측면: 살아 숨쉬기 위해서 산소를 사용해야 한다면, 그 산소는 어디서 발생하는가? 식물이 산소를 만든다면, 어떻게 항상 인간에게 필요한 산소와 식물에게 필요한 이산화탄소의 균형이 유지될까? 모든 생명체가 사는 지구를 둘러싼 공기층은 얼마나 얇은가? 우주에는 지구와 같이 대기를 가진 곳이 있는가? 우주의 모든 행성 중에서 지구의 진화는 얼마나 특별한가? 그것을 어떻게 알 수 있는가? 현재 다른 은하계 어딘가에 자줏빛 토양에서 잎을 피우는 작고 푸른 식물이 있을까? 생명체는 얼마나 다양할까? 얼마나 드물거나 흔할까?

5. 평가: 이 제재가 이해되었는지, 중요성이 파악되었는지, 내용이 학습되었는지 어떻게 알 수 있는가?

평가 형식: 주변 공기의 성질을 이해했는지 평가하기 위해 모든 전통적 평가 형식이 사용될 수 있다. 더불어, 교사는 모형 제작 과정에서 학생의 지식 정도를 평가할 수 있다. 그리고 학생이 모형을 만들 때, 열정과 풍부한 상상력을 평가할 수 있다. 앞의 "평가" 부분에서 제시된 모든 언급은 여기에도 관련된다.

사례 4: 동음이자(Knight/Night, Patience/Patients, There/Their/They're)

영어를 포함한 여러 언어에서 발음이 유사하거나 거의 같은 단어의 철자를 가르치기는 어렵다. 그렇지만 그 단어의 철자와 의미에는 차이가 있다. 이 접근법은 철자를 바르게 기억하고, 그 과정을 재미있어하고, 상상력을 자극하기 위해 사용할 수 있다. 이 방법은 다양하게 변형될 수 있다.

1. 정서적 의미 설정하기: 이 제재에서 정서적으로 관련된 것은 무엇인가? 그것은 어떻게 경이감을 자아내는가? 그것은 왜 문제가 되는가?

의미의 근원: 이 수업은 소리가 의미를 전달하는 방식에 대한 신비를 자아낸다. 그리고 임의적이고 추상적인 기호에서 의미가 발생하는 이상한 능력에 대한 경이를 자아낸다.

정서적 관련의 근원: 신비와 경이의 핵심은 인간의 언어에 있다.

2. 이야기 형식으로 내용 생각하기: 어떻게 그 내용이 정서적 의미를 갖도록 구성할 수 있는가? 어떻게 상상력을 활용하면 정서적 의미를 잘 나타낼 수 있는가?

2.1. 상반된 쌍 찾기: 이 제재의 경이와 정서를 가장 잘 포착하는 상반된 개념은 무엇인가? 이야기인 경우, 상충하는 힘은 무엇인가?

주된 대립: 의미 있는 소리/임의적인 상징

가능한 대안: 소리/의미, 같은/다른

2.2. 이미지, 은유, 극적 사건 찾기: 이 제재에서 상반된 개념을 가장

극적으로 나타내는 부분은 무엇인가? 그 내용과 극적인 대비를 가장 잘 포착하는 이미지는 무엇인가?

상반된 쌍을 포착하는 이미지나 은유: 1장에서 사용한 사례로 돌아가 보자. 동음이자는 공통점과 차이점을 가진 가족과 같다. 그래서 there, their, they're는 가족과 같다. 각각은 구별되는 특징도 있지만, 공유하는 공통적 특징도 분명히 있다. 비슷하게 보여 쉽게 혼동되지만, 차별되는 개성을 가진 세 명이 있다고 상상할 수 있다. "there," "their," "they're"는 말할 때는 혼동되지 않지만, 쓸 때는 흔히 혼동된다.

상반된 쌍을 반영하는 내용: 학생들은 음성 문장에서 사용된 단어의 의미를 분명히 구별하는 것처럼 철자를 구별하는 방법도 찾을 필요가 있다. 그 방법은 학생의 마음에 단어라는 "인물"을 생생히 각인시키는 것에서 도출된다.

3. 수업이나 단원의 체계 수립하기: 어떻게 그 내용을 이야기 형식으로 가르칠까?

수업의 전체 이야기 구조: 동음이자에 대한 이야기는 무엇인가? 어떤 이야기로 "their," "there," "they're"의 차이가 학생에게 분명해지도록 할 수 있을까?

그 단어들 중 하나가 각 모둠마다 부여된다. 첫 번째 집단은 "There"라고 부르는 아이가 된다. 두 번째 집단은 쌍둥이 형제인 "Their"가 된다. 세 번째 집단은 손위 형제인 "They're"가 된다. 각 집단은 이름의 철자에 근거하여 인물에 대한 상세한 서술을 생각해야 한다.

이 수업에서 전개된 이야기는 개성 있는 인물의 이미지를 낳는다. 교사는 "There"가 "Their," "They're"와 구별되는 특징적 모습을 제시하면서, 학생에게 그 인물의 이미지를 그리도록 한다.

　교사는 먼저 "There"가 매우 친절하고 도움이 되는 사람이라고 이야기한다. "There" 끝의 세 글자는 떨어져 있는 대상을 가리키는 것처럼 보인다. 그래서 사람들은 대상이 어디에 있는지 알 수 있다(마지막 "e"라는 꼬리로 대상이 거기, 저 너머, 저기 있다고 가리킨다). 그 단어의 끝에 있는 모음이 그 의미를 잘 나타낸다. 첫 번째 "e"는 방향을 정하고, "r"은 그것이 옳다고 확인하고, 마지막 "e"는 정확히 가리킨다. 그 성격은 유용하고, 발랄하고, 정확하다.

　반면 "Their"는 매우 이기적인 녀석이다. 그는 이기주의자이다(자아를 지키고 있기 때문에 이렇게 말할 수 있다). 그는 안쪽에 있는 "i"를 두고, 마지막 자음으로 그것을 지킨다. 그는 또한 유감스럽게도 탐욕스럽고, 질투심이 강하고, 다른 사람이 가지고 있는 것을 끊임없이 탐한다.

　"They're"는 가장 나이가 많다. 그래서 교사는 다른 두 단어보다 더 많은 글자로 자랐다고 이야기한다. 그는 가족 중에서 늘 호기심이 많으며, 끊임없이 "왜why"라고 묻는다. 실제로, 그는 학교에서 자주 질문한다. 또 다른 "왜y"라는 문제로 생각되면, 항상 손을 들어 질문해야 한다. 그래서 생략 부호(')가 있다. 그는 늘 가족들이 하고 있거나 계획하고 있는 일을 사람들에게 말한다. 그래서 조금 지루하다. "새 차를 사려고 해요," "오늘 밤 TV를 볼 거예요," 혹은 "멕시코에 갈 계획이에요"라고 말한다.

　이제, 핵심을 찾았다. 학생은 그 단어의 상이한 특징을 관찰하고 "개성"을 부여함으로써 그 인물을 더 정교하게 만들 수 있다.

　인물을 만들었기 때문에, 수업의 다음 부분은 이야기를 구성하는 것이다. 그 이야기에서 설정된 인물에 역할이 부여된다. 그 구체적 인물이 줄거리를 이끈다. 여기서 이것을 장황하게 다루지는 않겠다. 그렇지만 이야기를 구성하면 학생이 얼마나 쉽게 몰두하는지 볼 수 있다. 그 이야기에서 착한 "There"는 그들이 어디로 가야 할지를 가리키려고 한다. 그러나 이기적인 "Their"는 거기로 갈 때 돈을 쓰게 되는 것에 관심이 있다. 반면, 가련하고 나이든 "They're"는 왜 힘들게 그곳에 가야 하는지에만 호기심이 있다. 그러면서 다음 주에는 반대 방향으로 갈 계획이라고 사람들에게 말한다.

3.1. 잡담과 놀이 기회를 제공하는 내용 설정하기: 이 제재와 관련된 내용 중에서 잡담에 참여하여 생생하고 풍부한 이해를 가능케 하는 내용은 무엇인가? 그 내용의 어떤 측면이 게임, 가상 놀이, 역할 놀이의 형식으로 사용될 수 있는가?

이 제재에서 잡담과 놀이 기회를 주는 측면: 학생에게 세 인물이 되어 보도록 한다. 그리고 소집단별로 각 인물의 성격을 유지하면서, 그 인물이 했을 법한 상상의 모험을 꾸며 본다. 대안으로, 학생을 소집단으로 나눈다. 각 집단은 그 인물들 중 하나(There, Their, They're)를 나타낸다. 그리고 학생이 고안해 낸 인물을 토대로, 다른 두 인물에 관한 일화를 꾸며본다.

3.2. 차후 인지 도구의 초기 형식 개발하기: 어떻게 문식성에 수반되는 인지 도구의 사용을 조장할 수 있는가?

이 수업이나 단원에서 형성되는 차후의 인지 도구: 각 인물이 인기 가수로 굉장한 성공을 했거나, 세 명이 구성한 악단으로 성공을 했다고 상상해 본다. 그 인물의 성격에 근거하여, 그 악단의 특징이 어떻게 나타날지 상상하도록 한다. 각 인물이 부르는 노래의 특징을 인터뷰한다(세 명으로 된 집단에서 서로 인터뷰한다). 그 인터뷰는 인물에 대해 더 많은 것을 제시한다. 그 기록은 대중음악 보고서를 쓰기 위한 이야기가 될 수 있다.

학생들에게 right(옳은), rite(의례), wright(제작자), write(쓰다)와 같이, 의미가 크게 다른 동음이자를 찾도록 한다(뒤의 세부 내용에서 제시될 웹사이트가 도움이 될 것이다). 혹은 같은 소리를 가진 다른 단어에서 철자의 차이가 큰 것을 찾아본다. 혹은 철자의 차이가 가장 적은 것을 찾아본다. 혹은 거의 상반된 의미를 가진 단어를 찾아본다. 교사는 "동음이자 기록"표를 벽에 붙인다. 학생들이 찾은 모든 것을 그 표에 기록할 수 있다.

4. 마무리: 이 수업이나 단원을 가장 잘 마무리할 수 있는 방법은 무엇인가?

4.1. 이야기를 만족스러운 결말로 마치기: 이 이야기를 어떻게 끝내야 할까? 상반된 쌍에 설정된 갈등을 어떻게 해결해야 할까? 상반된 쌍에 대해 학생에게 얼마나 명시적으로 설명해야 할까?

마무리 활동: beer(맥주)와 bier(영구차), foul(반칙)과 fowl(닭), navel(배꼽)과 naval(해군의), patience(인내)와 patients(환자)와 같은 동음이자를 인물로 꾸며 보면서 재미있게 놀도록 한다. 우수한 전문적 동음이자 웹사이트에는 수많은 사례들이 제시되어 있다. 그것은 www.taupecat.com/personal/homophones에서 볼 수 있다. 그리고 더 상세하게 수집된 자료는 www.marlodge.supanet.com/wordlist/homophon.html에서 볼 수 있다.

혹은 (www.cooper.com/homophonezone/에서 승인을 받고 제시된) 다음과 같은 사례로 시작해서, 학생들이 자신의 농담을 만들어 보도록 할 수 있다:

• 독수리 두 마리가 각각 죽은 너구리 두 마리씩을 가지고 비행기를 탔다. 여승무원이 그것을 보고 말했다. "손님, 죄송합니다. 승객 한 명당 썩은 고기 하나만 입니다!"

(Two vultures board an airplane, each carrying two dead racoons. The stewardess looks at them and says, "I'm sorry, gentleman, only one carrion allowed per passenger!")

• 버섯이 술집으로 들어가자, 바텐더가 말한다. "여기서 나가. 여기는 너희 같은 녀석을 받지 않아." 버섯은 "왜요? 나도 재미있는 녀석이라고요"라고 대꾸한다.

(A mushroom walks into a bar, and the bartender says, "Get outta here — we don't serve your kind here." The mushroom responds, "Why not? I'm a fun-guy.")

4.2. 제재 이면의 신비 제시하기: 그 제재에 수반된 신비감을 학생에게 어떻게 제시할까?

이 제재에서 학생에게 신비감을 주는 측면: 동음이자 놀이는 대개 무시했거나 당연시한 언어의 특징을 의식하게 한다. 도대체 어떻게 이 유동적인 일을 효과적으로 할까? 교사는 다른 특이한 사례를 제시할 수 있다. 예를 들면, 왜 "I는 run"이라고 하고 "he는 runs"라고 하지? 왜 "I run, you run, he run"이라고 하지 않지? 거기서 추가된 "s"는 어떤 일을 하지? 만약 같은 소리가 같은 뜻을 의미하기도 하고, 동음이의어처럼(탁자 위에서 하는 "pool(당구의 일종)"과 구분되는 수영하는 "pool(수영장)") 같은 단어가 다른 뜻으로 사용되기도 한다. 그러면 우리는 분명히 비효율적인 의사소통 체계를 가진 것인가?

왜 그것을 합리화하거나 더 논리적으로 만들 수 없는가? 그러나 언어의 비논리적 특성에도 불구하고, 우리는 대개 효과적으로 의사소통한다. 더욱 이상한 것은, 그 특이함은 유기체의 창작물로 언어에 부속된다. 그리고 그 특이함이 의사소통을 더 명료하게 한다(예를 들어, "she runs"에 추가된 "s"는 혼란을 줄인다. 언어에서 잉여성redundancy은 공통적이다. 그래서 그 메시지의 일부를 듣지 못해도, 구나 문장의 다른 부분을 통해 의미의 단서를 찾을 수 있다). 컴퓨터 언어는 메시지를 이해하기 위해 인간과 달리 정확성을 필요로 한다. 반면 자연 언어는 상당히 부정확하지만 의미를 전할 수 있다. 언어의 신비는 이 간단한 조사에서도 드러난다. 일반적으로 컴퓨터가 동음이자를 분류할 것으로 기대하기는 어렵다.

　교수할 때마다 느끼는 진정한 신비는 고유한 행위 형식으로서 언어의 특수성과 관련 있다. 그것은 신체적 기능이다. 하지만, 특이한 방식으로 우리 모두를 연결하는 이상한 것이다. 인간은 다른 동물과 달리 "사회적 동물"이다. 많은 동물도 언어적 형태를 가진다. 그러나 인간과 흡사한 언어를 가진 동물은 없다. 정교하게 꾸며진 이야기를 말하는 생물은 없다. 너무 익숙해서 당연하게 받아들이는 것에서 신비를 드러내는 것은 항상 교육의 중요한 단계이다.

　나는 교사가 학생에게 (앞의 세 문단에서 했던 것처럼) 강의하기를 바라지 않는다. 오히려 이 언어의 수수께끼만 언급하는 기법을 바란다. 그리고 목에서 나온 공기를 소리로 형성하는 특이한 방식과 그것으로 많은 것들을 할 수 있다는 것을 보여 주기 바란다.

5. 평가: 이 제재가 이해되었는지, 중요성이 파악되었는지, 내용이 학습되었는지 어떻게 알 수 있는가?

　평가 형식: 학습을 통해 다양한 동음이자의 적합한 의미를 이해했는지 평가하기 위해 모든 전통적 평가법이 사용될 수 있다. 일반적인 문제로 there/their/they're 중에서 적합한 것을 선택하는 문장이 제

시될 수 있다. 적합한 철자를 나타내는 인물 이야기를 꾸몄기 때문에 어렵지 않을 것이다. http://www.teachingideas.co.uk/english/homophonews.htm에서 그러한 이야기 사례들을 볼 수 있다. (이 사례 제시에 기여한 아일랜드의 클레어 읽기 쓰기 기구the Country Clare Reading and Writing Scheme의 성인 문식성 주관자 그린Moria Green에게 감사한다.)

사례 5: 열

또 다른 사례:

1. 정서적 의미 설정하기: 이 제재에서 정서적으로 관련된 것은 무엇인가? 그것은 어떻게 경이감을 자아내는가? 그것은 왜 문제가 되는가?

교사가 열이라는 제재로 학생의 정서적 관련을 불러일으키는 것은 쉽지 않다. 대개 열이라는 제재는 간단한 과학 단원으로서 정보적 내용을 가르쳤다. 이 기법은 다시 한 번 학생의 눈으로 이 제재를 보려는 것이다. 그리고 열에 대해 경이감을 자극하는 것을 찾으려고 한다.

의미의 근원: 종종 고대 그리스 신화로 과학적 제재를 시작하는 것이 유용하다. 대개 고대 그리스 신화는 제재의 핵심을 매우 생생하게 나타내기 때문이다. 그래서 관련 내용으로 제재를 구성할 수 있다 (결국, 이 신화는 이후 과학적 이해가 성장한 역사적 토대이다). 신화에서는 열에 대한 선택 범위(폭)가 넓다. 특히 프로메테우스 신화에서 생생하게 나타난다.

정서적 관련의 근원: 고대 그리스 신화에서 열에 대한 통제가 인간 문화에 기여한 힘과 그 힘에 내재된 두려운 위험을 분명히 하는 생생한 방식.

2. 이야기 형식으로 내용 생각하기: 어떻게 그 내용이 정서적 의미를 갖도록 구성할 수 있는가? 어떻게 상상력을 활용하면 정서적 의미를 잘 나타낼 수 있는가?

2.1. 상반된 쌍 찾기: 이 제재의 경이와 정서를 가장 잘 포착하는 상반

된 개념은 무엇인가? 이야기인 경우, 상충하는 힘은 무엇인가?

주된 대립: 조력자로서의 열/파괴자로서의 열

가능한 대안: 뜨거운/차가운

2.2. 이미지, 은유, 극적 사건 찾기: 이 제재에서 상반된 개념을 가장 극적으로 나타내는 부분은 무엇인가? 그 내용과 그리고 그것과 극적으로 대비되는 것을 가장 잘 포착하는 이미지는 무엇인가?

상반된 쌍을 포착한 이미지나 은유: 신에게서 불을 훔쳐 제우스에게 벌을 받는 프로메테우스. 아폴로의 불전차를 몰아보려 했지만 실패한 파에톤. 로마 신화에서 불카누스라고 불린, 자신의 작업장을 서성이는 헤파이스토스.

상반을 반영한 내용: 인간 문화에서 열의 사용은 유익할 수도 있고, 통제를 벗어나 파괴적일 수도 있다.

3. 수업이나 단원의 체계 수립하기: 어떻게 그 내용을 이야기 형식으로 가르칠까?

이 수업의 전체 이야기 구조: 신화 이야기로 교수를 시작한다. 신화의 이야기는 인간 삶에서 열의 절대적 중요성(또한 열의 위험)을 정서가 관련된 방식으로 설명한다. 인간에게 불을 준 프로메테우스의 용감함과 그에게 주어진 제우스의 무서운 벌은 인간 문화에서 열 통제의 중요성을 제시한다. 그것이 바로 인간을 신처럼 만드는 힘이다.

파에톤의 엉뚱한 짓은 이 가공할 충복忠僕이 통제를 벗어났을 때 초래되는 파괴를 보여 준다. 파에톤은 하늘을 가로질러 아폴로의 불전차(태양)를 몰아 보도록 허락 받는다. 그러나 파에톤은 통제력을 잃고 지구에 참화를 초래한다. 그 재앙 이전에, 빛의 신 아폴로는 아들의 소원을 들어준 것을 후회한다. 그리고 이렇게 호소한다. "안 된다.

나의 아들아. 다른 것을 고르거라. 너는 너무도 위험한 선물을 달라고 하는구나. 위대한 천둥의 신 제우스도 태양 전차를 몰려고 하지 않는다. 그 전차를 모는 말은 불꽃을 뿜어내고, 수레는 불같이 뜨겁단다. 이 말들은 너무 힘이 세서 어른이며 신인 나도 겨우 다룰 수 있단다. 어린 인간인 네가 무엇을 할 수 있겠느냐? 그 여행은 험난하단다. 나도 아주 높은 데서 아래의 지구를 내려다보면 어지러움을 느낀단다. 별들을 통과하는 길에는 거대하고 위험한 생물도 지나게 된단다. 너는 타우루스Taurus, 거대한 황소도, 질주하는 난폭한 사자도 지나야 한다. 만약 네가 그들을 통과하더라도, 거대한 독침을 가진 전갈과 거대한 집게발을 가진 게를 만나게 된다. 나는 네가 다른 선물을 고르기를 간청한다. 세상의 모든 풍요로움이나 넓은 바다의 진주를 생각해 보렴. 이 중 어떤 것을 부탁하더라도 기꺼이 네게 주마."

이 이야기가 익숙하지 않은 사람들은 그리스 신화에서 다른 많은 이야기를 찾을 수 있다. 그 이야기들도 재미있다.

단원의 중간에 파괴자로서의 열/조력자로서의 열이라는 주제를 정교하게 할 필요가 있다. 그것은 단순히 논리적으로 연결된 내용을 제시함으로써 이루어지지는 않는다. 오히려 교사는 주제를 전개하는 화자에 가깝다고 생각해야 한다. 그래서 주제에 영향을 받아 내용이 선택된다. 예컨대, 핵심 사실에 정통하게 하는 것이 아니라 주제에 비추어 핵심 사실을 드러내는 것이 가장 좋은 실험이다. 여기서 열의 건설적인 힘과 파괴적인 힘에 관한 핵심 사실을 드러내는 것이 문제이다. 예를 들어, 은이나 거칠고 광택이 없는 검은 반사체를 사용하여 물이 담긴 컵을 덮는다. 얼마 동안 태양 아래 그 컵을 놓아둔 후, 물의 온도를 측정하는 것이 일반적인 실험이다. 어떻게 우주선과 우주 비행사가 우주 공간에서 태양열로부터 잘 보호받을 수 있는지 생각해 봄으로써 이 주제에 참여할 수 있다. 이 접근의 특징은 단원의 전형적인 내용보다는 맥락과 정서적 특성이 문제가 되도록 하는 것이다. 여기서 교사는 각 경우에 파괴자와 협력자로서 열의 잠재력을 숙고하면서, 전달과 보존에 대한 논의로 나아간다.

혹은 헤파이스토스에 관한 이야기에서 시작하여 화산(헤파이스토스 작업장의 불꽃으로 생각되어 온) 공부로 이끌 수 있다. 이것은 열을 측정하는 방식으로 진전된다.

현재 인터넷에는 이용 가능한 많은 수업 계획이 있다. 거기서는 열에 대한 이해를 함양하는 실험이 제시된다. 그 실험이 조력자/파괴자라는 주제의 구성으로 제시된다면, 이 단원에 쉽게 적용할 수 있다. 그 수업이 영향력 있는 이야기와 결합해 시작된다면, 대개 그 실험은 큰 효과가 있다. 이처럼 이야기로 시작되고 전개되는 과정에서, 열은 뜨거운 것에서 차가운 것으로 이동하는 에너지의 한 형태임이 학습된다. 열에 대한 흔한 오개념(스웨터는 따뜻하다와 같은)의 폭로를 포함해서, 그 단원에서 흔히 다루어지는 다른 일상적 정보도 함께 학습한다.

3.1. 잡담과 놀이 기회를 제공하는 내용 설정하기: 이 제재와 관련된 내용 중에서 잡담에 참여하여 생생하고 풍부한 이해를 가능케 하는 내용은 무엇인가? 그 내용의 어떤 측면이 게임, 가상 놀이, 역할 놀이 형식으로 사용될 수 있는가?

이 제재에서 잡담과 놀이 기회를 주는 측면: 열에 관한 잡담은 무엇인가? 여기서 학생은 열에 대해 듣거나 본 것을 편하게 말할 수 있다. 그것은 부엌에서 열이 어떻게 발산되는지, 단단한 금속을 유동하는 액체로 바꾸는 강한 열 등에 관한 것이다. 불에 대한 극적인 이야기는 신화에 내재되어 있는 교훈과 쉽게 관련된다. 흔히 학생은 파에톤처럼 열을 통제하지 못하는 사람은 위험에 처한다는 것을 알 수 있다. 어떤 경우에는, 너무 태양 가까이로 날아간 탓에 날개를 붙인 왁스가 녹은 다이달로스의 아들 이카로스의 부주의함과 분별없음에 가까울 수도 있다. (가정에서 따라하지 마세요!)

불을 가지고 놀기 위해서가 아니라, 통제하지 못하면 우리를 파괴할 수 있는 이 가공할 충복을 개발하기 위해서 조심스럽게 실험할 수 있다.

3.2. 차후 인지 도구의 초기 형식 개발하기: 이 제재를 가르치면서 어떻게 문식성에 수반되는 인지 도구의 사용을 조장할 수 있는가?

이 수업이나 단원에서 형성될 수 있는 차후 인지 도구: 물을 데우고 증기를 발생시키는 실험은 알렉산드리아의 영웅의 증기 엔진(종교 의식에 사용된) 이야기와 연관지을 수 있다. 그런 다음 와트James Watt의 이야기와 연관짓는다. 이러한 이야기에서 인간의 목적, 희망, 두려움, 개인의 노력을 포착할 필요가 있다. 이 제재와 관련된 사람의 발견과 발명을 마음에 새길 필요가 있다. 즉, 신화의 관점만이 아니라 (차후 인지 도구와 연결된다면) 실제 인물과 그들의 성취라는 관점에서도 실험의 특징을 보도록 할 수 있다.

학생에게 열과 관련된 기록을 발견하도록 한다. "열 기록표"를 붙인다. 지구에서 가장 뜨거운 온도로 기록된 것은 무엇인가? 가장 차가운 것은 무엇인가? 역사에 기록된 가장 파괴적인 화산의 분출이나 폭발은 어떤 것인가? 인간이 만든 가장 강력한 엔진은 무엇인가? 등이다.

4. 마무리: 이 수업이나 단원을 가장 잘 마무리할 수 있는 방법은 무엇인가?

4.1. 이야기를 만족스러운 결말로 마치기: 이 이야기를 어떻게 끝내야

할까? 상반된 쌍에 설정된 갈등을 어떻게 해결해야 할까? 학생에게 상반된 쌍에 대해 어느 정도로 설명해야 하며, 얼마나 명시적으로 해야 하는가?

마무리 활동: 학생에게 열이 어떻게 인간의 삶에 도움을 주는지 제시하도록 한다. 그리고 열이 어떻게 인간에게 위험 혹은 불편이나 고통을 초래하는지 제시하도록 한다. 그런 다음 각 측면에 해당하는 항목들을 비교하도록 한다. 그리고 가정, 학교, 상가 등에서 필요한 열이 큰 대가 없이 생기는지 말하거나 쓰도록 한다. 학생은 우리가 얼마나 파에톤과 같이 행동하고 있는지 혹은 프로메테우스의 선물을 항상 현명하게 사용하고 있는지를 고려할 것이다.

이 단원의 또 다른 마무리로 원자력 발전에서 나오는 열의 건설적인 가능성과 파괴적인 가능성을 고려하도록 한다(교사가 특정한 수업에서 이 제재를 다룰 수 있다고 생각한다면). 이 시급한 문제는 프로메테우스와 제우스를 다룬 고대 그리스 신화에서 생생하게 제시된 관점으로 파악된다. 원자력은 인간 존재에게 프로메테우스적 선물을 약속하지만, 제우스는 그의 신적인 능력을 이용하려는 시도에 대해 복수할 것이다. 즉, 그 신화는 열의 건설적 가능성과 파괴적 가능성에 대한 우리의 정서적 경향을 분명히 포착한다.

4.2. 제재 이면의 신비 제시하기: 이 제재에 수반된 신비감을 학생에게 어떻게 제시할까?

이 제재에서 학생에게 신비감을 줄 수 있는 측면: 프로메테우스의 이야기는 열의 신비한 측면을 제시한다. 열은 모든 인간의 주요한 문화적 삶을 가능케 한다. 음식을 요리하는 것은 인간의 조상이 시간을 보내는 방식을 바꾸었다. 열을 얻기 위한 불의 사용은 개선된 도구와 무기를 만들 수 있도록 했다. (학생의 나이를 고려하여, 교사는 맥케이Charles Mackay의 시 「두발 가인Tubal Cain」을 읽어 줄 수 있다. 그 시는 "빛나는 용광로의 맹렬한 붉은 빛"과 함께 무기를 만들며 살아가는 사람에 관한 것이다. 그러나 그는 자신의 무기가 가져온 파괴를 슬퍼한다. 그래서 다시 용광로로 돌아가기 전까지 오랫동안 괴로워하다가 처음으로 쟁기 날을 만든다. 이 시는 강한 리듬과 운율로 구성되었고, 아주 어린 학생에게도 사용할 수 있다.)

신비감은 인간에게 부여된 열 통제라는 대단한 능력을 재인식하도록 한다. 실제로 학생이 주변에서 볼 수 있는 모든 것은 통제된 열의 사용을 필요로 한다. 혹은 그 과정 없이는 이루어지지 않는다. 그렇다면 열이란 무엇인가? 이 단원의 수업을 풍부하게 하기 위해 엔트로피 개념을 암시적으로 제시할 수도 있다.

5. 평가: 제재가 이해되었는지, 중요성이 파악되었는지, 내용이 학습되었는지 어떻게 알 수 있는가?

평가 형식: 전통적인 평가 도구로 이 단원을 평가할 수 있다. 기본적 사실에 대한 학생의 지식, 주요 주제와 사실의 관계에 대한 학생의 이해를 평가하기 위해 비형식적인 질문도 가능하다. 혹은 이 단원의 마무리에서 "총괄summative" 평가를 위한 더 형식적인 도구도 가능하다. 그러나 이 구성은 서술된 것, 극화된 것, 그려진 것을 요구한다. 이것은 지식, 기술, 이해를 돕는 데 사용되면서, 동시에 이 단원의 정서적 영향에 대한 증거를 제시한다. 따라서 학생에게 그들 삶에서 가장 가치 있으면서도 두려운 열의 측면들을 몇 가지 형식으로 표현해 보게 한다.

◆

사례 제시는 여기까지이다. 다른 많은 사례들은 웹사이트(www.
ierg.net)에서 찾을 수 있다. 새로운 시도를 해보았다면, 현재 사용 중
인 이 웹사이트에 올려 주기 바란다.

여기서 제시된 사례가 활동 구성을 완벽히 설명한 것으로 간주되
어서는 안 된다. 이 사례는 단지 구성을 갖추었다고 인정되는 것을 임
의적으로 선택한 것이다. 이러한 실천이 시도해 볼 가치가 있는 것으
로 보이기 바란다.

제2장

문식성 도구

보통 학생이 7세나 8세쯤 되면 소위 더 실제적인 사고를 하게 된다. 가상의 친구들은 더 이상 상상되지 않는다. 피터 팬이 저항했던 길을 따라 출발하게 된다. 아이들의 봉제 인형은 더 이상 말하지 않고 침묵한다. 새로 산 TV가 오면, 봉제 인형은 유아기의 다른 물건과 함께 (TV를 포장했던) 판지 상자에 버려진다. 부모는 더 이상 우유와 쿠키를 가지고 산타클로스인 체 할 수 없다. 잠들기 전에 먹도록, 산타의 칭찬 편지와 함께 부모가 예쁘게 준비한 과자일 뿐이다.

아이들은 산타, 유령, 가상의 친구에 대한 믿음을 버린다. 어린 시절에 해보고 싶었던 모든 공상들은 그 결과를 생각해 보면 단지 복합적 변화의 일부가 될 뿐이다. 이 장에서는, 학습에서 흔히 이용되는 인지 도구에 다시 초점을 맞추어 그 변화의 특징을 서술한다. 여기서 다루는 인지 도구는 문식성에 수반된 일련의 인지 도구들이다. (문식성에 대한 보충 설명이 필요할 것 같다. 여기서 문식성은 조야한 부호화와 해독 기술의 습득만을 의미하지 않는다. 문식성에 의해 발달된 문화적 근원을 점진적으로 수용하는 것을 의미한다.)

문자 사용 전 아동이 좋아하고 문자 사용기 아동이 가장 좋아했던 이야기를 자세히 살펴보자. 그러면 내가 언급한 차이를 인식할 수 있다. 더 어린 시기의 이야기에는 흔히 사람과 같은 동물(곰돌이 푸우나 피터 래빗)이 등장한다. 또는 인격을 가진 가상적 인물(텔레토비와 같은)이 등장한다. 이러한 이야기에서 발생한 사건은 대개 현실성에 크게 제약받지 않는다(그 이야기의 줄거리가 전개되는 동안 마술이 이야기의 한 부분으로 수용된다. 그리고 등장인물이나 상황의 불가능한 특징에 대한 설명도 요구되지 않는다).

문식성 이후, 이야기는 대체로 훨씬 사실적으로 된다. 여기에 포함된 영웅적 인물은 있을 수 있는 대상(『빨간 머리 앤*Anne of Green Gables*』이나 『용감한 형제*The Hardy Boys*』 같은)이다. 공상적 요소로 〈슈퍼맨*Superman*〉이나 〈헐크*The Hulk*〉 혹은 다른 초인적 영웅이 등장하면, 믿기지는 않지만 사실적인 설명이(크립톤 행성에서 태어난, 혹은 잘못된 핵 실험이나 유전 실험에 휘말린 등) 제시된다. 그리고 초인적 능력을 가진 영웅은 (대개) 공상적 맥락에서 새롭게 설명된 영역에 부합되게 행동해야 한다. 〈스타트렉〉의 미스터 데이터Mr. Data에게는 그를(혹은 그것을) 만든 익명의 천재가 있어야 한다. 이전 시기의 마술과 그 이후의 영웅주의에는 차이가 있다. 그 차이는 새로운 현실감과 한계, 그리고 그 작용 방식을 반영한다. 이러한 차이는 근대적 형식의 문식성에 수반되는 인지 도구들에 근거한다.

다음은 문식성을 습득한 학생이 지니게 될 주요한 인지 도구들이다.

현실감

현실감은 문식성의 가장 큰 선물 중 하나이다. 또한 문식성의 큰 위험 중 하나이다. 문식성에 의해 추상적, 합리적, 논리적으로 구조화된 사고 형식이 쉽게 발달한다. 이러한 사고 형식은 역사적으로 자연의 작용 과정에 대한 이해와 이 과정에 대한 인간의 통제를 증진하는 근원이다. 반면 자연계에서 인간이 소외되는 대가를 치를 수도 있다. 예를 들어, 자연을 인간도 포함된 복합 체계로서보다는 "자원"으로 본다.

극단적 경험과 실재의 한계

이것은 문식성이 능숙하게 되었을 때 학생의 상상력을 최초로 가장 유력하게 조장하는 실재의 특성이다. 즉, 처음 우리가 상상력을 활용하는 실재의 경향은 "낭만적"이다. 그것은 극단적인 것, 현실의 가장 색다르고 기괴한 특징, 가장 놀랍고 용감한 사건에 쉽게 초점을 맞춘다. 이러한 내용은 자극적인 신문과 TV 쇼, 『기네스북 *The Guinnes Book of World Records*』에서 잘 나타난다.

영웅과의 제휴

이것은 새로운 현실감에 수반되는 소외의 우려를 극복하는 도구이다. 영웅적 특성을 가진 대상이나 사람과 제휴함으로써, 영웅적 특성은 우리와 관련된 것으로 재맥된다. 그래서 우리도 현실 세계를 직면하고 다룰 수 있다는 자신감을 얻게 된다. 이것은 실재의 특정 측면을 더 중요하게 부각시킨다.

경이감

이것은 실재의 초기 탐구에서 핵심적인 인지 도

구이다. 이 도구는 주변 세상, 혹은 살고 있는 세상의 특정 측면에 초점을 맞추도록 하고, 특이성을 보도록 한다. 세상의 모든 특징을 경이롭게 인식할 때, 대상에 대한 경이감을 가질 수 있다. 이 도구는 가장 상투적이고 당연한 것 이면에서 놀라운 것을 인식하게 하는 선물을 준다. "왜 그럴까"에서 모든 과학과 탐구가 시작된다.

수집과 취미

이것은 이 시기에 큰 영향을 미치는 도구이다. 대체로 학생들은 어떤 것을 수집하거나 취미 활동을 하는 데 굉장한 지적인 정열을 쏟는다. 대상을 확실히 이해하려는 이 충동은 교육에서 폭넓게 사용될 수 있다.

지식과 인간적 의미

이것은 표면적 지식을 넘어 인간적 정서에서 지식의 근원을 볼 수 있게 하는 도구를 가리킨다. 모든 지식은 인간적 지식이며, 인간적 정서에서 발견되고 고안된 것이다. 그리고 과거의 창조와 현재의 사용에 담긴 정서를 통해 지식을 보면, 더 심오한 인간적 의미를 파악할 수 있다.

서사적 이해

이것은 정서적 영향을 파악하면서 대상을 잘 이해하는 능력과 관련된 도구이다. (단지 역사나 문학뿐 아니라 물리학이나 수학에 관해서도) 서사적 맥락은 지식을 전하면서 그 정서적 중요성을 수립할 수 있게 한다.

반항과 이상을 추구하는 능력

이 능력은 이 시기의 삶과 관련된 도구이다. 학생은 성인 세계에 저항하기도 하고 그 안에 안주하기 위해 변하기도 한다. 그리고 성인 세계가 현재보다 더 개선되기를 바란다. 반항은 이상을 함의하고, 이상의 결여는 반항을 정당화한다.

맥락 바꾸기

이것은 제재의 풍부한 의미를 더 많이 파악하도록 상상력을 발휘하게 하는 도구이다. 흔히 교실은 정서적으로 메마른 곳이다. 한 제재 다음에 유사한 다른 제재를 제시하는 것은 너무 상투적이다. 지식이 학습되는 맥락을 바꾸어(흔히 간단한 계획을 사용하여) 그 내용을 훨씬 더 풍부하게 하면, 학생들의 생활에서 상상력이 활발하게 발휘된다.

문식적 시각

이것은 학생이 텍스트와 목록, 순서도, 도형과 같은 상징적 형식에 익숙해지면 개발되는 도구이다. 문식성으로의 변화는 정보를 수집할 때 귀에서 눈으로 우선성이 변하는 것을 반영한다. 특정 활동은 이 변화를 촉진한다. 그리고 학생들에게 문식성이 지식을 조직하고 사용하는 그들의 능력을 어떻게 확장하는지 보여 준다.

초보적인 이론적 사고 도구

초보적인 이론적 사고 도구는 주로 문식성 도구를 사용하는 동안 나타난다. 그리고 학생이 추상

과 이론적 형식의 사고에 익숙해지면 점차 이 새
로운 도구들이 사용된다. 비록 초보적 형식이지
만, 학생에게 차후의 인지 도구를 사용할 기회를
제공할 필요가 있다. 어린 학생이 초보적 문식성
도구를 사용하듯이, 이것은 비고츠키가 말한 "근
접 발달 지대"에서 학생을 앞으로 이끌어 내기
위한 것이다.

여기서 채택된 소제목들은 교사용 교재에서 흔한 내용은 아니다.
그러나 단지 일상적 교수 과업을 무시한 데서 이 특이함이 비롯된 것
은 아니다. 학생의 상상력 활용을 주로 고려하면, 이 논제들에 초점이
맞추어진다. 학생의 상상력 활용이 성공적 교수 조건으로 지속적으로
부각된다면, 교사는 이 범주에 주목해야 한다.

단지 지식과 기술을 가르치는 것만이 교사의 임무는 아니다. 학
습하고 있는 지식과 기술의 인간적 근원을 안내하는 임무도 있다. 인
간적 근원을 안내할 때, 교사는 상상력을 더 활용하고, 학생에게 더
유의미하고, 자신에게도 더 흥미 있는 교수를 할 수 있다.

여기서 탐구된 도구는 대부분 1장에서 소개된 도구가 발전된 것
이다. 나는 그 도구들이 문식성에 의해 "교화된다"고 생각한다. 그래
서 상반된 쌍은 극단과 한계로 진행된다. 더 어린 시기에 현실성을 크
게 고민하지 않았던 신비는 현실성의 극단과 한계에 중점을 둔 경이
감이 된다. 이야기는 더 복잡한 서사가 된다. 나머지도 마찬가지다. 또
한 1장의 도구들(이야기, 상반된 쌍, 은유, 심상 등)은 학생이 문식적
으로 되어도 사라지지 않는다. 그것은 여전히 처음 형태나 더 지적인
형태로 사용된다.

인지 도구

각각의 인지 도구들이 교수와 관련되는 방식에 초점을 맞춰 상세히 살펴보자.

현실감

2천 5백 년 전, 당신은 이집트를 방문하여 이집트인 성직자와 함께 사원을 관광하고 있는 부유한 그리스인이라고 상상해 보자. 당신은 자신이 교양 있고 문명화되었다고 생각한다. 그러나 이 성직자는 당신을 힉스빌에서 온 미개인이라고 생각하는 것 같다. 이미 이러한 대우에 대해 알고 있었지만, 조금 짜증이 났다. 당신은 당신 민족의 전승된 이야기를 잘 알고 있다. 그것은 위대한 신 제우스, 헤라, 아폴로 그리고 올림포스 산에 사는 여러 신들에 관한 것이다. 당신은 이 이야기와 이집트의 전승된 이야기의 차이를 배우는 데 푹 빠져 있다. 그때 큰 차이점 하나가 걱정스러워졌다. 당신의 신화에 나온 신들이 두 세기 전(증조부 세대, 혹은 그 한두 세대 이전)에 인간과 얼마나 가깝게 교제했는지 들어서 알고 있다. 그 성직자는 미소를 지으며(그리스인의 이야기를 알고 있기 때문에) 한 사원의 내실로 당신을 안내한다. 그리고 그 사원에 기여한 모든 고위 성직자의 목록을 보여 준다 이름과 함께 재직한 날짜가 상형 문자로 벽에 새겨져 있다. 그것을 쳐다보고는 당신은 깜짝 놀란다. 그들의 이름과 날짜는 과거 수세기를 거슬러 올라간다. 그것도 모자라, 다른 기둥에까지 새겨져 있다. 당신은 옆에 있는 성직자와 함께 그 사원에서 인간이 활동한 기록을 본다. 당신의 전승된 이야기에서는 단지 그 시기에 신들이 지상을 돌아다녔다고 주장할 뿐이다.

알파벳이 처음 고안되었을 때, 그것을 쓰는 것은 많은 합리적 사고 기법을 이끌었다. 합리적 사고는 교육받은 그리스인이 아버지와 할아버지 세대로부터 물려받은 신화를 버리게 했다. 인간이 세상에서 희망하거나 믿는 것은 실제 현실과 전혀 무관하다고 결론 내렸다. 실재는 어떤 개인이나 집단의 신념을 초월하여 존재한다고 주장했다. 그리고 정신의 고유한 일은 이 실재를 발견하고 드러내는 것이라고 주장했다. 이것은 진리에 대한 새로운 탐구를 이끌었다.

그렇다고 하더라도, 이것이 오늘날의 교수와 어떻게 관련된단 말인가? 여기서, 고대 그리스에서 발생한 것과 지금 읽기와 쓰기를 배우는 학생에게 발생하는 것에는 놀라운 유사성이 있다. 유사한 인지 도구의 발달과 실재에 대한 관심을 볼 수 있다. 이 유사성은 특정 인지 도구의 사용을 채택하고 학습한 결과이다. 문식성의 사용은 추상적 실재의 인식 강화, (대부분의 개인에게) 그 한계와 극단이 가진 매력이라는 산물을 낳는다.

「잭과 콩나무」는 서구 사회에서 대개 네다섯 살 된 아이가 흥미 있어 하는 동화이다. 보통 아이들은 하늘까지 자라는 콩 씨앗의 유전적 구성을 물어보기 위해 그 이야기에 끼어들지 않는다. 또한 저 위에 있는 거인과 그 나라를 무엇이 받치고 있는지 의아해 하지 않는다. 아이들은 서사를 매끄럽게 하고 이야기를 흥미 있게 하는 한 마법을 받아들인다. 대개 『빨간 머리 앤』 이야기는 서구 사회에서 10세 정도의 아이들이 흥미 있어 한다(놀랍게도, 아시아 국가에서 더 인기가 있다). 이 이야기는 「잭과 콩나무」만큼이나 허구적이다. 그러나 잭의 이야기와 달리, 어린 문식적 독자와 청자가 요구하는 실재에 부합한다. 비록 생소하지만, 정합적이고 인식 가능한 세상을 제시한다. 영화 〈스타워즈Star Wars〉나 소설 『해리 포터Harry Potter』와 같은 공상적 이야기도 그 상황에서 그렇게 한 이유를 설명(「잭과 콩나무」나 「신데렐라」와는 달리 실재에 부합하는 다른 허구로)해야 한다. 서구 사회에서 5세에서 10세 정도의 아이들이 어릴 때 즐겼던 이야기의 대상들은 그 아이들이 성장하면 수용되지 않는다. 그리스에서 알파벳이라는 특별한 방식이 시작되었을 때 벌어진 일은 학생들이 문식적으로 되었을 때도 발생한다.

이 학생들이 흥미 있어 하는 실재는 세상을 뒤흔들 만한 통찰이 되기는 어렵다. 그렇지만 문식적으로 능숙하게 된 이후에는 실재가 상상력을 활용하도록 서술될 때 흥미로워 한다.

극단적 경험과 실재의 한계

문식성이 새로운 실재 개념을 낳고 극단적이고 유별난 특징에 빠져들게 하는 이유를 이해하기는 어렵지 않다. 아주 너그럽게 이해해 준다면, 당신을 북부 이탈리아의 언덕 마을로 날아가도록 조정하려고 한다. 그래서 그곳을 탐험하게 되었다고 해보자. 당신은 복도를 걸어 내려가 거리로 나가기 전에, 돋보기를 꺼내들고 호텔방의 양탄자를 자세하게 조사하지는 않을 것이다. 아마도 주요한 광장과 성당의 위치를 찾는 것부터 시작할 것이다. 그 마을의 어디에 성벽이 있는지 찾고, 특별한 건물을 조사할 것이다. 행동, 의상, 유물, 가장 낯선 관습이 당신의 관심을 끌 것이다. 우리가 새로운 환경의 경계와 가장 현저한 특징을 확인하는 것은 스스로를 이해하기 위한 노력이다. 그것은 현명한 전략이다. 그 전략은 문식성이 새로운 실재 개념을 자극할 때 작동하고 생생하게 된다. 브루너Jerome Bruner에 의하면, "문식성은 실재의 재정의를 위한 자극으로서 충분한 힘이 있다"(1988, p. 205). (문식성이 이 새로운 현실감을 자극하는 이유에 관한 설명에 대해서는

Egan, 1997 참조.)

실재의 한계에 초점을 맞춘 관점을 정선해야 할 것 같다. 부분적으로, 새롭게 문식적으로 된 학생이 『기네스북』의 주제(가장 키가 큰 사람, 혹은 가장 작은 사람, 혹은 머리가 가장 긴 사람은 누구인가? 손톱이 가장 긴 사람은 누구인가? 치아로 가장 무거운 것을 끈 사람은 누구인가? 등)에 공통적으로 매력을 느낀다. 그것은 삶과 환경에 대한 지적 안정성의 추구이다. 학생이 가장 손톱이 긴 사람 자체에 매력을 느끼는 것은 아니다. 가능성의 제한이 적절한 길이나 표준을 알려 주기 때문이다. 즉, 학생은 자신에 대한 지식을 우회적으로 찾는 것이다. 그래서 종종 학생에게 현실 세계와 인간 경험의 한계에 관여하게 함으로써 효과적으로 가르칠 수 있다. 이것은 학생의 일상 세계에 초점을 맞추지 말자는 제안은 아니다. 존재하는 세상의 한계나 맥락에 관심을 갖게 하여 세상에 대한 태도를 분명히 하자는 것이다. 이때 새로운 지식은 일상적인 세계를 더 정확히 다룰 수 있게 한다. 주변의 일상적 세계는 더 의미 있게 되고, 새로운 의미가 될 수 있다. 실재의 극단과 한계에 대한 강조가 일상 경험에 대한 학생의 관심을 없애지는 않는다. 오히려, 그것은 일상적 세계를 새로운 관점으로 보게 한다. 그 관점은 일상적 세계를 다룰 때 학생에게 더 큰 안정감과 다룰 수 있다는 자신감을 준다.

학생은 〈리플리의 믿거나 말거나*Ripley's Believe It or not*〉와 같은 TV 쇼 혹은 다른 자극적인 쇼, 만화, 신문의 내용에 매력을 느낀다. 거기서 학생의 상상력을 활용하기 위한 단서를 찾을 수 있다. 언제나 학생이 이미 알고 있는 것에서 시작하라는 것은 (교사 교육 프로그램과 예비 교사를 위한 책에서 끊임없이 반복적으로 듣는) 교육의 통속적 부분이 되었다. 실제로, "선조직자"를 기술한 심리학자는 이 발견이 교육에 대한 심리학의 가장 결정적인 공헌이라고 썼다(Ausubel, 1968).

분명히 그런 것 같다. 특히 계속 반복되는 경우에 더욱 그렇다. 그렇지만 대부분의 학생이 누구의 손톱이 가장 긴지 알고 싶어 하는 이유를 이 원리로 어떻게 설명할 것인가? 모든 학생이 손톱을 가지고 있다는 것이 이유이다. 그러나 이 수준이라면 그 원리는 진부하다. 그것은 학생에게 이미 익숙한 환경에서 시작할 때 가장 흥미로울 수 있다는 것이다. 경험적으로, 10세 정도의 학생 대부분은 그들 지방의 환경에 속한 대상을 지루해 한다. 반면 불가사의하고, 낯설고, 이국적인 것(그들 경험과는 가장 동떨어지고 다른 것)에 대해 훨씬 더 흥미를 느낀다.

10세 정도가 되면 학생은 불가사의하고, 낯설고, 이국적인 것, 즉 그들의 환경과 가장 동떨어지고 이상한 것에 흥미를 더 느낀다.

나는 가끔 우스운 예로 다음 상황을 제시한다. 동료 교사 이사벨이 갑자기 병이 나서, 대신 수업을 맡아야 한다고 해보자. 두 시간의 수업이 남아 있었는데, 그녀가 이미 적절한 내용을 준비해 두었다. 그날은 금요일 오후이다. 학생들은 선생님의 갑작스러운 병에 당황스러워 한다. 그래서 계획대로 해달라는 부탁을 받는다. 첫 번째 수업 계획은 "우리 고장의 구성"이다. 두 번째는 "역사상 가장 대담한 간첩"이다. 어느 것에 학생이 더 끌릴까? 물론 이 책에서 탐구한 모든 원리를 사용해서, 우리 고장 수업을 흥미 있게 만들 수도 있다. 그러나 학생이 이미 알고 있는 것에서 출발하라는 원리가 더 관심을 끌 것이라고 가정한다면, 고장에 관한 수업에 손을 들어주어야 한다. 그렇지는

않다. 정반대이다. 그것은 이 원리에 틀린 것이 있음을 의미한다. (무엇이 틀렸는지에 관한 광범위한 서술은, Egan, 2003 참조.)

상상력을 활용하는 교실에서는, 어떤 제재에 대한 극단적이거나 이상하거나 이국적인 것이 공통적으로 포함된다. 동물이나 곤충의 한살이를 조사할 때, 가장 놀라운 생물의 한살이와 비교하는 것이 좋다. 매미는 땅속에 살면서 17년 만에 한 번 나온다. 그리고 마을과 강과 들판에 들러붙어 수많은 알을 낳고 죽는다. 매미는 곤충 한살이의 한 극단이다. 산업 혁명에 대해 가르칠 때, 가장 극적이고 놀라운 업적을 탐구함으로써 산업 혁명이 초래한 변화를 설명한다. 그래서 철선鐵船의 건조 과정을 생각하고, 브루넬Isambard Kingdom Brunel의 업적에 초점을 맞춘다. 초기 철선(무게가 수백 톤에 이르는)이 건조된 이후, 그는 그레이트 이스턴Great Eastern 호의 건조에 착수했다. 그 배의 무게는 약 24만 톤에 달했다. 진수를 위해서 특별히 주조된 체인이 필요했는데, 선거dock를 부수면서 거의 전복할 뻔 했다.

영웅과의 제휴

우리가 열 살이나 열한 살 때, 어땠는지 기억해 보자. 버스 시간, 교사의 요구, 학교의 규제, 부모의 명령, 옷 입는 방식 등 수많은 것에 좌우되었다. 사실, 자아와 독립심의 발달도 시작되었지만, 끝없는 법, 규칙, 타인의 규제에 둘러싸였다.

초기의 현실감에는 적어도 한 가지 난점이 있다. 세상에 정확히 어떤 제한이 있으며, 어떻게 작동하는지 타당하게 인식하지 못한다는 점이다. 이것은 두려운 불안이 될 수도 있다. 대개는 그렇다. 우리 대부분은 앎과 통제를 벗어난 자율적 실재의 발견이라는 불안을 잊어버린다. 그러나 정신에는 불안의 잠재적 근원을 다루기 위한 전략이 있다. 이 위협에 대처하는 공통된 전략은 일상적 현실에서 제기된 위협을 극복할 수 있는 사람 혹은 사물과의 정신적 제휴이다. 스포츠 팀이나 인기 선수에서부터 정치 지도자, 테레사 수녀, 킹 목사와 같은 잘 알려진 인물, 학교나 회사 같은 지역 기관 등이 제휴 대상이 된다. 제휴를 형성하는 힘은 매우 다양하고 대상 범위에는 제한이 없다. 예를 들면, 폭풍우 속 바위 표면에서 흔들리는 잡초의 끈기, 단열 플라스틱 컵을 만든 발명의 재능, 동물의 아름다움과 힘, 수학적 증명의 우아함 등이 있다.

　서구적 전통에서 전형적인 영웅은 남자였다. 대개 폭력적 행동을 하는 행위자였다. 그를 영웅으로 특징짓는 것은 소위 위대한 인간의 특성이라는 비범함이다. 영웅이라는 지위는 제휴할 수 있는 광범위한 속성을 제공한다. 그 영웅은 남성적인 폭력뿐 아니라 신성함, 동정심, 헌신, 우아함, 기지, 독창적 재능, 인내 등과 같은 특성도 보통 이상으로 실현한다. 그래서 비디오 가게에서 찾을 수 있는 율리시스와 갤러해드 경Sir Galahad[아더왕의 이야기에 나오는 원탁의 기사]의 아류인 근육질의 투사뿐 아니라 성인, 간호사, 과학자도 영웅이 될 수 있다.

　이 초기 문식적 능력에서 강조해야 할 점은 학생들이 위대한 인물의 특성과 제휴하도록 하는 것이다. 학생들은 현재 지니고 있는 영웅에 초점을 맞추려고 한다. 그러나 영웅, 인기 대중 가수나 축구 선수, 혹은 사상이나 제도 자체가 제휴 대상은 아니다. 영웅이 실현한 인간의 특성이 바로 제휴 대상이다. 일정 수준이 되면 이것은 분명해진다. 그래도 교수에서 이 특성을 융통성 있게 사용하도록 구별하는 것이 중요하다.

　이 인지 도구의 교육적 가치를 얻기 위해 끊임없이 영웅적 인물을 교실로 끌어들일 필요는 없다. 대신, 앞에서 주장한 바와 같이, 모든 대상에서 위대한 인간적 특성을 찾을 수 있다는 사실을 알려 줄 필요가 있다. 즉, 잡초의 끈기, 돌의 지속성, 고양이의 침착성, 벌레의 생산적 근면성, 폭풍우의 격정에도 있다. 모든 것을 인간적 관점으로 볼 수 있다(이 관점이 제재에 대한 완결된 견해를 제시하지는 않는다. 그러나 그 관점은 관련되거나 추가할 수 있는 견해를 제시한다). 그리고 최대한의 상상력을 동원해 인간적 특성을 활용한다면, 그것은 능력의 확장을 보증한다.

인간적 특성의 또 다른 특징은 어느 정도 정서적이라는 점이다. 우리는 자신의 영웅에 관심이 있다. 영웅은 정서를 자극한다. 축구 선수와 인기 가수는, 그들과 제휴하지 않은 사람들을 놀라게 할 정도로, 정서를 이끈다.

특히 정서적 활동을 이끄는 교수는 드문 것 같다. 혹자는 교수를 가능한 직업적 효율성을 더 갖추게 하는 일로 간주한다. 그들이 그것을 "정서적"이라고 인정하는 경우도 있다. 개성의 충돌, 혹은 교실에서 모든 사람을 대피하게 하는 사건도 발생하기 때문이다. 그들은 교수 활동에서 정서를 적절히 지속적으로 포함시켜야 한다고 생각하지 않는다. 수학이나 과학의 교수에서는 더욱 그렇다. 대부분의 교사들은 수업에서 불러내야 할 정서를 숙고하면서 교수를 계획하지는 않는다. 반면 이 인지 도구는 교사가 꼭 그렇게 해야 한다는 것을 함의한다.

수업 내용에 정서적 반응을 불러일으키기 위해 교실을 하루 종일 눈물과 득의로 가득 찬 곳으로 만들라는 것은 아니다. 정서는 많은 형식과 무한한 정도로 나타난다. 크레쉬David Kresch의 고무적인 표현을 빌리면, 결국 인간은 "perfinkers"이다. 즉, 인간은 "지각하고perceive/느끼고feel/생각한다think." 교수에서 영웅적 인간 특성에 관심을 가지면 학생의 지각, 느낌, 사고의 중요성이 강조된다. 학생은 학습할 때 단지 생각만 하는 것은 아니다. 매우 효과적으로 교수되면, 지각과 감

정도 사용하게 된다.

사람들이 스포츠 영웅, 인기 배우, 끈질긴 잡초, 유려한 증명과 제휴하면 어떻게 될까? 실제로 드러난 위협에 최소한 일부라도 대응한다. 학생은(성인도) 주변의 위협을 극복할 채비를 잘했다고 생각한 사람과 제휴한다. 영웅은 우리와 같거나, 우리가 되고자 하는 바와 같다. 영웅도 세상에 에워싸여 있다. 그렇지만, 우리가 흉내 내고 싶어 하는 방식으로 그것을 극복한다. 인기 운동선수나 영화배우에게는 학생이 갖고 싶어 하는 힘, 권력, 자유, 돈이 있다.

문식성에 수반되는 다른 인지 도구처럼, 학생의 정신이 더 지적으로 되어도 이 능력이 사라지는 것은 아니다. 누가 자신의 영웅인지, 혹은 자신이 제휴하고 싶은 기관, 이상, 대상은 무엇인지 잠시 생각하지 말아 보자. 그러면 아마 불안하게 느끼고 있다는 것을 발견할 것이다.

상상력을 활용하는 교실에서는, 교육 과정 대부분의 특징을 부각시키기 위해 영웅적 특성과의 제휴라는 인지 도구를 사용한다. 그 방법은 대상을 중요하게 만들고, 제휴를 형성하도록 학생의 성장하는 능력을 활용하는 것이다. 예를 들어, 아무 대상이나 초점을 맞추고(탁자 위의 책처럼), 거기에 몇몇 영웅적 특성을 투사해 보자. 책에서 수천 년에 걸친 인간의 현명함이 드러난다. 그 현명함은 기억을 외면화하기 위해 작은 상징으로 채워진 간편한 대상을 만들었다. 그래서 끝없이 이어지는 정보를 저장할 수 있게 되었다. 시간적으로나 공간적으로 떨어진 타인에게 정서와 경험을 전할 수 있게 되었다. 인간의 현명함은 간단한 구두점과 텍스트 내의 구분을 통해 기록을 시각적으로 수용하도록 했다. 이 간단한 기호는 독서를 대중화시켰다. 그것은 역사적으로 모든 군대가 인간사에 미친 것보다 더 큰 영향을 미쳤다. 이제 대상을 낭만적으로 만드는 방법을 알 수 있다. 그 방법은 대상을 강조하고, 주변의 것과 구분하고, 학생이 제휴(자신과 인간의 현명함과의 제휴)할 수 있도록 하는 것이다. 이 관점으로 책상 위의 책을 들고 읽는 데 2분이면 충분하다. 이것만으로도 책의 본질에 관한 학생의 느낌을 매우 풍부하게 할 수 있다.

이 능력은 학생이 쉽게 제휴할 수 있는 특성을 대상에 투사하게 한다(이중 반복 과정을 따른다면). 그것은 모든 제재에 생동감 있게 참여하는 중요한 인지 도구이다. 교육 과정 대부분의 요소를 "영웅화"할 수 있다. 교실에서 공부하는 지렁이는 엄청난 노력으로 땅을 경작하는 영웅적 농부가 된다. 구두점은 독서를 대중화하고, 책의 면들을 시각적으로 수용 가능하게 해서 모든 사람들이 쉽게 사용하게 한 영웅이다. 뱀장어에 관한 상세한 조사는 영웅적 현명함과 발견자의 끈기를 보여 준다.

경이감

영웅적 특성과 제휴하는 능력은 대상을 경이롭게 보는 능력과 관련 있다. 경이감은 자연계의 극적 특징(산의 경치, 황금빛과 자줏빛 일몰, 웅장한 폭포, 광대한 우주)에 직면했을 때 가장 쉽게 느껴진다. 그러나 영웅과의 제휴처럼 경이를 동반한 강한 감정적 충만은 거의 모든 대상에서 나타난다. 경이는 시인 예이츠Yeats에 의해 파악된 마음의 태도이다. 즉, "보이는 모든 것이 축복이다."

물론, 교사가 학생의 과제를 모으거나 다음 주 숙제를 내주면서 그러한 역동적 정신 상태를 유지하기 바라는 것은 비현실적이다. 항상 그 상태로 살아갈 수는 없다. 그러나 제재와 관련해 경이로움을 이끌어 내는 교수 계획은 가능하다.

경이는 지적 탐구의 원동력이 될 수 있다. 그것은 끝없이 질문하는 문식적 합리성의 일부이다. 그리고 대개 어린 아동이 끊임없이 묻는 "왜요?"보다는 더 규제된 질문이다. 경이는 자연의 장엄함 앞에서 침묵할 수도 있다. 그러나 대개 경이는 질문을 조장한다. "내가 궁금하게 생각하는 것…"은 과학적 사고의 시작이다. 내가 욕조에 들어가면 왜 물이 넘칠까? 정원에는 몇 마리의 벌레가 있을까? 왜 하늘은 푸를까? 세상은 경이와 탐구의 대상이다.

경이의 자극은 문식적 정신에 활력을 준다. 물론 노골적으로 실리를 위해 문식적으로 되려고 배우는 사람도 있다. 실리를 위해 문식적으로 된 사람은 단지 "문자적으로"(즉, 경이를 불러일으키는 문식성의 힘을 사용하지 않는)만 생각할 것이다.

경이의 자극은 문식적 정신에 활력을 준다.

상상력을 활용하는 교실에서는, 제재와 관련된 경이감을 불러일으키는 방식에 민감하게 주목한다. 이를 위해 교사는 각 제재에 대해 숙고하고, 그 안에 어떤 경이로움이 있는지 탐구해야 한다. 모든 것(정말로 모든 것)을 바로 보면, 그 안에는 경이로움이 있다. 비록 일상적 상품 거래를 다루는 수업이라고 하더라도, 교사는 학생의 관심을 끌 수 있다. 즉, 거기에는 세계 곳곳에서 가져온 다양한 상품이 있다. 아주 효율적으로 위생 용기에 음식을 진열하게 만든 연구의 현명함이 있다. 그리고 치약, 과일 주스, 냉동 콩과 같이 지금은 당연시되는 상품을 만든 몇 세대 전의 화학자 혹은 물리학자의 연구 등이 있다. 이것은 각 품목의 배경에 대한 장황한 사실적 수업보다는 그 상품의 경이로움에 대한 끊임없는 경각심을 요구한다. 흔히 실리적인 것에서

벗어나기 어려운 사람도 있다. 그러나 상상력을 자극하기 위해 교사에게 요구되는 과업은 경이이다. 그것은 수업의 직접적 목적을 더 포괄적이고 지속적인 맥락에서 정하는 것이다. 상상력을 활용하는 교수는 일상 수업의 한 부분으로 놀라운 것을 설정한다. 이것은 학생의 학습을 더 쉽게 하려는 것만은 아니다. 교사에게도 더 흥미 있고 만족스러운 학습이 되도록 하려는 것이다. 이 점이 강조되어야 한다.

일상생활에서 반복되는 내용에 근거한 경이감은 새로운 관찰이 아니다. 화이트헤드A. N. Whitehead는 그의 논문 「교육의 리듬The Rhythm of Education」(1967, 첫 발표 1922)에서, 어떤 제재를 학생에게 처음 소개할 때 "낭만적" 느낌을 불러일으키는 것이 중요하다고 한다. 그는 "새로운 경험의 생생함은… 삭막한 사실들에서 탐구되지 않은 그것들의 관계의 의미를 밝혀내었을 때의 흥분"을 언급한다(pp.17-8).

흥분과 생생함에 관한 언급이 평범한 교사를 포기하게 만들 수도 있다. 평범한 교사도 이 특성이 교수에 포함될 수 있고, 포함되어야 한다는 것을 실제로 알고 있다. 하지만, 교실이 하루 종일 신경의 급격한 흥분 상태여야 한다는 주장에서 단념하게 된다. 그것은 화이트헤드의 뜻도 나의 뜻도 아니다. 내가 경이를 너무 자주 언급한 것이 일상적 교수 활동의 실제를 잘 모른다는 인상을 줄 수도 있음을 인정한다. (용어와 해석의) 문제는 낭만과 경이 같은 말이 한편으로는 너무 낯설고, 다른 한편으로는 너무 문자적으로 취급되는 데서 발생한다. 즉, 화이트헤드는 B급 영화의 로맨스를 학생과 교사에게 끊임없이 전달하기를 바라지 않았다. 오히려, 화이트헤드는 전체 교육 과정에서 진정으로 경이로운 사람의 업적을 학생에게 신선하고 생생하게 전해야 한다고 생각했다. 다음 장의 과제는 이것을 일상적으로 실행하는 방법이다. 경이에 관한 논의와 낭만과 관련된 화이트헤드의 논의에서, 이 특성을 계획하고 교수에 반영할 수 있는 원리가 도출된다.

수집과 취미

지금까지 교육 관련 텍스트에서 학생의 취미와 수집에 관심이 없었던 것은 이상한 일이다. 이 활동은 과제를 스스로 선택하는 것과 관련 있거나 혹은 바로 그 일이다. 이것은 다른 활동으로는 힘든 학생의 지적 정열을 불러일으킨다. 어떻게 그럴까? 왜 그럴까? 왜 교육자들은 이 활동과 이를 통한 학습에 더 관심을 기울이지 않았을까?

수집과 취미에서 무슨 일이 일어나며, 무엇이 학습되는가? 수집에 몰두하고 취미에 빠져드는 데는 불안과 연관된 부분이 분명히 있다. 이미 막연히 큰 실재에 관한 인식의 성장에서 불안을 언급했다. 분명히 학생은 위협을 가장 잘 극복할 수 있는 특성과 제휴함으로써 일종의 안도감을 찾는다. 또 다른 안도감은 실재가 무한히 크지는 않다는 것을 배우는 데서 나타난다. 두 번째 안정에 이르는 일상적인 방법은 실재의 특정 부분을 철저히 이해하는 것이다. "전부 다" 수집하도록 제안하는 것은 상업적 이익을 위한 것만은 아니다. 수집을 강조하는 것은 세상에 대해 다룰 수 있고, 유한하고, 이해할 수 있다고 인식하게 하는 장점이 있다.

비록 (만화, 우표, 인형, 액션 그림) 전체 세트를 다 수집할 수는 없더라도, 전체 세트의 구성 요소에 대한 학습은 묘한 만족을 준다. 아무리 작은 영역의 지식이라도 모든 것을 안다는 안도감은 큰 만족을 준다. 학생이 니프랑코Ani DiFranco의 모든 노래를 수집할 수는 없다(어딘가에는 항상 공개되지 않고 불법 제조된 테이프가 있기 때문에). 혹은 캐나다에서 생산된 빅토리아 시대의 모든 우표를 수집할 수는 없다. 그렇지만 가능한 많은 부분을 찾고 수집할 때 큰 만족을 느낀다.

수집의 충동과 취미의 계발은 대체로 문식성에서 시작된다. 그것

은 사춘기에 절정에 이르고, 이론적 사고와 함께 그 정열이 식고 사라
진다.

수집과 취미 활동에 다른 심리학적 기제들이 있다는 것은 의심의
여지가 없지만, 여기서는 교육적 함의가 분명한 것을 살펴보려고 한
다. 일단 상상력이 지식의 특정 영역에 사로잡혔다고 해보자. 그것은
학생에게 "전체를 수집"할 기회나, 철저히 알고 "전문가가 될 수 있
는" 기회를 준다. 그런 다음, 그 굉장한 정열은 학습에서 나타난다. 이
기법은 학생에게 그 제재의 특정 측면을 철저히 다루도록 하여, 그에
관한 대부분을 배우게 한다.

학생들은 좋아하는 인기 가수의 노래 수집이나, 모터사이클 배우
기에 열의가 있다. 이 열의가 대수학이나 과학 학습에 쉽게 이용될 수
있다는 것에 교사들은 상당히 회의적이다. 시험 삼아, 교사는 학생에
게 무엇을 수집하는지 혹은 어떤 취미를 가지고 있는지 물어 볼 수 있
다. 나는 이 질문을 나에게 배우고 있는 학생들에게 정기적으로 한다.
그들은 대개 다른 사람이 수집하는 대상이나 다양한 취미에 놀란다.
학생들의 논평에서 다른 학생이 왜 그 영역을 수집하는지 혹은 그런
취미를 가지고 있는지 전혀 이해하지 못하겠다는 반응이 나타나기도
한다. 즉, 제휴를 형성케 하는 인간의 특성으로는, 수집 본능을 발휘하
거나 취미에 빠지도록 하기 어렵다. 적절한 자극이 사용되어야 그렇
게 할 것이다. 이 기법은 교사에게 그 자극의 본질이 무엇인지 인식하
고, 대수 등을 교수할 때 그것을 이용하도록 한다.

한 가지 중요한 자극은 "세트 수집하기"이다. 제재 안에서 학생
이 철저히 배울 수 있는 영역을 제시해 보자. 이것은 집단별로 일정
양의 제재를 수행하도록 할당하는 것과는 다르다. 집단별 활동이 조
장되지만, 이 기법에서는 교사가 제재 안에서 철저히 할 것을 정한다.

상상력을 활용하는 교실에서, 교사는 모든 학습 "내용"에서 학생

들이 지적 안정감을 찾도록 하고 싶은 마음을 강하게 느낀다. 극단적 실재를 학습할 때처럼, 교사는 전지를 제공하거나 벽에 붙인다. 그 위에 학생은 그 제재에 대해 발견한 "기록"을 적는다. 만약 그 제재가 뱀장어 공부라면, 학생은 다음과 같은 것을 "수집"할 수 있다. 즉, 가장 긴 뱀장어, 가장 짧은 뱀장어, 가장 뚱뚱한 뱀장어, 가장 가는 뱀장어, 가장 추한 뱀장어, 가장 예쁜 뱀장어, 가장 수명이 긴 뱀장어, 가장 수명이 짧은 뱀장어, 가장 이상한 뱀장어, 가장 탐욕스러운 뱀장어, 가장 위험한 뱀장어, 가장 멀리 이동하는 뱀장어 등이다. 혹은 새끼 뱀장어의 변화를 표로 그리는 과제가 부여될 수 있다. 학생이 선호하는 극단적 특징의 목록을 만들거나 혹은 극적 대상에 관한 철저한 지식을 표로 만드는 데 몰두한다고 해보자. 대개 그러한 활동은 수집과 취미에서 분명해진 인지 도구를 촉발할 것이다.

그렇다면 어떻게 대수가 학생의 취미가 되도록 할 수 있는가? 혹은 대수에서 무엇을 수집하도록 할 것인가?

교사는 한 집단에게 매우 작은 수를 제시한다. 예를 들면, 전형적인 세포막 두께의 측정과 같은 것이다. 그것은 대개 0.00000001미터 정도의 두께이다. 학생은 이것을 다루기가 다소 어렵다는 것을 인식한다. 다른 집단에게는 매우 큰 수를 제시한다. 예를 들면, 표준 온도와 압력에서 1세제곱센티미터의 산소에 있는 분자 수이다. 그 수는 약 602,000,000,000,000,000,000,000에 달한다(수조 정도로 제시하거나 받아들인다). 그 집단에게 먼저 매우 작은 수와 매우 큰 수를 찾도록 한다. 그러면 그 수를 기록하기 위해 사용되는 지면의 양에 놀라게 된다. 그 수를 쉽게 다룰 수 있는 대수의 사용 방식을 인터넷에서 찾아보도록 한다. (과학적 기호를 분명하게 설명한 많은 훌륭한 사이트가 있다. 예를 들면, http://library.thinkquest.org/20991/alg/sci_not.html이다.)

지식과 인간적 의미

밤에 큰 도서관 서가에 있다고 상상해 보자. 게다가 자신이 그 건물에 있는 유일한 사람이라고 상상해 보자. 당신이 들은 이상한 소음은 책의 속삭임으로 느껴진다. 그리고 밤이 깊어갈수록 그 속삭임은 점점 더 커져서 귀가 멍할 정도이다. 책을 읽어 가면서, 사람들이 축적해 놓은 모든 지식에 조금 주눅 들고 놀라기까지 한다. 실제로 그 경험은 지식 사업에 종사하는 모든 사람을 조금 침울하게 한다. 한 사람이 축적할 수 있는 지식의 양이 얼마나 하찮은지 가혹할 만큼 분명해진다. 그러나 그 넓은 도서관에서 유일한 지식은 자신의 머리에 있다는 것을 인식할 필요가 있다. 책에 있는 지식은 단지 생기 잃은 부호이지 목소리가 아니다. 지식은 상징이 아니다. 상징은 단지 지식의 기억자, 암시자, 지시자일 뿐이다. 지식은 우리의 살아 있는 뇌 조직의 작용이다.

흔히 이것을 망각한다는 점을 분명히 해야 한다. 지식을 부호화한 상징에 관한 학습이 앎을 보장하는 것은 아니라는 점을 쉽게 잊는다. 모든 지식은 인간적 지식이다. 그것은 인간의 희망, 두려움, 열정의 산물이다. 지식을 저장해 놓은 부호에 생명을 부여하는 주된 기법은 정서를 통하는 것이다. 처음으로 다른 정신에 생명 있는 지식을 주는 것은 정서이다. 또한 지식은 살아 있는 인간 조직의 일부이다. 책과 도서관은 단지 건조한 부호만을 담고 있을 뿐이다. 교육이라는 사업은 오래된 지식에 새 생명과 의미를 가진 새로운 정신을 가능하게 한다.

> 지식은 살아 있는 인간 조직의 일부이다. 책과 도서관은
> 단지 건조한 부호만을 담고 있을 뿐이다.

과학적 지식, 특히 교과서에 축적된 과학적 지식의 분위기는 객관적이다. 그것은 안정적이고, 독자가 바라거나 두려워하는 것에 영향을 받지 않으며, 무엇이 옳은지 확고하게 주장한다. 혹은, 적어도 우리는 그렇게 생각한다고 가정한다. 그러한 안정성과 객관성은 대개 문식성 발달의 위대한 산물로 간주된다. 그러나 문식성은 과학 발달에 사용되기 전에 매우 다양한 임무에 채택되어 왔다. 문식성을 사용하는 초기에는 발견된 의미 있는 지식에 초점을 맞추는 것이 좋다. 교육적 기법은 지식을 인간 존재의 독창성, 정력, 열정, 희망, 두려움 등의 산물로서 제시하는 것이다. 인간적 목적을 위해서, 인간적 동기를 가지고, 우리와 같은 사람이 지식을 만들고, 고안하고, 발견하고, 정식화했다.

지식을 다시 문식적으로(학생들에게 쉼표의 사용이나 수학 연산 규칙을 말하고, 그 규칙을 옳게 획득할 때까지 연습시키는 것) 제시하지는 말자. 대신, 지식을 본래 고안된 인간적 용법의 맥락에서 다시 각인시키면 의미 있게 기억할 수 있다. 예를 들어, 학생이 수학적 연산법을 배운다고 해보자. 그것을 누가 고안했고, 무슨 목적으로 혹은 오늘날 어떤 극적 목적을 위해 어떻게 사용되는지 살펴보도록 하자. 그러면 학생은 더 쉽게 그것에 열중하고, 더 잘 이해하고, 기억한다.

상상력을 활용하는 교실에서, 교사는 가르치는 모든 것에 인간적 근원이 있음을 마음에 새긴다. 즉, 쉼표는 누군가에 의해 고안되어 인간사에서 놀라운 효과를 발휘했다. 뱀장어의 한살이는 누군가에 의해

발견되었고, 그것을 배운 사람을 매혹시켰다. 기하학의 정리는 누군가에 의해 고안되었고, 사람들에 의해 사용되어 놀라운 것을 이루었다. 인간의 정서, 야망, 의도, 두려움 등을 부각시킬 때, 학습에서 상상력의 활용을 기대할 수 있다. 상상력을 활용하는 수업은 과거와 현재의 사람으로 가득하고, 그 사람의 목소리, 희망, 두려움, 열정으로 가득할 것이다. 교수에서 이 인지 도구를 사용하면, 학생이 그것을 더 계발하도록 돕는다. 그리고 학생이 다루는 표면적 특징 이면의 인간적 정서를 보도록 한다. 그러한 인지 도구는 한마디로 삶을 풍부하게 한다.

높이 계산을 위한 기하학 정리를 가르칠 때, 교사는 이집트 여행에서 피라미드에 매혹된 고대 그리스의 탈레스 이야기로 시작한다.

옛날에 한 안내인이 모든 피라미드 중에서 그날 아침부터 올라가고 있던 피라미드가 가장 높다고 말했다. 탈레스는 "높이가 얼마인가요?"라고 물었다.

"음… 글쎄요, 잘 모르겠네요"라고, 안내인은 당황해하면서 말했다. "제 생각에는 꼭대기까지 올라가 줄을 바닥으로 내린다면… 음, 그것은 좋은 생각이 아니네요. 단지 옆면을 재는 것뿐이니까요."

여행자들은 누가 어떻게 피라미드의 높이를 잴 지 고민하고 있었다. 그때 탈레스는 그 주변을 걷고 있었다.

"그래, 이 피라미드의 높이는 329큐빗[팔꿈치에서 중지까지의 길이를 나타내는 단위]이야"라고 탈레스가 말했다.

모든 사람들은 놀랐다. 탈레스는 그것을 어떻게 알아냈을까?

교사는 이 이야기를 삼각 측량을 위해 수행한 예비 작업 다음에 소개한다. 탈레스는 자신의 키와 그림자의 길이가 얼마인지 알았고,

피라미드 그림자의 길이를 걸음걸이로 잴 수 있었다고 해보자. 그러면 그는 피라미드의 높이를 계산할 수 있었을 것이다. 이렇게 간단한 방식으로도 학생들은, 인간적 근원과 관련되지 않은 학생들과 마찬가지로, 기하학 정리를 배운다. 그러나 탈레스가 사막을 걸어가면서 했던 생각을 하는 학생, 탈레스의 현명한 해결책에서 독창성을 느끼는 학생은 더 잘 배울 수 있고, 더 오래 기억할 수 있다. 그리고 더 의미있게 활용할 수 있다.

서사적 이해

1장에서 이야기가 초기 학습에 매우 중요하다고 했다. 이야기는 더 충실하고 유의미한 지식이 되도록 교육 과정 내용과 정서를 함께 소환하는 인지 도구이기 때문이다. 그것은 대개 더 나이든 학생에게도 해당된다. 그러나 더 큰 학생이 관심을 가지는 이야기는 어릴 적 이야기에 공통된 기본 구조와는 다르다. 혼란을 피하기 위해, 이야기라는 말을 계속해서 사용하지는 않겠다. 그 대신에, 이 수준의 이해에 맞게 수정된 기법을 서사라는 말로 대치하고자 한다(아마 새로운 혼란을 낳을지도 모른다).

　서사는 일련의 사건이나 사실에 관한 연속적인 설명이다. 그 설명은 사건이나 사실을 정서적으로 만족스러운 전체로 형성한다. 서사는 정서를 형성한다는 점에서 이야기와 공통적이다. 그래서 두 용어는 흔히 동의어로 사용된다. 그러나 서사는 엄격히 이야기에만 한정되지 않는다. 정서에 관심을 덜 가지며, 더 다양하고, 더 개방적이고, 더 복잡하다. 학생이 유창하게 문식적으로 되어 갈 때, 가장 유익한 것으로 입증된 이야기의 더 포괄적인 다양성과 개방성을 가리키기 위해서 서사를 사용한다. 그렇지만 정서에 영향을 미치는 사건과 사실 형성의 중요성은 유지한다.

1장을 되풀이해 말하자면, 학습과 단원을 도달하려는 목표 체계로 생각하기보다는 학생의 상상력과 정서를 활용하려는 좋은 서사로 생각할 수 있다.

서턴-스미스Brian Sutton-Smith는 "정신은… 서사적 관심이다"라고 했다(1988, p. 22). 이 관점은 점점 더 폭넓게 수용되고 있다. 브루너 Jerome Bruner도 중요한 정신에는 서사적 측면이 포함된다는 견해를 상세히 설명했다(1986). 정신을 이성이라는 계산 양식을 소유한 정교한 계산 기관으로 보는 고전적 관점은 점차 지지할 수 없게 되었다. 합리성은 단순히 일련의 계산 기술이 아니다. 정신은 전체로서 작용하며, 그 전체에는 몸과 정서와 상상력이 포함된다. 우리는 경험과 세상을 서사적으로 이해한다는 것을 발견했다(혹은 적어도 지금까지 이것을 몰랐던 사람들은 발견하게 되었다). 그리고 논리적으로 정렬된 목록보다는 서사적 항목들을 더 잘 회상한다. 그리고 논리보다는 정서적 결합에 따라 더 깊고 신뢰할 만한 기억을 조직한다.

> 합리성은 단순히 일련의 계산 기술이 아니다. 정신은 전체로서 작용하며, 그 전체에는 몸과 정서와 상상력이 포함된다.

매킨타이어Alasdair MacIntyre에 의하면, 어떤 사실 혹은 사건은 "서사 속에 제자리를 찾음으로써 이해된다"(1981, p. 196). 그렇지만, 서사라는 도구의 발달은 논리적 기술의 발달보다 관심을 덜 받아 왔다. 논리적 기술이 더 생산적으로 보였다. 그러나 서사와 논리는 정신의 분리된 덩어리가 아니다. 논리적 기술이 가장 효과적으로 사용되기 위해서는 서사적 도구의 발달이 필요하다.

서사를 수반한 학습은 매우 중요한 지적 성취이다. 서사를 효과적으로 수반하면, 의미를 할당하고 중요한 것을 인식할 수 있다. 텍스트의 단서로 부분들을 조합하고, 사건과 사실을 기록하여 정서적 의미를 구성한다. 서사 속의 논리적 단절에도 불구하고 정서와 다른 지적 기술을 통해 연속성을 인식한다. 프라이Northrop Frye는 "이야기를 듣는 기술은 상상력을 위한 기본적인 훈련이다"(1963, p. 49)라고 한다. 효과적 학습과 교육 과정에서 대부분의 제재를 이해하기 위해서 서사를 수반하는 것이 매우 중요하다. 또한 서사는 가능성을 확장한다. 즉, 학생에게 어떤 맥락에서 학습된 것을 다른 것에 적용할 수 있게 한다.

서사에 교육적 관심을 더 기울이는 것은 바람직하다. 그 이유 중하나는 모든 사람이 접근할 수 있기 때문이다. 도날드슨Margaret Donaldson은 논리적 기술을 "탈각된disembedded" 것이라고 부른다. 이 논리적 기술에만 초점을 맞추는 것은 이 기술을 먼저 발전시킨 소수의 아이들만 불평등하게 선호하는 것이다(1978). 그러한 논리적 기술은 중요하다. 하지만, 서사적 도구를 희생해서 개발되면, 그 결과 특정한 것은 잘하지만 융통성과 상상력을 결여한 사람이 되기 쉽다. 콜즈Robert Coles에 의하면, "서사적 관점은 모든 사람의 가장 기초적 능력이지만, 다른 사람과 공유해야 할 보편적인 선물이다"(1989, p. 30). 모든 학생의 교육이 목표라면, 공유되고 상대적으로 쉽게 학습에 이용 가능한 이 기본적이고 중요한 지적 기술에 관심을 두는 것이 이치에 맞다.

상상력을 활용하는 교실에서는, 모든 제재의 서사 가능성에 주목한다. 인생의 간단한 서사는 특정 지식을 의미 있고 상상력 넘치게 관여하게 한다. 피타고라스의 기이한 삶과 놀랍고 예언적인 열망을 언급하지 않고 그의 공리를 가르친다고 해보자. 분명히 그것은 그 공리에 대한 더 유의미한 관여를 무시하는 것이다. 슈미트Johannes Schmidt의 놀라운 연구를 언급하지 않고 장어의 한살이를 가르친다면 그 제재는 아주 삭막할 것이다. 인간사에서 나무의 주요 역할을 탐구하지 않고 나무를 공부하는 것은 흥미 있는 식물 정보를 간과하는 것이다.

반항과 이상

학생은 성인 세계에서 택하게 될 역할을 탐구하면서 동시에 그 역할에 저항한다. 어린 시기에는 힘이 없다. 학생은 무엇을 입고, 어떻게 행동하고, 무엇을 믿어야 하는지 등에 관해 명령을 받는다. 청소년기를 거쳐 성장하면서, 초기에는 비록 미세하지만 학생들이 느끼는 독립심이 증가한다. 그래도 주변의 제약은 여전히 남아 있다.

흔히 학생이 느끼는 반항과 분노는 세계나 환경에 대한 이상적 인식으로 채워지기도 한다. 이상의 거부는 거부자에 대한 반항을 낳는다. 그러나 이 시기에 원하는 대로 머리를 물들이고 자르는 것처럼 자유의 단순한 이상만 형성하는 것은 아니다. 더 넓은 세상에 관한 이상도 형성한다. 그들은 평화로운 세상을 바란다. 환경을 그만 오염시키기를 바란다. 끊임없는 전쟁과 오염으로 가득한 성인 세상은 더 일반적이고 확산된 반항을 자극한다.

이러한 역동 속에서, 중요한 인지 도구를 볼 수 있다. 이 인지 도구는 학생이 경험한 현실보다 더 우월한 세상이나 특정 환경을 상상할 수 있는 능력이다. 이상 실현을 막는 성인 세계의 특성을 인식하고, 그것에 반항하는 능력이다. 그러면 이 인지 도구를 일상 수업에서 어떻게 사용할까? 그렇다. 역사뿐 아니라 수학처럼 가르치고 있는 거의 모든 제재에는 이상의 성취를 막는 관습이나 방해의 사례가 있다.

상상력을 활용하는 교실에서, 보일의 법칙Boyle's law을 제시한다고 해보자. 이 원리는 단순히 법칙으로 제시되지 않는다. 그것은 관습적 사고에 대한 보일의 투쟁을 나타낸다. 특히 진공은 존재할 수 없다는 당시의 지배적인 신념(특히 데카르트와 홉스)에 대한 투쟁이다. 당시 대가들은 에테르ether가 공간에 스며 있다고 주장했다. 보일의 실험에서는 이 에테르를 설정하지 않고 무시했다(그리고 지금도 무시되고 있다!). 학생들은 아리스토텔레스 시대 이전부터 만물은 흙, 공기, 불, 물이라는 네 원소에서 파생되는 것으로 믿었음을 기억해야 한다. 보일은 작은 주요 입자들의 상이한 조합으로 물질이 구성된다고 주장했다. 지금도 물질에 대해 그렇게 믿고 있다. 하찮은 배경을 가진 이 뛰어난 아일랜드 인은 고착된 신념과 정설에 대항해 투쟁했다. 보일의 투쟁을 인식하면, 그의 발견에 학생의 상상력을 소환할 수 있다. 그의 발견은 화학을 변화시키고 세상을 이해하는 중요한 방식을 바꾸었다.

물론 예술 일반을 가르칠 때, 문학이나 다른 예술 작품을 투쟁으로 보는 것은 부자들을 곤혹스럽게 한다. 그 투쟁은 창조자로서 예술가의 삶 속에서 이러저러한 관습 혹은 반대라는 장벽에 대한 것이다. 과학의 진리도 마찬가지로 극적이다. 예술가나 과학자가 저항한 것을 보이기 위해 작은 배경 정보를 제공하는 것에 별 무리는 없다. 그러나 모든 인지 도구처럼, 이 인지 도구도 언제나 유용한 것은 아니다. 어떤 경우에는 전혀 유용하지 않을 수도 있다. 그러나 상상력을 활용하는 교사는 반대, 모욕, 조롱에 직면해서 자신의 이상 실현을 위해 투쟁한 사람에 주목할 것이다.

맥락 바꾸기

효과적인 교수 학습을 방해하는 것 중 하나는 학생의(그리고 교사의) 지루함이다. 그리고 그 지루함을 촉발하는 것 중 하나는 지나친 익숙함과 당연함이다. 베넷John Bennett의 "정신 감소 법칙law of mental declension"에 의하면, 사람들은 항상 가능한 최소한의 지적 에너지를 소비하여 문제를 다룬다(1967). 자동차 운전을 배운다고 해보자. 처음에는 모든 관심을 운전에 두어야 한다. 왜냐하면 도로 위에서 움직이는 금속 덩어리를 유지하는 것은 중요한 문제이기 때문이다. 얼마 후, 손, 눈, 발에 요구되는 모든 움직임을 조정할 수 있는 기능을 발달시키게 된다. 그래도 여전히 운전하는 일에 많은 정신적 에너지를 쓴다. 그것은 숙달자가 되기 위해 시작한 도전이기 때문이다. 운전을 몇 년 하고 나면, 어떤 지점을 향해 운전하기 위해 수행한 행동에 거의 주의를 기울이지 않는다. 상당히 자동적이기 때문이다.

베넷에 의하면, 이 "정신 감소"는 삶의 모든 측면에 적용된다. 어떤 일에 주어지는 지적 에너지를 높이기 위해서 마음을 자극하는 데 필요한 것은 바로 도전의 제시이다.

이것이 교수와 어떻게 관련되는가? 그렇다. 대개 교실 수업의 문제점 중 하나는 불변하는 맥락이다. 학생은 그것을 점차 당연하게 생각한다. 매클루언Marshall McLuhan의 "매체는 메시지이다the medium is the message"라는 조금은 익살스러운 주장을 기억해 보자. 교실의 불변하는 본질이 얼마나 학생의 경험을 획일적이고 지루하게 했는지 볼 수 있다(1964). 적어도, 이것은 학교에서의 경험에 관한 가장 대규모적인 조사에서 나타난 것이다.

일상 수업에서 상상력을 억압하는 당연함에 도전하는 한 가지 방법은 가끔씩 맥락을 바꾸는 것이다. 이것은 학생에게 요구되는 관심의 종류를 바꿀 정도의 재배치를 의미하지는 않는다.

내전[1969년 런던 테러에서의 신구교도의 충돌]이 막 끝난 후 나는 교사 교육을 받고 있었다. 그때, 경험 많은 한 교사(아마도 45-50세인)가 나에게, 학생이 중요한 사실을 학습하고 기억하기를 바란다면, 불안하게 쌓은 거대한 책 더미를 들고 교실로 가라고 말했다. 이리저리 흔들리는 위태롭게 쌓인 책 더미를 가지고 천천히 교실 가운데로 들어가서, 잠시 멈추었다가 책 더미를 던지라고 했다. 그는 "10초면 어떤 것이든 가르칠 수 있다"고 말했다. 나는 소금의 화학 공식에 그것을 시도했다. 책이 떨어졌을 때, 학생들은 모두 조용히 나를 쳐다보았다. 나는 천천히 "염화나트륨(NaCl)"이라고 말했다. 몇 달 후 혹은 몇 년 후에 이 수업에 참여했던 학생에게 물어 보았다. 그들 모두는 소금의 화학 공식을 기억했다. 하지만 그 단원에서 제시된 다른 많은 공식들은 기억하지 못했다.

단지 몇 가지 사실을 가르치기 위해 도서관을 뒤엎으라는 것은 아니다. 이 방법은 특별한 상황이 학생에게 도전하도록 만들고, 학습에 대한 관심과 준비를 크게 향상시킨다는 것을 입증한다. 따라서 학생에게 적절한 도전을 제시하기 위해 일상적으로(그리고 덜 파괴적으로!) 맥락을 바꾸기 바란다.

상상력을 활용하는 교실에서, 맥락 바꾸기의 방법 중 하나는 교사가 가르치는 내용에 포함된 인물이 되는 것이다. 과학을 가르칠 때, 어느 날 퀴리Marie Curie로 교실에 들어간다. 그리고 그녀의 관점에서 방사능 연구를 제시한다. 그녀의 초기 연구, 직면한 반대, 정서적 반응과 동기를 기술한다. 그리고 두 번의 노벨상을 포함하여 그녀가 받은 일련의 상을 기술한다. 오래된 모자와 어눌한 폴란드인의 억양은 그 맥락을 유의미하게 바꾸는 데 필요하다. (남자 교사라면 아인슈타인 역할이 더 좋을 것이다. 물론 교사에 따라 퀴리의 모자가 훨씬 매력적으로 보일 수도 있다!)

역사 수업에서는 학생에게 학습 중인 사건의 참여자가 되도록 한다. 그리고 싸우고 있는 사람의 상충하는 입장을 토의하라고 함으로써 그 맥락을 바꿀 수 있다. 수학 수업에서 몇 장의 오래된 도면은 기하학의 정리를 발견한 고대 그리스인의 모임으로 교실을 바꿀 수 있다. 교사 모임에서 한 제재(예를 들면, 식용 곡물)에 대한 학기별 계획을 함께 수립할 수 있다. 전체 교육 과정이 그 학기를 위해서 계획된다. 즉, 식용 곡물의 역사와 인간의 정착 생활, 곡물 자원의 지리학, 경작된 장소와 이유, 곡물의 생산과 판매 및 분배에 관한 수학, 곡물과 그 성장에 관한 생물학 등이다. 학생의 역할은 학기 단위로 주어진다. 전체 학교생활에 곡물의 성장, 발달, 분배에 관한 연구 과제가 포함된다.

여기서 자기 내면에 숨겨진 배우를 발견하고, 일상에서 이러한 일탈을 매우 즐거워할지도 모른다. 학습에서 그 효과는 놀랄 만큼 극적이다.

상투적인 교실을 학생이 예상할 수 없는 미지의 장소로 변화시키는 맥락 바꾸기 방법은 무수히 많다. 교실은 더 이상 평범한 활동에 의지하고 당연시되는 장소가 아니다. 장식이나 소품의 큰 변화 없이도(종종 도움을 주기도 하지만) 상상력은 교실을 바꿀 수 있다.

학생들이 예상할 수 없었던 교실이 되도록
맥락을 바꾸자.

간단한 도전 혹은 문제에 반응해서 인식이나 관심을 높이는 이 능력은 학생들이 이용할 수 있는 도구 중 하나이다. 전통적 맥락 바꾸

기 방법에는 견학 여행과 같은 활동이 포함되었다. 그러나 여기서 초점을 맞추고 있는 맥락 바꾸기는 그와는 좀 다르다. 학생에게 요구되는 지적 활동에 더 관심이 있다. 그리고 (물론 모든 교사들이 알다시피, 교사가 투자해야 할 시간과 정열은 끝이 없지만) 교사가 힘들게 준비하지 않아도 되는 것이다.

문식적 시각

이 시기에는 문식성이 학생의 사고에 점점 더 영향을 미치기 시작한다. 시각은 정보의 접근에 결정적인 것이 된다. 그 영향력은 문식성 효과에 관심을 가진 학자들 사이에서는 논란이 되는 주제이다. 그러나 그 논증의 결과가 어떠하든, 분명히 문식성은 학습에서 중요하게 활용되는 정보 조직 기법이다. 앞에서 목록, 순서도, 도형 제작과 조작의 가치를 언급했다. 많은 교과 영역에서, 이 기법은 복잡한 지식 분야를 다룰 때 학생의 참여 폭을 넓힌다. 또한 학생들은 문식적 도구의 사용을 통해 이 기법을 연습하고 발전시킨다.

오늘날 문식적 도구들은 컴퓨터 프로그램으로 많이 제작되었다. 학생은 지식의 조직과 검색을 돕는 데이터베이스와 다른 프로그램을 배움으로써 분명히 이 인지 도구를 함양할 수 있다.

초보적인 이론적 사고 도구

문식적 인지 도구가 더 정교하게 되면, 학생들은 3장에서 기술할 도구 중 일부를 사용하기 시작한다. 즉, 추상적 실재의 인식, 행위 원인의 인식, 일반적 개념과 예외의 파악, 권위와 진리의 탐구, 메타 서사적 이해를 사용한다. 상상력을 활용하는 교실에서, 교사는 일반적 도식, 이론, 이념, 형이상학적 개념, 다른 이론적 세계가 포함된 것에 학생의 관심이 발생한다는 점을 명심해야 한다. 특히 문식적 인지 도구를 잘 발달시킨 학생과 수업하는 경우라면 그렇게 해야 한다. 2.5장의 마지막 사례는 모든 제재를 초보적인 이론적 측면에서 수립하는 용이한 방법을 제시한다. 거기서는 도해를 사용해서 나무를 공부한다. 이 기법을 통해 다루고 있는 제재에서 발생되는 주된 논증을 정확히 알게 된다. 그 제재가 뱀장어라면, 뱀장어의 서식 환경을 위협하는 것에 관심을 기울이게 된다. 요컨대, 생존 욕구에 대한 환경의 도전 문제가 부각된다. 이것은 단지 상충하는 쌍으로만 나타나지 않는다. 오히려 인간과 연관된 이익의 충돌로 나타난다. 이제 서식 환경의 파괴에 대한 후회에 그치지 않는다. 아이팟이나 컴퓨터처럼 학생이 원하는 대상은 환경적 대가를 치른다는 것을 인식하게 한다. 즉, 행위 원인에 대한 학생의 이론적 인식을 키우기 위해서는, 단지 "저곳"에서 벌어지는 갈등이어서는 안 된다. 이 갈등은 학생들이 "좋은 친구들"과 쉽게 제휴하도록 개인의 내면에 설정되어야 한다.

◆

학생의 상상력에 초점을 맞출 때, 다소 낯선 제재들이 등장한다. 그것이 일상적 경험에서는 어느 정도 익숙하지만(영웅, 극단과 이국적인 것 등), 교육 텍스트에서 그리 익숙한 것은 아니다. 이 인지 도구를 중심으로 학생이 융통성 있게 이해할 수 있도록 돕는 것이 나의 목적이다.

이 접근을 사용하면, 교사는 기술이나 지식의 습득과 더불어 학생들의 인지 도구의 확장도 고려할 수 있다. 실제로, 인지 도구에 먼저 초점을 맞추면, 기술과 지식을 가르치는 것이 훨씬 더 쉬워진다는 것을 분명히 하는 것이 나의 바람이다. 교사는 학생이 이용할 수 있는 인지 도구를 사용한다. 또한 이에 반응하여, 학생은 인지 도구의 사용을 연습하고 확장하여 그 도구를 발전시킨다.

즉, 지식과 기술 그리고 인지 도구는 경쟁 관계에 있는 것이 아니라는 것을 강조해야 한다. 학생은 지식과 기술을 배우지 않고 인지 도구를 발전시킬 수 없다. 그 연장선에서, 일반적으로 학생이 지식과 기술을 많이 배울수록 인지 도구는 더 발달한다. 그래서 문식적 인지 도구의 발달을 이끄는 지식 확장의 역할이 중요하게 부각된다. 이해는 지식의 계속적 성장에 의해 지원되고 도전 받을 때 풍부해지고 융통성 있고 강해진다. 상상력이 적절하게 발달하고 효과적으로 작용하려면 많이 알아야 한다는 것이 상상력을 활용하는 교육의 핵심적 특징이다. 무지는 상상력의 발달을 촉진하는 조건이 아니다.

무지는 상상력의 발달을 촉진하는 조건이 아니다.

결론적으로, 문식성이라는 인지 도구는 숙고할 가치가 있다. 그리고 빨간 머리 앤, 해리 포터, 루크 스카이워커Luke Skywalker, 사관 리플리Officer Ripley, 클레오파트라Cleopatra와 알렉산더Alexander에 상상력이 사로잡히는 이유를 찾기 위해서 문식적 인지 도구가 주는 도움을 숙고할 필요가 있다. 그리고 일상 교수에서 그 도구를 어떻게 사용할지 숙고할 필요가 있다.

지식은 생명 없는 부호(책의 생기 없는 상징)로 보전된다. 그 부호를
되살려 새로운 정신을 불어넣는 것이 교사의 일이다. 문식적 인지 도
구는 지식에 접근하기 위해 주로 지식의 인간화에 초점을 맞춘다. 그
리고 지식을 실제 상황(비록 현실 세계의 극적이거나, 이국적이거나,
극단적인 특징으로 학생의 상상력에 호소하더라도)에 접근할 수 있
도록 설정하는 데 초점을 맞춘다.

　이 중요한 일을 위해서, 교실은 성인기에 필요한 기술과 과업을
준비하는 장소 이상으로 생각되어야 한다. 당연히 이 일은 교실에서
일어나야 한다. 특히 약 7세부터 15-6세 시기에, "맥락 바꾸기"라고
부른 인지 도구는 교실에 관한 일반적 생각을 바꿀 것을 제안한다. 교
실을 닥터 후의 "타르디스"[영국의 공상 과학 TV 프로그램에 나오는 타임머신 우
주선]의 특성을 공유하는 곳으로 보자. 그러면 가르치는 일이 조금 쉬
워진다. 닥터 후는 영국의 공상 과학 TV 쇼에 등장하는 영웅이다. 큰
인기를 누렸던 그 쇼는 음성적 연령과 초기 문식적 연령 집단을 대상
으로 한다. 타르디스의 외관은, 휴대용 전화기가 일반화되기 전에 영

국에서 흔히 사용된 비상 전화 혹은 공중전화 박스처럼 보인다. 반면 내부는 시공간을 이동하는 우주선이다. 닥터 후는 시간 여행을 통해 우주 어디든 이야기에서 필요한 시간과 장소에 갑자기 나타난다. 물론 고장 났을 때는(그 극적 효과를 더하기 위하여) 예외이다.

교실 활동의 목적으로 학교와 외부 환경과의 결합을 강조하기도 한다. 그러나 실제로 상상력을 활용하기 위해 역설적으로 학교 밖의 일상 세계와 교실의 분리를 강조할 필요도 있다. 이때 학생들에게 교실은 다양한 시공간의 환경으로 이동하는 출발지로 느껴진다. 학교 밖의 일상생활 환경은 그중 하나일 뿐이다. 교실에 들어가는 것은 닥터 후의 시공간 상자에 들어가는 것으로 상상할 수 있다. 일단 타서 출발하면, 모든 시간이나 공간으로 이동할 수 있다.

분명 그 상상력이 평범한 책상과 창문과 바닥을 바꾸지는 않는다. 그러나 교실 개념을 이렇게 정하면, 교실에서 적절하고 가능한 것을 바꿀 수 있다. 교사와 학생은 그러한 생각이 반영된 수업을 기꺼이 조직할 수 있다. 교사는 학생에게 가상의 보호막을 뒤집어쓰게 하면서 수업을 시작한다. 그리고 눈을 감게 한다. 안내된 심상 기법이 수업 제재에 부합하는 이미지를 자극하기 위해 사용될 수 있다. 즉, "서서히 공중으로 떠오르고 있습니다… 여러분은 안전합니다… 시간의 흐름을 타 봅시다. 머리카락과 얼굴에 스치는 부드러운 바람을 느낄 수 있습니다. 시간의 바람은 따뜻하고 부드럽습니다. 아래를 보세요…" 등. 2-3분이면 충분히 학생에게 피사의 중세 수학 수업을 연상하게 할 수 있다. 그리고 아프리카의 마을, 에디슨과 퀴리의 실험실, 셰익스피어 시대의 런던과 같이 원하는 모든 장소나 모든 시대를 연상하게 할 수 있다. 교사는 적절한 준비물, 그림, 후원자, 분장을 사용해서 그 공상을 연장할 수 있다. 혹은 말만으로도 만족스럽게 학생의 상상력을 자극할 수 있다. 다른 환경으로 "떠나는" 장소라는 교실 개념을 의식하도록 제시할 수도 있고, 안할 수도 있다. 어쨌든 이 접근에서 시간/공간 장치라는 교실의 의미는 비교적 쉽게 학생의 상상력을 활용한 학습이 가능하다는 것을 함의한다.

이 제안은 많은 교사에게 다소 생소할 것이다. 교사에 따라서는 이 방식을 경험하는 교실을 쉽게 만들 수도 있다. 어떻게 가르쳐야 하는지 일반적인 규칙은 없다. 교사마다 상이하게 가르치기 때문이다. 교사의 개성과 교수 유형에 따라 더 적합하고 다양한 방식을 사용하여 성공하기 때문이다. 그렇지만 가장 적합한 교수 유형이 무엇이든, 문식적 인지 도구는 계획 구성에 도입될 수 있다.

단순 형식

다시 수년 전에 개발한 단순 구성 형식으로 시작해 보자. 조금 다른 두 가지 구성을 여기에 포함시킨 것은 혼동을 주어서 괴롭히려는 의도는 아니다. 단지 더 단순한 모형이 몇몇 인지 도구와 어떻게 결합되는지 보이기 위해서이다. 이 접근을 처음 시작하는 교사에게는 이 다음의 정교화된 구성 형식이 더 유용할 것이다. 그렇지만 이 단순 구성은 이 생각에 익숙해지게 하고, 나아가 정형화된 구성을 불필요하게 느끼도록 한다. 그러면 정형화된 구성의 사용을 분명히 그만둘 것이다. 더 이상 자신의 설계와 교수에서 기계적인 도움은 불필요하게 된다.

두 번째 구성 계획(단순한 형식)

1. **영웅적 특성 확인하기**: 제재에서 핵심적인 것으로 보이고 느껴지는 영웅적 인물의 특성은 무엇인가? 그 인물이 초래하는 정서적 이미지는 무엇인가?
2. **서사적 구조로 내용을 조직하기**
   2.1. **초기 접근**: 제재에서 가장 핵심적인 영웅적 특성을 잘 구체화하면서 학생의 일상 경험과 차별되는 내용은 무엇인가? 이것은 제재에 포함된 실재의 극단 혹은 한계를 드러내는가?
   2.2. **단원이나 수업 체계 구조화하기**: 제재를 분명한 서사적 구조로 형성하는 최선의 내용은 무엇인가? 주요한 서사적 줄거리의 간단한 개요 짜기.
   2.3. **내용을 인간화하기**: 내용은 인간의 희망, 두려움, 의도, 혹은 기

타 정서의 관점에서 어떻게 제시될 수 있는가? 내용의 어떤 측면이 낭만, 경이, 경외를 가장 잘 자극하는가?

2.4. **세부 사항 탐구하기**: 제재의 특정 측면을 아주 자세히 탐구하도록 하기에 가장 좋은 내용은 무엇인가?

3. **마무리**: 제재의 다른 측면 혹은 다른 제재를 제시하면서, 만족스럽게 마무리할 수 있는 최선의 방법은 무엇인가? 어떻게 학생에게 만족감을 느끼게 할 수 있는가? 어떻게 제재에 대한 경이감으로 마칠 수 있는가?

4. **평가**: 제재가 이해되었는지, 상상력을 활용하고 자극했는지 어떻게 알 수 있는가?

사례 1: 산업 혁명(13세에서 15세)

이 구성에서 수업을 계획하는 일은 만만치 않을 것이다. 이것은 교사가 현재 더 익숙하게 사용하는(그래서 더 단순한 것 같아 보이는) 절차 대신 더 복잡한 계획 과정의 숙달을 요구하는 것 같다. 이 모형은 처음 보인 것처럼 그렇게 복잡하지 않다는 점이 분명히 드러났으면 한다. 그리고 현재 지배적인 절차에 의해 부과된 것보다는 제재를 조직하는 데 실제로 훨씬 덜 인위적인 방식이다. 또한, 이 구성은 달성해야 할 목표의 목록보다는 훌륭한 이야기 들려주기로 수업이나 단원에 접근하도록 한다.

그러면, 먼저, 산업 혁명에서 영웅적인 것은 무엇인지 생각해 보자. 비교적 최근의 사회적·역사적 변화에 대한 사건, 인물, 유물, 이론, 문헌 등의 기록은 아주 풍부하다. 그래서 교수에서 문제가 되는 것은 그 선택이다. 이 선택에는 전통적으로 두 가지 다른 질문이 제기된다. 가장 문제가 되는 것은 무엇인가? 어떤 것이 학생에게 가장 의미 있을까? 대신 여기서는 영웅적인 것은 무엇인가라는 생각을 요구한다. 또한 정서적으로 강한 정신적 이미지를 불러오는 것은 무엇인가에 대한 숙고를 요구한다.

그러면 이 제재에서 구체화되는 영웅적 인간의 특성은 무엇인가? 가장 일반적인 특성은 이전에 세계가 경험하지 못한 자신감과 창조적 정열의 분출이었다. 그것은 거대한 물질적 변화, 끊임없이 기술 혁신을 낳는 경험 과학, 그리고 문학·철학·경제학의 중대한 변화 속으로 세계를 빠져들게 만드는 굉장한 모험으로 보인다. 그리고 그것은 전 세계의 문화와 지구의 모습을 바꾸었다. 영웅적 활동으로 보면, 순수한 에너지와 (지나친) 자심감이 전면에 부각된다. 그것은 세상을 새롭고, 아마 점점 두려운 모험(그 대가로 인간이 고통을 겪는) 속으로 내던졌다. 그것은 화산 폭발과 같은 에너지, 힘, 의지였다. 그것은 근대 세계의 창조였다. 우리는 여전히 그 자취 속에서 살고 있으며, 제어할 수 없는 거대한 힘을 통제하려고 애쓰고 있다. 그리고 여전히 그것을 이해하고 평가하려고 애쓰고 있다.

그래서 정열, 용기, 자신감이라는 인간 특성이 이 제재의 영웅적 본질로 파악된다. 그러나 이 첫 번째 개관은 단지 하나의 관점일 뿐이다. 그것이 유일한 진리는 아니다.

이 계획의 첫 단계는 간단히 형식적으로 개관된다. 그러나 조금 연습하면 그것은 거의 자동적으로 된다. 다양한 영역의 주제에서 영웅적 의미가 계발되었다고 해보자. 그러면 모든 제재를 그 시각으로 본다. 소위 이 "영웅적" 관점으로 쉽게 바뀌게 된다. 처음에는 학문적 연습으로 보였던 것이 완전히 직접적이고, 사실상 즉각적인 능력이나 인지 도구가 된다.

복합적 제재라면 광범위한 관점이 가능하다. 그 관점에 초점을 맞춰 광범위한 영웅적 인간 특성이 제시될 수 있다. 예를 들면, 어떤 사람은 동정심과 완강한 고집에 초점을 맞춰 선택한다. 그것은 피착취 계층의 고통을 개선하고 착취자의 양심을 자극하기 위해 활동한 산업 혁명기의 위대한 인본주의적 인물로 구체화된다. 어떤 사람은 기술적 독창성에 초점을 맞춘다. 그것은 그 시대에 엔진을 제공했던 도구나 기계의 혁신자와 개발자로 구체화된다. 어떤 사람은 산업 혁명의 영향을 저지하기 위해 투쟁했던 사람의 영웅적 저항에 초점을 맞춘다. 다른 사람은 거의 모든 인간 특성에 초점을 맞춰서 그 특성을 가장 잘 구체화하는 특정한 내용을 전개한다. 그러므로 "영웅적" 관점을 정하는 것은 대체로 내용 선택 범위를 결정하는 중요한 첫 단계이다. 산업 혁명을 인간이 성취한 위대한 승리로 제시하기로 선택할 수 있다. 혹은 거대한 인간의 재앙으로 제시할 수 있다. 그러면 지구, 물, 공기를 오염시킨 파괴적 과정과, 모든 생명체와 지구에 어둠과 침묵의 죽음을 초래한 위협으로 설정한다. 즉, 이 구성은 교사가 어떤 관점을 선택하든 학생에게 더 유의미하게 참여하도록 하는 간단한 도구이다.

이 사례에서 자신감 있는 정열이라는 영웅적 특성을 선택해 보자. 그리고 이 특성이 내용을 서사적 구조로 조직하는 방식을 살펴보자. 첫 번째 과제는 산업 혁명과 관련된 본질적 측면과 학생의 상상력이 연관되어, 제재에 명료하게 접근하도록 하는 것이다. 수업의 도입부에서 학생과 자신감 있는 정열을 구현한 산업 혁명 사이에 관계를 형성한다.

이 접근의 심화된 특징은 "지평 확장expanding horizons"의 원리에 다소 역행한다. 학생의 일상 경험과는 상이하고 동떨어진 것이 대부분 활용되기 때문이다. 그래서, 선택된 영웅적 특성을 가지고 있다면, 학생의 일상적 경험과 동떨어진 내용에서 찾는 것이 가장 좋은 도입이다.

여기서 또한 서사의 지속적 매력을 명심해야 한다. 단지 학생을 즐겁게 하기 위해 이야기 형식에서 도출된 원리를 사용하는 것은 아니다. 단원의 의미를 최대한 정서적 명료성과 힘을 가지고 소통하기 위해서다. 어린 학생을 적당히 긴장시키는 간단한 이야기 형식에만 수업을 제한할 필요는 없다. 그러나 학생을 참여하게 하는 이야기의 주요 원리는 계속 숙고해야 한다. 그중에서도 상반의 사용이 두드러진다. 이것이 이전 단계처럼 현저할 필요는 없다. 그러므로 초기의 접근에서는, 자신감 있는 정열이라는 영웅적 특성의 구체화와 그와 반대되는 것 사이에 극적인 갈등을 설정한다.

이것은 공중에 네다섯 개의 공을 동시에 띄우는 것처럼, 이론적으로 불가능할 정도로 복잡하게 생각된다. 그러나 사례를 보면, 계획의 실제 수준에서는 훨씬 더 쉽게 다룰 수 있음을 알 수 있다.

먼저 브루넬의 사진을 학생에게 보여 주면서 수업을 시작해 보자. 1857년에 찍은 사진으로 만든 초상화가 사용될 수 있다. 이 사진에서 브루넬의 모습은 오늘날의 학생과는 상당히 다르다. 먼지 묻고 구겨진 검은 옷을 입은 작은 남자, 높이 솟은 모자, 높은 깃과 빅토리아시대의 나비넥타이, 매달린 시곗줄, 더러운 장화, 한쪽으로 치우쳐 물은 담배. 그는 현대 학생들이 보기에 화성인과 같을 것이다. 이것은 학생과 브루넬의 자신감 있는 정열을 결합시키려는 것이다.

브루넬의 포스터 배경에는 그의 배 그레이트 이스턴 호를 진수하기 위해 주조된 거대한 체인이 있다. 그 이전에 철로 만든 가장 큰 증기선은 수백 톤이었다. 브루넬의 배 그레이트 이스턴 호는 약 24만 톤이었다. 그 배를 띄우기 위한 첫 번째 시도는 재앙이었다. 브루넬이 계획했던 모든 것처럼, 그것은 불가능에 가까웠다. 그의 마음을 끈 것은 바로 그 가능성의 한계였다. 이때는 영웅적인 공학 기술의 위대한 시대였고, 브루넬보다 더 도전적인 사람은 없었다. 20세에, 그는 처음으로 템스 강 아래를 관통하는 지하철 터널 건설의 책임을 맡았다. 반쯤 뚫었을 때, 그는 돌더미들을 제거하고 나서 런던의 지체 높고 유명한 인사를 위한 연회를 베풀었다. 그리고 터널을 더 뚫자, 그는 노동자를 위해서도 성대한 연회를 베풀었다. 브루넬다웠다.

그는 런던에서 보스턴(영국이 아니라 미국에 있는)까지 대 서부 철도Great Western Railway(즉, G.W.R. 신의 경이로운 철도God's Wonderful Railway로도 알려진)를 건설했다. 이제, 철도는 영국의 서부 헤인까지 노달했고, 거기서 그레이트 이스턴 호는 미국으로 어떤 것이든 운반할 수 있었다. 모든 과정이 드라마였다. 브루넬은 가장 과감하고 아름다운 다리를 설계하고 건설했다. 거기에는 클리프톤 현수교와 살타쉬 교가 포함된다. 그는 백 년간 공학자들이 따라야 할 원칙을 수립했다. 그리고 다른 많은 다리 중에서 브루클린 교의 모델을 만들었다. 대 서부 철도(G.W.R.) 건설에서 그가 이룬 불가능한 것들 중의 하나는 놀라운 박스 터널Box Tunnel(2마일의 길이로, 경사져 있으며, 그 반은 단단한 바위를 통과하는)이었다. 많은 생명이 희생되었고, 많은 참사를 목격했다. 그러나 그는 철도를 뚫었다. 임종을 맞으며 브루넬은 살타쉬 교를 진척시켰다. 그는 그 당시 투자자들을 두려움에 떨게 했다. 그의 무모하고 과감한 과업으로 재정적 어려움에 직면하기도 했다.

브루넬과 거의 불가능하다고 생각했던 그의 공학적 업적에 대해 간단히 논의한다. 그런 후에, 학생들에게 다시 그의 초상화와 눈을 더 주의 깊게 살펴보도록 한다. 그리고 우리를 상당히 놀라게 한 자신감 있는 정열을 보게 한다. 그가 산업 혁명이었다.

몇 가지 사실과 먼지를 뒤집어 쓴 작은 빅토리아 시대의 사람을 통해, 교사는 산업 혁명에 접근하는 첫 단계를 이룰 수 있다. 그것은 브루넬로 구체화된 자신감 있는 정열이라는 영웅적 특성과 학생을 연결시킴으로써 이루어진다. 물론 어떤 교사는 다른 많은 사례를 찾아 시작할 것이다. 다른 교사는 브루넬의 업적을 생생하게 전하는 다양한 방식을 선택할 것이다. (직접적인 설명에서부터 실제로 브루넬이 있는 것처럼 꾸민 대본을 사용한 브루넬과의 TV 인터뷰(그의 과거를 서술하고 학생에게 질문하도록 한다), 그의 과감한 계획이 충족시킬 것에 반대하는 사람과의 구체적 충돌을 드라마화 하기 등.) 또한 소심한 투자자에서부터 자연의 방해에 이르기까지 브루넬의 자신감 있는 정열에 반대되는 것도 생생하게 할 필요가 있다.

다음 단계는 그 단원의 나머지를 조직하는 것이다. 대개 만족할 만한 이야기 형식이 요구된다. 가장 두드러진 상반이 시작(브루넬의 자신감 있는 정열과 그의 목표 달성을 방해하는 인간의 소심함이나 다루기 힘든 자연) 부분에서 분명히 제시된다. 그 이야기 형식에서 일반적으로 요구되는 주요 조건이 있다. 이 단원에서 단순히 업적을 기술하거나, 통계를 제시하거나, 기술적 혁신을 지적하지 않는 것이다. 각각의 경우를 개인의 자신감 있는 정열의 산물로 제시하고, 실현 과정에서 구체적인 방해를 극복한 것으로서 제시해야 한다.

교사는 산업 혁명을 이해하는 데 주요한 모든 일반적 내용을 포함시킨다. 미국의 광대한 대평원에서 곡물 생산을 시작한 것을 포함시킨다. 흔히 이것은 사육지와 경작지의 증가를 나타내는 지도와 통계로 제시된다. 분명히 통계와 지도에 잘못된 것은 없다. 그러나 생생하고 인간화된 동기가 없다면, 이 나이의 학생에게 통계와 지도는 메마르고 의미 없는 것이 된다. 아마 그것은 지금까지 가장 나쁘고 불가피한 것이었는지도 모른다. 그 통계에 생명을 불어넣기 위해서는 구체적인 목동과 농부에 관한 정보가 필요하다. (적절하게 서술된 교재에는 쉽게 이용할 수 있는 사례가 포함된다). 고기와 곡물 생산의 확대는 흔히 놀라운 업적으로 제시된다. 추상적 통계가 학생에게 그 경이를 전할 것으로 기대된다. 그러나 학생이 그것을 영웅적 인간의 특성의 산물로 본다면, 그 통계를 훨씬 쉽게 깨닫는다. 통계적으로 추상화된 성취의 경이는 구체적인 반대에 직면해 구체적인 맥락에서 영웅적 인간의 특성을 실현한 인물을 통해 더 잘 전달된다.

브루넬을 통해 산업 혁명의 본질적 특성에 접근한 것은 개인적 문제로 끝나지 않는다. 기계, 고기와 곡물의 생산, 입법상의 변화 등이 모든 것을 의도, 희망, 두려움, 특히 사람들의 자신감 있는 정열로 보이도록 할 필요가 있다. 거대한 목장과 농장은 단순히 어떤 진화론적인 "발달"에 이끌려 발생한 것은 아니다. 그것은 상당한 반대를 극복한 사람들에 의해서 이루어졌다. 자신감 있는 정열, 재능, 용기, 냉철함 등의 실천을 통해서 이루어졌다. 그리고 실패하기도 했다.

다른 인지 도구는 우리에게 인간의 성취와 고통의 극단을 예시하는 내용을 찾도록 한다. 그러한 성취는 그 시대의 대담한 물질주의와 그 기간에 발전한 새로운 인본주의와 함께 다루어진다. 그러나 반대되는 입장도 살펴보아야 한다. 산업 혁명이 낳은 가난, 불행, 착취라는 극단도 고려해야 한다. 산업 혁명 초기에는 위대한 인본주의적 희망도 불러일으켰지만, 그와는 반대로 인간에게 큰 고통을 낳기도 했다. 이러한 극단적 상반이 동시에 발생한 것이 아니라 필연적으로 연관됨을 보이는 것이 중요하다. 산업 혁명의 창시자와 수혜자는 그들이 초래한 고통에 단지 무감각한 것으로 제시될 수 있다. 혹은 그 고통을 허가하여 이익을 얻은 것으로 제시될 수 있다. 분명히 많은 사람이 그랬다. 그러나 이 연령의 학생들에게 선과 악의 극단을 점진적으로 "중재하기mediating"라는 의미에서 사실적일 필요가 있다.

(여기서 교사의 **보여 주기**_showing_, **제시하기**_presenting_, **중재하기** _mediating_ 등의 용어에 대해 다시 보충할 필요가 있는 것 같다. 이 용어는 효율적이기 때문에 사용한 것이다. 그러나 이 용어들이 전적으로 교사 중심적 제시를 의미하는 것은 아니다. 제시된 학습은 학생의 탐구, 조사 과정, 학생의 상상력을 잘 활용할 수 있는 모든 방법으로 접근할 수 있다.)

2장에서 제시된 각각의 인지 도구들은 단원 계획의 지침을 제공한다. 예를 들어, 극단에 대한 관심은 교실 전시 혹은 산업 혁명의 기록들에 대한 소책자를 제안한다. 학생은 탐구하지 못한 기록을 추가할 수 있다. 가장 깊은 광산, 가장 큰 목장, 농장, 다리, 가장 영향력 있는 혁신, 가장 큰 공학적 계획, 가장 큰 땅의 변화, 가장 위대한 인본주의적 업적, 가장 큰 재난, 가장 많은 노동자들이 죽은 단일 사업 등.

단원의 체계를 구성할 때, 그 제재의 몇몇 측면은 아주 상세하게 수행하는 것이 가치 있다는 것을 명심해야 한다. 교사는 학생이 가장 쉽게 참여할 수 있는 영역에서 이 자료를 수집한다. 즉, 브루넬의 삶

혹은 프라이Elizabeth Fry나 와트의 삶, 증기 기관이나 방적기의 설계, 부품을 표준화한 총의 제작, 의복 형식의 변화, 가스등과 그 형태 및 관리, 점등부lamplighter의 생활양식, 세상의 색조나 채색 등. 산업 혁명에 관한 단원을 어떻게 마무리할까? 이야기의 줄거리는 물질세계에 적용된 자신감 있는 정열과 그에 상반되는 힘(우유부단함과 두려움, 종종 비타협적인 물질세계, 보수주의의 영향력, 분열된 사회생활에 대해 회의적이고 혐오하는 관찰자)의 극적인 갈등이다. 서사적 구조는 이 갈등의 해결책을 요구한다. 그리고 그 해결에서 산업 혁명에 관한 학생의 경이감이 나타난다.

교사는 산업 혁명에 의해 변화된 세상의 이미지를 제시한다. 다양한 관점으로 살펴본다. 이 세상은 그것을 만든 사람도 그것에 저항한 사람도 꿈꾸지 않았던 세상이다. 세상은 만든 사람이 꿈꾼 이상향도 아니고, 저항한 사람이 예상한 악몽도 아니다. 그러나 그것에 관해 어떻게 느끼든 변화의 규모, 매우 복잡한 과정의 수립과 조직이라는 영웅적 활동은 경이감과 경외감을 자극하도록 제시되어야 한다.

자신감 있는 정열과 그 산물을 지나치게 강조했다면, 시인 블레이크William Blake에 의해 제시된 이미지로 마무리할 수도 있다. 산업 혁명에 의해 태어난 게걸스러운 야만적인 기술 공학이라는 괴물에 관한 것이다. 교사는 미적이고 도덕적인 혐오를 전할 필요가 있다. 그것은 1787년 캐론 제철소Carron Iron Works를 보고 나서 창유리에 급히 쓴 번스Robert Burns의 짧은 시에 간결하게 표현되었다.

더 현명해지길 바라며,
너의 노동을 보러 여길 온 게 아니라네,
이제는 지옥에만 이르지 않았으면 하니,
그것은 놀랍지도 않네.

We cam na here to view your works,

In hopes to be mair wise,

But only, lest we gang to Hell,

It may be nae surprise.

산업 혁명은 셸리Mary Shelley의 프랑켄슈타인Victor Frankenstein에서 창조된 괴물의 이미지로 정확히 파악된다. 즉, 인간은 더 많은 목적을 위해서 그것을 만들었지만, 그것은 미쳐 날뛰었고, 통제할 수 없었고, 인간을 위협한다. 학생이 이 극단적 관점을 중재하도록 채택할 수 있는 방법은 다양하다. 가능한 각 관점을 강하게 입증하려는 지지자 사이에 이루어지는 형식적 토론도 효과가 있다. 토론을 마치면서, 그 수업에서 찬성과 반대를 있는 그대로 분류한 목록을 작성하고, 상충되는 것의 비중을 어떻게 따져야 할지 고려한다.

교사가 가르친 것을 분명히 평가하는 것이 중요하다. 여기서는 산업 혁명을 이해하도록 가르치기 위해서 학생의 상상력을 활용하는 것이 목적이다. 몇몇 표준화된 평가 형식은 산업 혁명 이해의 일부를 구성하는 기본적 사실과 개념을 성공적으로 교수했는지 평가하는 데 유용하다. 또한 다양한 형식을 사용하여 학생의 상상력을 활용한 참여를 평가할 수 있다. 이 중 일부는 상당히 단순하다. 즉, 이 제재에 대해 학생이 얼마나 요구한 자료 이상을 읽었는지 기록하기, 얼마나 요구한 과제 이상으로 공부했는지 기록하기 등이다. 또한 학생의 공부에서 풍부한 상상력을 평가하기 위한 방법(창의성과 효율성의 결합이라는 기준으로 출발하기(Barrow, 1988))을 고안할 수 있다. 즉, 학생이 부여된 활동이나 학습의 전개 과정에서 무엇을 했든, 그것은 효율성을 나타내야 한다. 즉, 그 내용을 알고 이해한 것을 보여야 하지만, 또한 독창성도 나타내야 한다. 즉, 개인적이고 창의적인 것이어야 한다.

사례 2: 피타고라스의 정리(12세에서 14세)

이 연령대에 해당되는 많은 제재와 마찬가지로, 이 제재를 인간화하는 것이 핵심이다. 수학과 과학에서, 그 내용을 현재 통용되는 정도보다 훨씬 더 인간의 삶과 관련짓는 것을 의미한다. 그리고 우리가 알고 있는 모든 과학과 수학은 누군가에 의해 어떤 목적에서 발견되고 고안된 것이라는 사실을 분명히 하는 것을 의미한다. 따라서 그 지식을 오늘날의 학생들의 삶에 (의미 있는 것으로) 되돌리기 위해서는, 그것에 정서적 의미를 부여했던 다른 사람들의 삶의 맥락 안에 그것을 설정하는 것이다.

먼저, 피타고라스 정리의 영웅적 특성을 살펴보자. 이를 위해 우선 그 발견의 인간적 목적과 정서적 맥락에서 이 제재, 즉 정리를 살펴보는 것이 한 방법이다. 또한 이것은 현재 수학에서 공유되고 있는 것보다 더 역사적이고 전기적인 접근을 제안한다.

피타고라스에 대해 조금 알고 시작하는 것도 도움이 된다. 그는 이 단원의 영웅인가? 백과사전의 기록에 의하면, 그는 출생지인 그리스의 사모스 섬을 떠나 수도원 같은 특이한 기관을 설립했다. 적어도, 그는 같은 생각을 가진 사람들을 모았다. 그리고 남부 이탈리아의 크로토나에서 자신의 "학파"를 세웠다. 피타고라스는 지식의 추구에 헌신하는 학파를 세우고 이끌었다. 그리고 채식주의, 신비주의, 정교한 의식, 아폴로 숭배에 헌신하는 학파를 이끌었다. 피타고라스는 세상과 경험의 뜻을 이해하기 위해 관찰과 이성을 사용한 것으로 알려진 철학을 일으켰다.

피타고라스적 개념의 "코스모스cosmos"에 대한 논의로 피타고라스 정리의 영웅적 관점을 시작할 수 있다. 만물을 포괄하는 질서 있고, 조화롭고, 아름답고, 도덕적인 전체로서 이 개념을 처음으로 사용한 사람은 피타고라스인 것 같다. 코스모스는 조직된 전체로 간주되었다. 그리고 코스모스와 우주를 이해하는 열쇠는 바로 수였다. "수가 우주를 지배한다." 이것이 크로토나에 있었던 특이한 공동체의 사상이다. 그들의 열정적 신념은 수의 관계에 대한 열정적 탐구를 이끌었다. 주변 세상은 제정신이 아닌 것으로 간주되었다. 이 수도사 같은 공동체의 불가사의함을 강조할 수 있다. 오늘날 초등 수학으로 간주되는 활동을 통해 코스모스의 핵심을 탐구하는 데 초점을 맞추고 매우 엄격하고 원칙적인 삶을 추구했음을 강조할 수 있다. 피타고라스가 추구한 열망은 세상에 수의 힘을 보여 주는 것이었다.

수업의 시작 부분에서, 이 영웅적 관점에 접근하도록 한다. 먼저 그것을 간단히 논의한다. 그러고서 매혹적인 피타고라스와 추상적인 수가 현실 세계의 이해에 도움을 준다고 믿었던 신념의 관계를 제시한다. 정수integers에서 세상으로 나아가는 한 가지 방법은 숫자에 해당하는 점을 찍는 것이다. 그리고 그것을 모양으로 구성한다. 피타고라스학파의 사람들은 흔히 정성껏 손질된 모래에 점을 찍기 위해서 막대를 사용하곤 했다. 여기서 관련된 진행 과정을 살펴보자.

기본수로 이루어진 정사각형을 만들고 그것을 삼각형과 비교하면, 더 흥미 있는 관계가 나타난다. 만약 특정한 수의 조합이 구체적인 모양으로 제시된다면, 더욱 놀라운 관계가 명백히 드러난다.

그 변이 3:4:5의 비율로 구성된 삼각형을 고려해 보자.

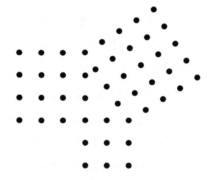

이제 각 변을 정사각형으로 구성해 보자.

직각삼각형의 빗면에 접한 정사각형을 구성하는 점의 수는 다른 두 변에 접한 정사각형을 구성하는 점의 수와 같다. 밑면의 9개와 수선의 16개를 더하면, 빗면이 25개외 같다. 그리고 다른 식각삼각형에는 다른 정수의 조합이 이루어진다.

이것은 수가 기하학을 지배한다고 주장한 피타고라스를 의기양양하게 하는 증거였다. 그리고 이것은 수가 우주를 지배한다는 것을 보이기 위한 피타고라스 계획의 첫 단계였다.

더 조직화된 수업에는 점을 선으로 연결하는 것이 포함된다. 그리고 그 정리의 다른 더 관습적인 증명을 탐구하는 것도 포함된다. 피타고라스학파의 삶의 맥락에서 그 정식의 논의가 마음에 새겨지면, 교사는 이 수업의 핵심부를 조직할 수 있다. 그것은 피타고라스 정리에 필요한 기하학적 이해를 가르치는 것인데, 그러나 처음 이 제재에서 그토록 흥분하게 만든 것은 무엇이었는지를 다시 언급하는 방식이다.

이 제재에는 상세한 탐구 기회가 많이 있다. 학생에게 피타고라스의 음악 연구에 대해 알려진 것을 찾도록 한다. 현재 우리의 이해에 중요하게 남아 있는 것처럼 음계를 다루기 위해 수가 발견된 방식을 찾도록 한다. 이 집단에 의해 연구된 다른 제재(그리고 현대적 사고에 계속되고 있는 그 집단의 영향)도 탐구할 수 있다.

이 단원은 두 가지 결론 중 하나 혹은 모두로 전개될 수 있다. 하나는 피타고라스 견해의 일반적 승리에 관심을 가지는 것이다. 다른 하나는 특별한 실패에 관심을 가지는 것이다. 오늘날, 한때 신비적인 신념이거나 아마도 마술적인 발견이었던 것을 당연하게 받아들인다는 점이 승리이다. 크로토나의 미친 학파가 옳았다. 그리고 그 주위에서 제정신으로 경멸하고 적대적이던 세상은 틀렸다. 수학은 현대 문명의 토대 중 하나이다. 수학은 과학의 언어이다. 정도의 차이는 있지만, 질서에 관한 모든 탐구는 수학에 의존한다. 피타고라스의 실패는 기학학적 모양과 수 사이의 조화로운 관계에 대한 탐구에 있었다. 사각형의 대각선은 그 변과 조화 관계를 형성하지 않는다는 증명은 심각한 타격이었다. 피타고라스는 이 지식을 "말로 나타낼 수 없는 것 the unutterable"이라고 했다. 그것은 많은 혼동과 고민을 초래한 일종의 이단이었다. 이 부조화는 점으로 아주 쉽게 나타낼 수 있다. 특히 컴퓨터에서처럼 정확하게 그 점을 놓을 수 있을 경우에 나타내기 더 쉽다. 그 학파에 관한 서사로 이 실패가 그러한 고민을 낳은 이유를 살펴보도록 학생들을 자극해야 한다.

또 다른 마무리는 추상적 개념을 현실 세계에 적용하려는 고대의 다른 시도와 현재의 결과를 살펴보는 것이다. 간단하고 재미있는 예는 거짓말쟁이에 관한 밀레투스의 유불리데스Eubulides의 논의와 그 영향이다. 그것은 추상적인 논리적 추론을 실제 사건에 적용한 경우이다. 먼저 그 역설을 살펴보자. "한 여자가 자신이 거짓말을 하고 있다고 말한다. 그녀의 말은 진실인가 거짓인가?" 시시해 보이는 그러한 문제의 해결에 천 년이 걸렸다(그것은 논리와 추론 기법의 성장을 이끌었고, 학생과 탐구해 볼 수 있는 주된 단계이다).

이 수업의 평가에는 학생이 피타고라스 정리와 증명을 이해했는지에 관한 증거가 포함되어야 한다. 또한 그것이 피타고라스에게 중요했음을 이해하고, 추상적 수를 현실 세계에 적용할 때 그것이 얼마나 중요한 단계였는지 이해한 증거가 포함되어야 한다.

심화된 구성

여기서 더 정교하게 만든 구성 모형을 살펴보자. 이 모형에는 더 많은 인지 도구가 적용된다. 또한 이 접근을 처음 시도하는 교사에게 더 많은 도움을 주기 위한 것이다.

두 번째 구성 계획(더 보완된 형식)

간단한 개요:

1. 영웅적 특성 확인하기: 제재에서 핵심적인 영웅적 인간 특성은 무엇인가? 그 특성이 불러일으키는 정서적 이미지는 무엇인가? 그 제재에서 경이감을 가장 잘 불러일으키는 것은 무엇인가?
2. 서사적 구조로 제재 조직하기:
   2.1. 초기 접근: 제재의 어떤 측면이 핵심적으로 확인된 영웅적 특성을 가장 잘 구체화하는가? 이것은 어떤 극단적 경험이나 실재의 한계를 나타내는가? 어떤 이미지가 이 측면을 포착하는가?
   2.2. 단원이나 수업 체계 구조화하기: 영웅적 특성이 가장 잘 나타나도록 어떻게 그 내용을 서사적 구조로 조직할까?
   2.3. 내용을 인간화하기: 서사의 어떤 측면이 인간의 정서를 가장 잘 나타내고 경이감을 불러일으키는가? 그 내용에서 전통이나 관습에 대한 분명한 이상이나 도전은 무엇인가? 제재에서 어떤 유머를 찾을 수 있는가?
   2.4. 세부 사항 탐구하기: 제재에서 학생이 가장 철저하게 탐구할 수 있는 부분은 무엇인가?

3. 마무리: 제재를 만족스럽게 마무리할 수 있는 최선의 방법은 무엇인가? 학생은 어떻게 만족감을 느낄 수 있는가? 어떻게 제재에 대한 경이감을 불러일으킬 수 있는가?

   3.1. **마무리 활동**: 제재를 학생에게 의미 있게 차분히 호소하는 활동은 무엇인가?

   3.1. **초기 형식의 이론적 사고**: 이론적 사고에 수반되는 인지 도구의 사용을 어떻게 조장할 수 있는가?

4. 평가: 그 내용이 학습되고 이해되었는지 어떻게 알 수 있는가? 그리고 학생의 상상력을 활용하고 자극했는지 어떻게 알 수 있는가?

첫 번째 구성 계획의 기본 요소에서처럼, 이 질문에서 제기되는 문제들은 단순 모형보다 더 깊이 있고 많다. 사례를 제시하기에 앞서 각 문제를 상세히 살펴보자.

1. **영웅적 특성 확인하기**: 제재에서 핵심적인 영웅적 인간 특성은 무엇인가? 그 특성이 불러일으키는 정서적 이미지는 무엇인가? 제재에서 경이감을 가장 잘 불러일으키는 것은 무엇인가?

학생이 내용과 정서적으로 연관되도록 하기 위해, 먼저 교사는 그 내용에 대한 자신의 정서적 애착을 확인할 필요가 있다. 그 내용에서 어떤 영웅적 인간 특성이나 정서(용기, 동정, 끈기, 두려움, 혐오, 희망, 기쁨 등)를 발견할 수 있는가? 이 인간적 특성은 교사와 학생에게 인간의 관점에서 세상을 보도록 한다. 그리고 모든 분야의 사건이나 사상에 인간적 의미를 부여한다. 이 접근에서 각 제재를 인간화하는 것은 개별 제재를 왜곡하거나 혼란시키기 위한 것이 아니다. 세상에 인간적 의미를 불어넣기 위해서이다. 또한, 이 첫 번째 과제는 수업이나 교수 계획에서 가장 어려운 부분이기도 하다. 교사에게 그 제재에 대한 생각뿐 아니라 느낌도 요구한다. 실제로, 그 제제에 대한 교사의 "perfink"(지각perceiving, 감정feeling, 그리고 생각thinking을 합친 크레쉬David Kresch의 용어)를 요구한다.

검토할 내용:

• 영웅적 특성 확인하기:

• 주된 영웅적 특성:

• 대안:

• 영웅적 특성을 포착하는 이미지:

---

2. 서사적 구조로 제재 조직하기: 이 과정에는 네 단계가 있다.

    2.1. 초기 접근: 제재의 어떤 측면이 핵심적으로 확인된 영웅적 특성을 가장 잘 구체화하는가? 이것은 어떤 극단적 경험이나 실재의 한계를 나타내는가? 어떤 이미지가 이 측면을 포착하는가?

    한 단원의 첫 수업이나 한 수업의 도입부에서, 교사는 영웅적 특성을 담은 이미지를 상상력을 활용해 탐색할 필요가 있다. 그 영웅적 특성은 단원의 극적 구조를 제공한다. 영웅적 특성을 생각하는 것뿐만 아니라 느끼는 것도 중요하다.

    2.2. 단원이나 수업 체계 구조화하기: 영웅적 특성이 가장 잘 나타나도록 어떻게 그 내용을 서사적 구조로 조직할까?

    이야기를 개관하고, 서사로 그 특성을 분명하게 할 수 있는지 확인하자. 주요한 영웅적 특성은 이야기에서 극적 사건과 갈등으로 제시되어야 한다. 영웅적 특성이 제재의 내용을 가장 효과적으로 전달하는 것임을 기억하자.

검토할 내용:

• 수업이나 단원의 전체적 구조:

2.3. **내용을 인간화하기**: 서사의 어떤 측면이 인간의 정서를 가장 잘 나타내고 경이감을 불러일으키는가? 그 내용에서 전통이나 관습에 대한 분명한 이상이나 도전은 무엇인가? 제재에서 어떤 유머를 찾을 수 있는가?

좋은 영화나 소설이 어떻게 세상의 제 측면에 관여하게 만드는지 생각해 보자. 영웅에 대한 장해물들은 이런저런 형태로 인간화되고, 대부분 계기가 부여된다. 그 방해는 인간적 관점으로 보인다. 이를 위해, 어떤 것을 왜곡할 필요는 없다. 단지 특정한 방식을 부각하면 된다(이것이 바로 학생의 상상력이 지식을 활용하는 방식이기 때문이다).

검토할 내용:

• 희망, 두려움, 의도, 혹은 다른 정서의 관점으로 제시될 내용 :

2.4. **세부 사항 탐구하기**: 제재에서 학생이 가장 철저하게 탐구할 수 있는 부분은 무엇인가?

학생에게 수행 과제를 부여하기는 쉽다. 그러나 제재 중에서 철저히 탐구할 수 있는 어떤 측면을 생각하기는 어렵다. 즉, 제재에서 밝혀진 거의 모든 것을 찾아낼 수 있는 어떤 측면을 생각하기는 어렵다. 그러나 모든 제재에는 그러한 부분이 있다. 그리고 어떤 것에 대해 다

른 사람만큼은 안다는 안도와 숙달의 느낌은 탐구를 위한 큰 자극이
된다. 호기심을 자아내는 것을 생각해 보자. 그것은 상이한 여러 관점
으로 보인다. 또는 그 내용이나 그 내용에 대한 교사의 수업에서 상세
하게 검토되지 않은 것으로 비춰진다. (2.2와 2.3 부분의 메모를 참조
하면 도움이 될 것이다!)

3. 마무리: 제재를 만족스럽게 마무리할 수 있는 최선의 방법은 무엇인
가? 학생은 어떻게 이 만족감을 느낄 수 있는가? 어떻게 제재에 대한 경
이감을 불러일으킬 수 있는가?

    3.1. 마무리 활동: 제재를 학생에게 의미 있게 차분히 호소하는 활동
은 무엇인가?

    영웅적 방식으로 제재를 정리하는 것이 좋다. 거기에는 두 가지
형식이 있다. 첫 번째 형식은 처음의 이미지를 재조사하고 다른 영웅
적 특성의 관점에서 그 내용을 재검토하는 것이다. 거기에는 이전의
선택과 반대되거나 갈등하는 이미지를 제시하는 것도 포함된다. 두
번째 형식은 학생이 형성한 낭만적 결합이 어떻게 다른 제재를 새롭
게 이해하도록 하는지 제시하는 것이다. 물론, 두 가지를 모두 사용할
수 있다. 또한 마무리에서 교사는 경이나 경외를 느끼는 이유를 분명
히 하면서, 제재를 다시 반성하도록 한다.

검토할 내용:

• 마무리 활동:

3.2. 초기 형식의 이론적 사고: 이론적 사고에 수반되는 인지 도구의 사용을 어떻게 조장할 수 있는가?

문식성 도구가 개발되는 동안, 교사는 다음 장에서 논의할 인지 도구들(이론적 문제나 관심에 초점을 맞춘 인지 도구)에 관심을 가진 학생을 볼 수 있다. 이론적 도구의 초보적 징후에는 학생이 이미 사용하는 일반적 개념과 용어("사회," "진화," 인과적 추론, 추상적인 도덕적 고려 등)가 포함된다. 그런 학생이건 그렇지 않은 학생이건 철학적 개념과 이론적 문제를 연습시키기는 어렵지 않다.

> 검토할 내용:
> • 이론적 사고를 조장하는 인지 도구:

4. 평가: 그 내용이 학습되고 이해되었는지 어떻게 알 수 있는가? 그리고 학생의 상상력을 활용하고 자극했는지 어떻게 알 수 있는가?

모든 전통적 평가 형식이 사용될 수 있다. 그러나 교사는 이 제재에서 학생이 얼마나 상상력을 활용했는지도 측정하려고 한다. 그리고 얼마나 그 내용에 대해 성공적으로 상상력을 활용해 참여했는지도 측정하려고 한다. 더불어, 마무리 활동 자체가 평가될 수도 있다. 서사적 상상력 사용과 내용 이해를 검사하기 위해, 학생에게 다른 분야의 이야기에 포함된 영웅적 특성을 확인하도록 한다. 또한 영웅적 특성이 도덕과 윤리적 관점에서 검토될 수도 있다.

> 검토할 내용:
> • 사용 가능한 평가 형식:

사례 3: 횡단선에 의해 잘린 평행선은 크기가 같은 다른 내각을 형성한다.
(8세에서 9세)

여기 수학의 또 다른 사례가 있다. 수학은 인간화된 서사로 계획하기가 가장 어려운 영역인 것 같다. 특정 지역의 교육 과정에서 "횡단선에 의해 잘린 평행선은 크기가 같은 다른 내각을 형성한다"는 정리를 가르칠 것을 요구한다고 해보자. 학생이 상상력을 활용하여 참여하도록 이 제재를 조직할 때, 이 구성은 어떤 도움을 주는가? 이 구성을 사용하여 범주별로 제시할 때 드러나는 것을 살펴보자.

1. **영웅적 특성 확인하기:** 이 제재에서 핵심적인 영웅적 인간 특성은 무엇인가? 그 특성이 불러일으키는 정서적 이미지는 무엇인가? 이 제재에서 경이감을 가장 잘 불러일으키는 것은 무엇인가?

이 기하학 정리에 숨어 있는 영웅적 인간 특성이나 정서는 무엇인가? 즉, 어떻게 크기가 같은 다른 내각에서 무엇인가를 느낄 수 있는가? 분명히 흥분되는 제재는 아니다. 그렇지만 잠시 생각해 보면, 이 제재에서 상상력을 활용하는 삶으로 이끄는 인간적 근원을 설정하는 것은 가능할 것 같다. 여기서 분명한 영웅적 특성 중 하나는 이 정리를 지구의 둘레를 재기 위해 사용한 실천적 독창성이다. 이것은 처음으로 그 일을 매우 정교하게 해낸 인물의 연구에서 가장 잘 나타난다. 바로 알렉산드리아의 도서관 관장이었던, 고대 그리스 키레네 출신의 에라토스테네스이다.

주된 영웅적 특성: 실천적 독창성.

대안: 놀라운 결과를 낳은 간단한 정리의 힘.

영웅적 특성을 포착한 이미지: 세상에서 크기가 같은 다른 내각과 관련해 실천적 독창성이라는 느낌을 불러일으키는 것은 무엇인가? 에라토스테네스를 살펴보자. 그는 알렉산드리아 도서관의 덕망 있는 책임자였다. 그는 도서관 마당의 구멍에 막대 하나를 조심스럽게 세웠다. 막대가 정확히 수직이라는 것을 확인하자 정오의 태양으로 인해 생긴 그림자의 각을 측정했다. 이 단순한 도구를 가지고 그는 지구의 둘레를 계산했다.

2. 서사적 구조로 제재 조직하기: 이 과정에는 네 단계가 있다.

2.1. 초기 접근: 이 제재의 어떤 측면이 핵심적으로 확인된 영웅적 특성을 가장 잘 구체화하는가? 이것은 극단적 경험이나 실재의 한계를 나타내는가? 어떤 이미지가 이 측면을 포착하는가?

기하학 정리에서 영웅적 특성을 포착하는 이미지는 이 단원의 극적 구조를 제공한다. 그 내용이나 내용을 조직하는 방법에 배타적으로 초점을 맞추지는 말자. 그보다는 이 제재와 그 내용에 대한 교사 자신의 이해를 살펴보자. 그리고 거기서 중요한 것을 가장 잘 포착하는 이미지를 상상해 보자. 대개 극단적이거나 이국적인 것이 좋은 출발점이 된다. 이 단원을 조직하는 핵심 특징으로 확인된 영웅적 특성을 포착해야 한다.

영웅적 특성을 가장 잘 구체화하는 이국적이거나 극단적인 내용: 처음 이 제재에 접근할 때, 학생에게 굉장히 박식한 키레네의 에라토스테네스(기원전 약 275-194년)를 소개하는 것이 좋다. 그는 독특한 실천적 경향을 가진 박학다식한 탐구자 중 한 사람이었다. 레오나르도 다빈치와 비슷하다. 그는 천문학, 역사, (『고대 희극에 대하여 On Ancient Comedy』 12권을 포함한) 문학 비평, 철학, 시, 수학에서 중요한 연구를 했다. 또한 그는 윤년이 있는 달력을 고안했다. 그가 지구의 둘레를 계산한 것처럼 정확하지는 않았지만, 지구에서 달과 태양까지의 거리를 계산했다. 전해 오는 이야기에 따르면, 그는 노년에 시력을 잃자 스스로 굶어 죽었다. 이러한 도입에서 실재와 경험의 극단을 파악할 수도 있다. 따라서 지구의 둘레를 계산한 에라토스테네스의 방법에서 시작하여, 그 정리가 실천적 문제에 독창적으로 적용된 정리를 살펴보는 것으로 이 단원의 체계를 구성한다.

2.2. 수업이나 단원의 체계 구성하기: 영웅적 특성이 가장 잘 나타나도록 어떻게 그 내용을 서사적 구조로 조직할까?

여기서 기본적인 서사적 구조는 에라토스테네스가 검토 중인 정리를 사용하여 지구의 둘레를 계산하는 것으로 짠다.

이 수업이나 단원의 전체적 구조: 에라토스테네스는 알렉산드리아에서 수직 막대를 사용하여 지구 둘레를 계산하기 위해 이 정리를 어떻게 사용하였을까? 알렉산드리아에서 남쪽으로 500마일 지점, 소위 북회귀선에 시에네라는 마을이 있었다. 오늘날 아스완이 자리한 곳이다. (이 계산은 킬로미터보다 마일로 하는 것이 더 적절하다.) 에라토스테네스는 여름철 하지 정오에 시에네에 수직으로 세운 막대에는 그림자가 생기지 않는다는 것을 알았다. 또한 그는 태양은 지구에서 매우 멀리 떨어져 있어서, 지구상의 멀리 떨어진 지점에서도 태양 광선은 평행한 것으로 간주될 수 있다는 것을 알았다. 물론 이미지로 알았다. 약 기원전 200년에 에라토스테네스는 알렉산드리아에서 막대를 수직으로 세웠다. 그리고 여름철 하지 정오에 그 막대로 인해 생긴 그림자의 각을 재었다. 그 측정값을 가지고, 해당되는 정리를 사용하여 아주 정확하게 지구의 둘레를 계산했다. 어떻게 했을까?

다음 그림을 살펴보자.

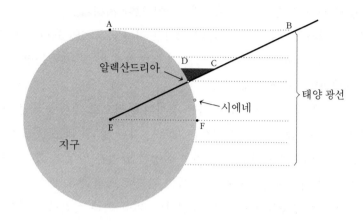

그 정리로부터, 에라토스테네스(분명히 학생들은 이 이름에 익숙하기 때문에 정확하게 발음할 수 있을 것이다)는 이 도형에서 ∠ABE와 ∠BEF는 크기가 같은 다른 내각이라는 것을 알았다. 즉, ∠ABE의 크기는 ∠BEF의 크기와 같다. 알렉산드리아에서 막대를 똑바로 세운다면, 그것은 선분 EB를 따라 세운 것이다. 그 막대의 꼭지점은 ∠ECD를 이룬다. 그것은 또한 ∠ABE와 ∠BEF와 합동이다. 정오에 에라토스테네스가 주의 깊게 측정한 그림자의 각은(∠ECD) 7° 12′이었다. 이것은 ∠BEF도 7° 12′이라는 것을 의미한다. 이 크기는 전체 원의 각 360도의 약 1/50이다. 따라서 알렉산드리아에서 시에네까지의 거리는 지구 둘레의 1/50이었다. 50곱하기 500은 25,000이므로 지구의 둘레는 약 25,000마일이어야 한다(그것이 지구 둘레의 길이이다).

2.3. 내용을 인간화하기: 그 서사의 어떤 측면이 인간의 정서를 가장 잘 나타내고 경이감을 불러일으키는가? 그 내용에서 전통이나 관습에 대한 분명한 이상이나 도전은 무엇인가?

이 구성은 좋은 영화나 소설이 세상의 여러 측면에 관여하는 방식을 생각하게 한다. 에라토스테네스에 관한 서사가 어떻게 영화화될지 상상하는 것은 어렵지 않다(그것은 아마도 극적인 표현이 될 것 같다). 혹은, 어떤 식이든 흥미로운 기록 영화가 될 것이다. 분명히 총 싸움 영화일 가능성은 없다.

희망, 두려움, 의도, 혹은 다른 정서의 관점으로 제시할 내용: 에라토스테네스의 혁명적인 생각은 모르는 것을 알 수 없는 것으로 받아들이는 관습에 저항한다. 그리고 설정된 규범과 일상의 경계를 넘어선 것에 직면해서 두려움을 느끼는 관습에 저항한다. 관습적인 마음으로는 불가능한 것을 그는 성취한다. 이를 위해 실천적 독창성의 결연한 사용이라는 이상을 제시한다. 그의 독창성은 세상을 알고자 하는 열정과 결합된다. 그는 이 시대의 학생에게 상상력을 이끄는 이상을 표현한다. 학생들은 우리가 현재 잠시 지구에 있음을 인식하기 시작한다. 그래서 들은 그대로 수용할 수도 있다. 반면 특별한 세상과 그 세상을 경험하는 특이한 정신적 경험의 본질을 찾는 위대한 모험에 정신을 사용할 수도 있다. 에라토스테네스는 영웅적이다. 실천적 독창성이 아니었다면 미지의 것으로 간주되었을 것이 어떻게 드러날 수 있는지 그는 보여 주었다.

2.4. 세부 사항 탐구하기: 이 제재에서 학생이 가장 철저하게 탐구할 수 있는 부분은 무엇인가?

이 제재에서 학생이 철저히 탐구할 수 있는 측면: 이 경우에, 학생은 에라토스테네스의 발견을 재현하는 활동에 참여할 수 있다. 거리를 알고 있는 남쪽 학교와 인터넷으로 연결하기만 하면 된다. 그리고 햇빛이 비치는 날 정확히 수직으로 세울 수 있는 막대만 있으면 된다. 그리고 드리워진 그림자의 각을 잴 수 있는 도구만 있으면 된다. 북회귀선 위에 혹은 그 안에 있는 도시와 함께 연구하면 더 쉽다. 그러나 이 방법도 서로 떨어져 있지만 경도가 똑같은 두 도시 사이에서 이루어져야 한다. 예들 들어, 토론토와 마이애미, 또는 캘거리와 피닉스, 또는 멜버른과 쿡타운이다. 이 도시의 교사들이 특정한 날 정오에 태양에 의해 드리워진 각을 측정한다. 그리고 숫자를 비교하고, 조금 수정하면, 지구 둘레를 계산한 에라토스테네스의 방법을 사용할 수 있다.

소집단의 학생들이 알렉산드리아에 있는 큰 도서관이나 혹은 에라토스테네스라는 인물에 대해 알려진 모든 것을 탐구할 수도 있다. 학생들은 짧은 시간 동안의 집중적인 탐구로 이 낯선 주제에 대한 인간의 지식 전체를 발견할 수 있다. 또한 그 당시 다른 수학자의 삶과 업적도 탐구할 수 있다. 혹은 에라토스테네스의 지구의 둘레 측정과 이보다 훨씬 부정확한 프톨레마이오스의 기록을 비교할 수 있다. (프톨레마이오스의 기록이 더 광범위하게 믿어졌다. 그래서 콜럼버스는 카리브 해에 상륙했을 때 아시아에 도착했다고 생각했다.)

어떤 학생은 좋아하는 유명 운동선수의 야구나 하키 카드를 모델로, 고대 수학자 카드 모음을 만들 것이다. 앞면에 넣을 이미지와 뒷면에 넣을 업적과 "기록"을 찾아, 컴퓨터로 재미있게 만들 수 있다.

3. 마무리: 이 제재를 만족스럽게 마무리할 수 있는 최선의 방법은 무엇인가? 학생은 어떻게 만족감을 느낄 수 있는가?

3.1. 마무리 활동: 이 제재를 학생에게 의미 있게 차분히 호소하는 활동은 무엇인가?

마무리 활동: 어떻게 에라토스테네스가 영리한 점성술사처럼 현명함을 보여 주었는지를 전하는 것이 핵심이다. 그는 관습적인 방식으로 거리를 재면서 세상을 여행할 필요가 없었다. 그 당시 사람들은

지구가 둥글다는 것조차 생각하지 못했다. 그때 기하학의 창의적 기법(오늘날에는 너무도 당연하게 수용되는 마술의 일종)을 사용하여, 몇 마일 오차 내에서 지구 둘레를 계산할 수 있었다. 통상적인 조합이나 당연히 학습해야 하는 기법으로 그것을 제시하기보다는 기하학의 경외, 경이, 낭만을 부각시키는 활동이 좋다. 달과 태양까지의 거리 계산에서 에라토스테네스의 독창성과 연관 짓는다. 이미 알려진 기하학 정리의 불충분한 토대를 확장한다. 이를 통해 기하학이 얼마나 훌륭하고 놀라운 것인지 빠져들게 할 수 있다. 그래서 기하학, 그리고 수학 일반은 단지 끊임없는 연산 체계와 정리만이 아니라 낭만적인 모험으로 보일 수 있다. 그 정리를 자세히 살펴보고, 어떻게 그 간단한 마술이 그처럼 놀라운 지식을 낳는지 살펴보면, 기하학의 경이로움을 전할 수 있다.

3.2. 초기 형식의 이론적 사고: 이론적 사고에 수반되는 인지 도구의 사용을 어떻게 조장할 수 있는가?

이론적 사고를 조장하는 인지 도구: 교사는 에라토스테네스의 삶과 다른 그리스 기하학자의 삶에 대해 알려진 바를 정리한다. 그리고 왜 그리스에서 산술은 거의 발전하지 않았는데, 기하학은 그렇게 폭발적으로 발달했는지 물어 본다. 그것은 땅을 정확하게 측정하려는 이집트인의 요구와 어떻게 관련되는가? 그리고 왜 이집트인들은 이러한 기술을 개발할 필요가 있었는가? 그들의 사원 건립에서 기하학은 어떻게 사용되었는가? 이러한 질문과 교사가 이용할 수 있는 모든 내용은 이론적 사고의 유익한 자극이 된다.

4. **평가:** 이 내용이 학습되고 이해되었는지 어떻게 알 수 있는가? 그리고 학생의 상상력을 활용하고 자극했는지 어떻게 알 수 있는가?

사용 가능한 평가 형식: 전통적인 평가 형식에서, 학생이 기하학 원리를 이해하고 새로운 사례에 적용할 수 있는지 드러난다. 나아가, 학생이 에라토스테네스가 예시한 실천적 독창성이라는 특성과 어느 정도 연관되었는지의 증거를 살펴볼 수 있다. 각 개인의 행동은 상이한 형식을 취하기 때문에 그러한 특성을 정확히 측정하는 데 난점이 있다. 그러나 관찰력 있는 교사라면 학생이 상상력을 활용하여 엇각의 크기가 같다는 것을 발견하였는지, 그 발견이 어느 정도인지 측정할 수 있는 실천적 독창성을 발휘할 수 있다. 가장 단순한 수준에서는 학생의 열의가 지표를 제공한다. 그리고 아르키메데스, 니코메데스 Nicomedes 등(고대 수학자 카드의 분류를 위한 주제)과 같이 에라토스테네스 시대의 수학자와 기하학자에 대한 학습에서 학생의 관심이 지표를 제공한다. 이 제재에 대한 독서와 연구에 교사의 요구 이상이 포함된 것도 상상력을 활용한 참여의 지표가 된다.

사례 4: 변온 동물의 한살이(8세에서 10세)

변온 동물의 영웅적 특성이라? 이 단원의 주제로 뱀장어를 선택해 보자. 그리고 상상력을 활용하는 교수 학습을 위한 제재를 형성하는 데 유익한 구성 방법을 살펴보자.

1. **영웅적 특성 확인하기**: 이 제재에서 핵심적인 영웅적 인간 특성은 무엇인가? 그 특성이 불러일으키는 정서적 이미지는 무엇인가? 이 제재에서 경이감을 가장 잘 불러일으키는 것은 무엇인가?

뱀장어라는 제재에서 어떤 영웅적 인간 특성이나 정서(용기, 동정, 끈기, 희망, 혐오, 기쁨 등)를 발견할 수 있는가? 이 특성은 교사에게(그리고 학생에게) 세상을 인간적으로 보게 한다. 그리고 모든 교과의 사건, 사실, 개념에 인간적 의미를 부여한다.

주요한 영웅적 특성: 뱀장어의 한살이를 밝힌 과학자의 현명한 고집.

대안: 뱀장어의 놀라운 여행.

영웅적 특성을 포착하는 이미지: 덴마크의 과학자 슈미트 Johannes Schmidt는 아이슬란드에서 카나리아 제도까지, 북아프리카에서 남아메리카까지 여러 배를 타고 대서양을 종횡했다. 그는 끊임없이 뱀장어를 잡아 올려서 조사했다. 이것은 뱀장어의 한살이라는 신비를 풀기 위한 불굴의 시도였다. 그의 조사는 1904년에 시작되어 20년간 계속되었다. 그의 항해는 1차 세계대전 동안 부득이하게 일시 중단되었다. 그의 놀라운 항해, 뱀장어에 관한 지식 추구라는 단 하나의 목적은 신드바드[아라비안 나이트에 등장하는 상인]나 이아손Jason[그리스 신화에서 아르고호를 지휘한 영웅] 같은 전설상의 인물들, 그리고 드레이크

Drake, 마젤란Magellan, 쿡Cook과 같은 사람들에 필적한다. 대서양에서 악천후의 위험을 무릅쓰고 이 모든 세월 동안 그는 무엇을 했단 말인가? 그는 더 어린 뱀장어, 새끼 뱀장어, 유생을 찾았고, 뱀장어의 번식지를 찾기 위해서 한살이를 추적했다.

2. 서사적 구조로 제재 조직하기: 이 과정에는 네 단계가 있다.

2.1. 초기 접근: 이 제재의 어떤 측면이 핵심적으로 확인된 영웅적 특성을 가장 잘 구체화하는가? 이것은 어떤 극단적 경험이나 실재의 한계를 나타내는가?

뱀장어의 번식 활동이라는 신비는 좋은 출발점이 된다. 고대 세계에서부터 이미 모든 종류의 생명체에 관한 많은 지식이 축적되었다. 그러나 뱀장어는 기괴한 신비를 보여 주었다. 뱀장어는 매우 흔했다. 그러나 누구도 새끼 뱀장어나 새끼를 가진 뱀장어를 발견하지 못했다. 이집트인, 그리스인, 로마인들은 뱀장어를 진미로 여겨서 잡는데는 전문가가 되었다. 하지만, 뱀장어의 한살이에 대해서는 실제로 아무것도 발견하지 못했다. 아리스토텔레스는 뱀장어가 무성이며, 그 새끼는 강바닥의 진흙에서 자생적으로 생겨난다고 했다. 플리니우스는 뱀장어가 번식하려고 하면 스스로 바위에 몸을 비비고, 거기서 떨어진 피부에서 새끼가 생긴다고 했다. 또 다른 설명으로는 뱀장어가 강의 부패물에서 생긴다는 설도 있었고, 다른 물고기의 아가미에서 생긴다는 설도 있었고, 물에 떨어진 말의 털에서 생긴다는 설도 있었다. 혹은 재미있게도, 뱀장어는 분노한 성 던스턴St. Dunstan이 죄지은 수도사를 영원히 회개하도록 하기 위해 그렇게 변하게 한 것이라는 설명도 있었다(그래서 영국의 대성당이 있는 마을의 이름을 일리Ely(뱀장어 같은 곳)라고 붙였다).

2.2. 단원이나 수업 체계 구조화하기: 영웅적 특성이 가장 잘 나타나도록 어떻게 그 내용을 서사적 구조로 조직할까?

수업이나 단원의 전체 구조: 2,500년 동안의 신비는 20세기가 되어서야 해결되었다. 그것은 영웅적이고 끈기 있는 요하네스 슈미트의 현명함을 통해서 이루어졌다. 19세기 말, 뱀장어와는 전혀 다른 작고, 투명하고, 나뭇잎 같은 물고기가 서부 지중해에서 잡혔다. 이전에 조금 유사한 표본이 나타났을 때 그것은 새로운 종으로 지정되었다. 이 특별한 표본을 수조에서 사육하였다. 일련의 놀라운 변화를 거쳐서 새끼 뱀장어가 되고, 이어서 성숙한 뱀장어가 되었다(그 유생을 렙토세팔리leptocephali라고 불렀다. 이것은 학생이 배워야 할 또 다른 용어이다). 그러나 뱀장어는 매우 흔한데, 왜 그 유생의 표본은 그렇게 희귀한가? 새로운 발견들은 단지 더 많은 의문을 남겼을 뿐이다. 그러나 이것은 뱀장어의 한살이를 해명하는 역사적 관점을 열었다. 뱀장어의 초기 생태를 추적할 때 드러난 슈미트의 현명함과 끈기는 영웅적이다. 그 당시 대부분의 사람들의 관심을 사로잡았던 사회적, 정치적 배경과 슈미트의 항해 및 발견을 대비시키는 것은 유익하다. 당시 제1차 세계대전이라는 끔찍한 파괴 과정을 거치면서, 정치가와 군인이 중심 무대를 채우고 있었다. 이때 슈미트가 뱀장어의 한살이에 관한 단편들을 맞추어 간 것은 지식의 축적에 작은 기여를 했다. 역사책을 채운 대격변의 파괴와 비교하면, 느리고 끈기 있는 탐구는 대조적인 요소이다. 이것은 상이한 활동의 가치에 대해 잠시 숙고하도록 한다. 그래서 어떤 경이를 자극한다.

서사는 지중해에서 슈미트의 초기 탐험을 따를 것이다. 그는 더 어린 유생을 발견했다. 평균적으로 동쪽에서 잡힐수록 크기가 컸다. 그래서 그는 대서양으로 항해했다. 해류를 타고 떠다니는 아주 작은 유생을 찾았다. 슈미트는 표본을 수집하기 위해 20명 이상의 선주를 설득했다. 그리고 각 유생이 발견된 곳을 정리했다. 작은 유생이 가장 밀집한 지역으로 항해하기 시작했다. 뱀장어의 번식지는 북위 20-30도, 서경 50-65도에 위치해 있었다. 그 번식지는 사르가소 해의 떠다니는 낯선 해초들 사이에 있었다.

2.3. **내용을 인간화하기: 그 서사의 어떤 측면이 인간의 정서를 가장 잘 나타내고 경이감을 불러일으키는가? 그 내용에서 전통이나 관습에 대한 분명한 이상이나 도전은 무엇인가?**

희망, 두려움, 의도, 혹은 다른 정서의 관점에서 제시할 내용: 슈미트의 항해와 발견에 관한 세부 사항에서 낭만적 감정이 포착될 수 있다. 작은 유생을 찾아 끝없이 대서양을 항해한 것에서 헌신, 독창성, 끈기가 포착될 수 있다. 경이감은 점차적으로 드러나는 이상한 한살이에 의해 자극될 수 있다. 즉, 몇 달 혹은 몇 년 동안 삼사천 마일에 걸쳐 조류를 타고 떠다니는 유생, 유생에서 새끼 뱀장어가 되기까지의 기이한 변화, 유럽과 아메리카의 동일한 강에서의 발견(수천 년 동안 알려진), 중성에서 조기 자성화precocious feminization와 양성화를 거쳐 암컷이나 수컷이 되는 뱀장어의 특이한 성별 변화, 태어난 민물의 강에서 약 10년 후 바다로 돌아가는 정확한 이동 등이다. 뱀장어의 한살이에서 이 놀라운 복잡성의 목적을 고려하기만 해도 경외는 자극된다. 왜 그럴까? 아마 뱀장어의 한살이와 이동에 대해 수업 중인 학생의 삶과 여정을 비교하면 될 것이다. 그리고 학생이 부모나 형제와 함께 한 선형석인 여행의 이유를 비교하면 된다. 또 다른 이유는?

2.4. **세부 사항 수행하기: 이 제재에서 학생이 철저하게 탐구할 수 있는 부분은 무엇인가?**

이 제재에서 학생이 철저히 탐구할 수 있는 측면: 이 제재에는 아주 철저히 탐구되어야 할 풍부한 세부 사항이 있다(유생에서 어린 뱀장어에 이르는 변화표 만들기, 삶의 여러 단계에서 뱀장어의 먹이, 슈미트의 항해, 실과 같은 형태부터 접시와 같은 형태에 이르는 다양한 유생의 형태, 유생이 자라 성숙해졌을 때의 형태, 뱀장어의 종류, 사르가소 해 등). 열심히 "야구" 카드를 만드는 학생이, 가장 유명한 뱀장어 카드를 만들 기회가 여기 있다("그것을 전부 모아 보자").

3. 마무리: 이 제재를 만족스럽게 마무리할 수 있는 최선의 방법은 무엇인가? 학생은 어떻게 이 만족감을 느낄 수 있는가? 이 제재에서 어떻게 경이감을 불러일으킬 수 있는가?

3.1. 마무리 활동. 이 제재를 학생에게 의미 있게 차분히 호소하는 활동은 무엇인가?

마무리 활동: 교사는 마무리에서 다른 서사를 제공할 수 있다. 여기서는 뱀장어의 한살이에 관한 순차적 개요가 모두 제시된다. 즉, 뱀장어의 한살이는 사르가소 해에서 미국과 유럽의 강으로 갔다가 다시 돌아오는 것이다. 이 이야기에서 아직까지 밝혀지지 않았거나 이해하지 못한 뱀장어 한살이의 측면이 부각된다. 예를 들면, 아직도 암컷과 수컷 뱀장어가 사르가소 해에서 어떻게 생식하는지 분명한 이미지가 부족하다. 사르가소 해로 돌아가는 긴 이동을 시작한 유럽의 뱀장어들이 얼마나 그곳에 도착하는지 알지 못한다. 뱀장어의 이동을 촉발하고 안내하는 기제를 알지 못한다. 교사는 이것을 색다른 이동 형태를 가진 다른 생물들(연어, 조류, 나비 등)과 연관시킬 수 있다.

3.2. 초기 형식의 이론적 사고: 이론적 사고에 수반되는 인지 도구의 사용을 어떻게 조장할 수 있는가?

이론적 사고를 조장하는 다른 인지 도구: 지구의 생명체들과 그들 간의 특이한 상호 작용 관계의 복잡성을 생각해 보도록 하자. 뱀장어가 먹은 것은 무엇이며, 뱀장어를 먹는 것은 무엇인가? 잡아먹히지 않고 잡아먹는 것은(적어도 지구상의 대부분의 생명체는 바로 이것을 위해 활동한다) 행운이다. 이상한 이동 유형에 대한 주요 이론은 무엇인가?

4. 평가: 이 내용이 학습되고 이해되었는지 어떻게 알 수 있는가? 그리고 학생의 상상력을 활용하고 자극했는지 어떻게 알 수 있는가?

사용 가능한 평가 형식: 이 단원에서 다양한 평가 방식을 사용하여 학생이 뱀장어와 그 한살이에 대해서 자세히 배웠는지 확인할 수 있다. 또한 뱀장어의 삶에서 신비로 남아 있는 특징을 알고 있는지도 확인할 수 있다. 전통적인 평가 형식으로 학생의 지식을 드러낼 수 있다(시험, 쓰기 활동, 과제 등)

뱀장어로 학생의 상상력을 활용하는 것이 목적이기 때문에, 이 점에서 성공했는지 평가하는 것도 중요하다. 물론 상상력의 활용 정도를 정확히 읽을 수 있는, 잘 시도되고 검토된 평가 절차는 없다. 그리고 아마 없을지도 모른다. 그러나 교사는 어떤 것을 읽을 수 있는 설득력 있는 방법을 시험할 수 있다(아마 단순한 관찰에서 시작하기). 학생이 어떤 제재에 상상력을 활용해 참여했는지는 대개 분명하다. 즉, 학생의 열정 정도, 일반적으로 열정이 학생의 지적 활동을 충만하게 하는 방식, 요구 받은 것 이상의 측면에 대한 탐구, 학생의 질문과 부가적 정보원을 통한 탐구, 그것에 대해서 언급하고자 하는 욕구. 이 모든 것은 상상력의 활용 정도를 나타낸다. 학생의 쓰기 활동, 혹은 교사나 전체 수업에서 학습한 것을 제시하는 활동들은 상상력을 활용한 참여의 증거를 나타낸다. 즉, 요구받은 것 이상을 하기, 특히 학생의 특유한 관심에서 그렇게 한 경우, 다른 형태나 종의 뱀장어 그리기에 큰 관심 갖기, 이전에 사용하지 않았던 다양한 정보원에서 조사한 지식의 증거, 뱀장어 한살이의 특성에 사로잡힌 관심을 나타내는 증거 등이다. 이것들은 상상력 활용 정도의 지표를 제공한다. 물론 학생 활동의 이러한 특징은 높은 점수에 대한 욕구 혹은 강제와 같은 다른 요소에서 기인할 수도 있다. 그러나 교사가 다른 요인을 말할 수 없다면 대개 주의 깊게 관찰하지 않은 것이다. 이 점은 아이즈너Eisner가 정교화하고 발달시킨 평가의 "감식안connoisseurship" 모형을 잠시 떠올리게 한다(1985).

사례 5: 나무(12세에서 15세)

환경 문제에 대한 관심이 점점 커지고 있기 때문에, 이것("나무")은 학생에게 호소력 있는 제재이다. 이 사례는 해당 연령대에서 가장 고학년 학생을 염두에 둔 것이다. 그리고 이 서사적 구조에는 몇 가지 일반 개념이 포함된다. 그 개념들은 다음 장의 핵심적 이해를 이끌도록 고안되었다.

1. **영웅적 특성 확인하기:** 이 제재에서 핵심적인 영웅적 인간 특성은 무엇인가? 그 특성이 불러일으키는 정서적 이미지는 무엇인가? 이 제재에서 경이감을 가장 잘 불러일으키는 것은 무엇인가?

어떻게 나무에서 영웅적 인간 특성을 확인할 수 있는가? 나무는 주요한 건축 재료나 연료(석탄은 석탄기에 울창한 나무들이 썩어서 만들어졌다는 것을 기억하자)를 제공한다. 그리고 나무는 종이를 만드는 펄프를 생산한다. 나무는 식용 과일이나 열매를 생산한다. 나무는 생명에 필요한 산소를 발산하고, 우리가 내뿜은 이산화탄소를 흡수한다. 나무뿌리는 수분을 보존하고 토양의 침식을 막는다. 그리고 나무는 동물과 곤충을 위한 광범위한 서식지를 제공한다. 그러므로 나무는 인간의 삶에, 세계의 구조에, 문화의 구성에 매우 중요하다. 그래서 나무는 항상 유용하고 충실하게 지원한다는 특성이 선택될 수 있다. 즉, 교사는 인간과 인간 환경에 끊임없이 충실한 도움을 제공한다는 관점에서 나무를 제시할 수 있다. (물론 이것은 의인화이다. 주지하는 바와 같이, 나무는 그런 식으로 느낄 수 있는 정서 기관이 없다. 그럼에도, 이 나이의 학생에게는 그런 감정을 귀속시키는 능력이 있다. 그래서 의인화할 때 이 수업을 더 효과적으로 수용한다.) 이 선택에서 도출되는 주제 중 하나는 충실한 지원에 대한 인간의 반응이 다.

이 주제에 대한 전반적인 소개에는 극단적 행위의 표현이 담겨 있다(욕구를 충족시켜 주는 대상을 파괴하기까지 하는 탐욕). 그것은 황금 알을 낳는 거위를 죽인 이야기와 같은 도덕을 표현한다.

주된 영웅적 특성: 충실한 지원자.

대안: 놀라운 다양성.

영웅적 특성을 포착하는 이미지: 주위에 있는 매우 다양한 종류와 크기와 모양의 나무들을 생각해 보자. 그리고 사람들이, 특히 시인들이 인간의 기분을 표현하기 위해서 나무를 어떻게 사용했는지(여름 저녁 큰 나무의 조용한 평화, 바람에 휘몰린 나무의 격렬한 분노 등)를 생각해 보자. 그리고 훌륭한 건축 재료와 열매, 인간 문화의 수많은 구성물을 얼마나 제공하는지 생각해 보자. 그러면 나무는 인간 삶과 역사의 모든 측면과 연관됨을 발견하게 된다. 이것은 중세에 상당히 공유된 이미지이다. 그 일부를 담고 있는 이미지를 다른 시대, 다른 세계에서도 볼 수 있다. 시대와 세계는 거대한 나무에서 뻗어 나온 가지이다. 밀접하게 관련된 문화들은 시대라는 줄기에서 뻗어 나온 개별 가지들이라고 할 수 있다. 최근의 문화에서는 태양을 즐길 때 필요한 차양이라는 이미지가 부각되고 있다. 모든 문화에서 나무가 사용되는 것을 볼 수 있다(건축, 조각, 가정용품 제작, 땔감(이것은 분명히 위험하다)으로). 그리고 큰 나무에 다소 피해를 입히기도 한다. 그럼에도 모든 문화에서 삶은 (친절하든 잔인하든) 나무에 의존한다. 교사로서 우리는 나무가 얼마나 유용한지 학생에게 그 이미지를 정교하게 만들도록 할 수 있다.

2. 서사적 구조로 제재 조직하기: 이 과정에는 네 단계가 있다.

2.1. 초기 접근. 이 제재의 어떤 측면이 핵심적인 것으로 확인된 영웅적 특성을 가장 잘 구체화하는가? 이것은 어떤 극단적 경험이나 실재의 한계를 나타내는가? 어떤 이미지가 이 측면을 포착하는가?

영웅적 특성을 잘 구체화하는 내용: 먼저 이 재제에 처음 접근하기 위해서, 학생의 일상적 경험과 구분되는 내용을 소개한다. 서사적으로 의도된 초월적 특성을 포착하는 내용이 유익하다. 처음에 다소 이상하게 생각될 수 있는 인간 문명을 학생에게 살펴보도록 하는 것도 한 방법이다. 즉, 나무의 충실한 지원을 착취한 문명의 성장을 살펴본다. 그리고 과도한 착취로 나무가 제공하는 것을 소멸시켜 쇠락하기 시작한 문명을 살펴본다.

2.2. 단원이나 수업 체계 구조화하기: 영웅적 특성이 가장 잘 나타나도록 어떻게 그 내용을 서사적 구조로 조직할까?

이 수업과 단원의 전체적 구조: 교사는 서구 역사에서 잘 알려진 서사적 개요를 선택할 수 있다. 그리고 그것을 상당히 다른 관점에서 개작하거나, 새로운 관점에서 채택한다. 메소포타미아의 수메르 왕국은 큰 삼나무를 어떻게 착취했는지 배울 수 있는 훌륭한 자료를 제공한다. 약 1000년 후에, 수메르 문명은 과도한 벌목으로 비참한 종말을 맞게 된다. 소금이 벌거숭이 언덕을 침식시켰고, 풍요로운 농지 계곡을 파괴시켰다.

유사한 맥락에서, 모든 고대 문명의 영락이 나무에 대한 접근이라는 관점에서 추적될 수 있다. 아테네는 아티카 숲에서 생산된 선박으로 힘을 얻어 부상했다. 그러나 의존했던 목재 자원이 펠로폰네소스 전쟁 동안 스파르타 인에 의해 파괴되어 쇠락했다. 로마 제국은 더 이상 북동 지역에서 지원을 받을 수 없어 붕괴했다. 그들은 스페인의 은 광산에 크게 의지했다. 그 은이 고갈되지는 않았지만, 더 이상 제련할 수 없었다. 로마인의 용광로는 5억 그루의 나무를 소비했고, 비옥한 숲 7천 평방 마일을 황폐화시켰다. 튜더 왕조의 경제적 발달, 그리고 영국의 해양 제국의 토대는 영국에서 건조된 배에 무역 독점권을 준 세실Robert Cecil에 의해 이루어졌다. 이것은 선박을 건조하는 데 쓰인 오크 나무 숲을 급속히 고갈시켰다. 또한, 유리 제조와 철 제련과 같은 관련 활동도 촉발했다. 이후 두 세기 동안, 섬나라 영국의 숲은 거의 벌거벗게 되었다. (17세기 중반) 청교도 혁명 전후 30년 동안에, 100만 헥타르의 딘 숲의 나무들은 수백 그루로 줄어들었다. 영국은 이전 제국들의 운명을 급속히 따르지는 않았다. 그 이유는 석탄을 사용한 요리 과정의 개발과 증기 기관의 부상 때문이었다. 마찬가지로, 독립 직후 미국에는 프랑스인 방문자가 "우주와 같은 숲"이라고 표현할 정도의 삼림 지대가 있었다. 미국은 그 삼림 지대를 농부, 급성장한 산업, 증기선과 철도에 필요한 연료로 보았다. 역시 석탄이 한동안 미국 경제와 정치적 힘을 지켰다.

그래서 일반적으로 고대와 근대 초기 세계 문명의 성쇠는 목재의 착취와 고갈이라는 관점에서 언급될 수 있다. 그리고 오늘날 많은 제3세계 국가의 경제 성장도 여전히 숲을 소비하는 연료 공급에 의존하고 있다. 아마존에서 벌어지고 있는 일이 캐나다 남서부의 주(브리티시 컬럼비아)에서도 벌어지고 있다. 그것은 이 시대 어디서나 벌어지고 있다. 나무는 문명의 성장을 충실히 지원했다. 그 충실한 지원을 남용한 사람들은 결과적으로 파멸했다. 아마도 우리는 지구적 규모에서 이와 같은 과정을 보고 있는지도 모른다. 그러한 맥락에서 부유한 나라가 자신의 사례를 추종하는 제3세계 국가를 가르치려는 노력은 어쩌면 부질없는 짓이다. 부유한 나라는 숲의 착취와 파괴로 힘을 얻었기 때문이다.

나무에 관한 지식을 분명하게 잘 수립하는 서사적 구조는 무엇인가? 교사는 도입 주제를 제시하고 역사적 개요를 따를 수 있다. 이때 상이한 문명에서 사용된 상이한 나무와 그것의 다양한 용도를 살펴본다. 이것은 다양한 나무의 특징, 나무의 전형적인 환경 조건, 그 목재의 특징, 목재의 다양한 용도(건축에서 연료, 장난감, 예술에 이르는)에 초점을 맞춘 수업이다. 즉, 실행 가능한 서사적 구조로 극적이고 판에 박히지 않은 나무 중심의 역사적 관점을 사용할 수 있다. 그러나 이것을 적절히 하기 위해서, 교사는 쉽게 얻을 수 있는 것 이상의 정보가 필요하다.

만약 내가 나무에 관한 제한된 지식을 가지고 이 단원을 설계해야 했다면, 다른 서사적 구조를 선호했을 것이다. 즉, 나무에 대한 좀 더 일반적인 지식과 충실한 지원에 초점을 맞추었을 것이다. 주요 특성으로 충실한 지원이 선택되었다면, 먼저 서사화할 필요가 있다. 가장 단순하게는 나무가 충실한 지원을 제공하는 방식을 생각할 수 있다. 그러나 그 영역에 일관되고 의미 있는 감동을 주는 서사의 원리가 필요하다. 만약 영감이 떠오르지 않는다면, 크기 같은 것이 가능하다. 가장 작은 나무가 점차 큰 나무로 자라서 사용되면, 모두에게 충실하게 지원해 준다. 혹은 가장 단단한 나무에서 가장 무른 나무로 전개할 수도 있고, 혹은 나무의 과학적 분류를 따를 수도 있다.

한편, 서사적 구조는 중요한 정서적 요소를 갖는 것이 좋다. 성장과 번식을 돕는 조건과 그것을 위협하는 조건 사이의 투쟁으로 나무를 볼 수도 있다. 나무를 충실하게 도운 사람이 이 시나리오에서는 분명히 중요한 역할을 한다. 대안적으로, 인간에 대한 나무의 충실한 지원의 정도로 서사가 구성될 수도 있다. 교사는 매슬로우Maslow의 "욕구의 위계"(1970)와 같은 도식을 채택하여 나무가 어떻게 구체적 욕구에 기여하는지 제시할 수 있다(생명 유지를 위한 산소에서부터 장난감이나, 자아실현 활동을 위한 장비까지). 교사는 도입부에서 역사적 주제를 선택할 수 있다. 그리고 최초의 음식과 건설 재료에서부터 가장 현대에까지 인간의 삶에 대한 나무의 기여를 살펴본다. 서사의 선택은 나무의 생물학, 다양성, 환경적 역할 등 학생의 학습에 요구되는 것으로 결정된다.

그러나 서사적 구조가 나무뿌리에서 출발하여, 줄기를 거쳐 가지와 잎에 이르는 작용 과정과 같은 경직된 것이라고 해보자. 그렇더라도 그 구성의 나머지 문제에 대한 반응에 의해 정서적 요소가 투사될 수 있다. 그렇다. 교사는 각각을 차례로 집중할 수 있다. 다양한 나무의 다양한 형태를 고려하고, 각 부분들의 충실한 지원과 관련하여 단원을 구성한다. 이하의 사례 단원에서 이 단순한 서사적 구조를 채택할 것이다.

그래서 학생은 나무를 스스로 번식하려는 생명체로 본다. 뿌리는 나무를 그 자리에 서 있도록 하고 필요한 영양분을 얻는다. 줄기는 생식 부분을 내밀어, 수분시키기 위해 그것을 드러내고, 광합성하기 위해 빛에 잎을 드러낸다. 또한 그 줄기는 물과 다른 영양분을 위로 이동시키고, 저장과 성장 조직의 사용을 위해서 뿌리로 영양분을 내려보낸다.

2.3. 내용을 인간화하기: 그 서사의 어떤 측면이 인간의 정서를 가장 잘 나타내고 경이감을 불러일으키는가? 그 내용에서 전통이나 관습에 대한 분명한 이상이나 도전은 무엇인가?

희망, 두려움, 의도, 혹은 다른 정서의 관점으로 제시될 내용: 이 내용이 인간의 희망, 두려움, 의도, 그리고 다른 정서의 관점에서 어떻게 제시될 수 있는지 고려해 보자. 나무의 경우, 이것은 좀 쉽다. 특히 여기서 초점을 맞추고 있는 기본적인 특성 때문이다. 학생은 나무가 다양한 인간의 희망, 두려움, 의도 등을 지원하는 방식으로 뿌리, 줄기, 잎, 열매를 학습한다. 이것은 사례 연구를 사용하면 더 쉽게 이루어질 수 있다. 예를 들어, 특정한 나무에서 나오는 열매와 목재 산물에 얽매여 사는 종족을 생각해 보자.

그 내용의 어떤 측면이 낭만, 경이, 경외를 잘 자극할 수 있는가? 이 질문에 충실히 대답하기 위해서는 나무에 관한 상당한 지식이 요구된다. 가장 낯설고 색다른 나무에 관한 지식, 즉 특별한 한살이나 극단적인 능력을 가진 나무에 관한 지식에 의해 낭만과 경이가 자극될 수 있다. 또한 학생은 "기록집"을 편찬할 수 있다. 105미터에 달하는 가장 큰 태평양 해안의 적색나무Pacific Coast red woods, 가장 육중한 세쿼이아sequoia 나무, 가장 작은 (많은 속과 종을 가진) 일본산 분재, 둘레가 50미터에 달하는 멕시코의 늪 삼나무Mexican swamp cypress, 4,600년에 이르는 지구에서 가장 오래된 네바다의 브리슬콘 소나무bristlecone pine, 열매가 익는 데 10년이 걸리고 무게가 20킬로그램에 달하는 세이셸의 작은 섬들에 서식하는 더블 코코넛. 우리는 맹그로브, 남아메리카의 옴부, 마다가스카르의 여행자 나무traveler's tree, 아시아의 탈리폿 야자talipot palm(약 75년 동안 천천히 성장하고 화려한 꽃을 피우고 죽는다)와 같이 가장 기이한 나무들을 볼 수 있다. 학생은 어린 소나무가 1년에 얼마나 많은 씨앗을 퍼뜨리는지, 혹은 세계에 꽃나무의 종이 얼마나 되는지 발견할 수 있다. 학생이 원한다면 나른 카드세트를 가지고 할 수도 있다.

줄기를 공부하면서, 목재의 가용성에 놀랄 것이다. 나무의 충실한 지원이라는 이 핵심적 특성을 위해 개발된 기술을 고려하면 놀라게 된다(목재를 자르고 다듬는 도구, 건조와 부식 방지 처리, 새로운 모양과 목적으로 목재를 가공하는 많은 독창적인 장치, 나사, 못). 학생들에게 특정한 나무에 대해 1년간의 전기를 쓰도록 함으로써 경외가 조장된다. 그 활동을 하는 동안 학생은 "자신의" 나무에 대한 사진, 측정, 시, 정보, 그림으로 책을 만들 수 있다.

이 제재에서 관습에 반대되는 이상과 반항을 쉽게 설정할 수 있다. 현실로 다가온 나무의 고갈 가능성, 종의 파괴, 숲의 축소. 이 모든 것이 생태계에 미치는 영향은 나무에 관한 보호와 훌륭한 관리라는 이상을 제공한다. 이것은 지금까지 지배적이었던 무분별한 개발이라는 관습에 대한 대응으로 이어진다. 그것의 역사적 시작은 단순히 이기적인 근거에 토대를 둔다. 그러나 그 이상은 학생에게 이기적인 것을 넘어 공유된 삶의 이상을 향하도록 한다. 즉, 나무는 인간을 위해 만들어지지 않았다. 우리는 이 지구를 공유한다. 이상적으로 우리의 삶은 서로에게 기여한다. 나무와 인간의 관계는 명백히 불평등하다. 우리가 나무를 필요로 하는 만큼 나무는 우리를 필요로 하지 않는다. 이론적 인지 도구의 조장에 관한 부분에서 그 관점이 더 잘 나타난다.

관습에 대한 저항으로서, 나무를 보는 다른 비관습적인 방식을 통해 그동안의 나무 분류를 거부하는 것이 고려될 수 있다. 이것은 나무에 대한 정확한 정의를 제시할 수 없다는 것에서 비롯된다. 전형적인 나무에서 관목이나 분명한 경계를 그을 수 없는 초본 식물에 이르기까지 연속적으로 변한다. 그 문제는 나무의 종류를 분류하려는 시도에서 계속된다. 부드러운 목재(구과식물)와 단단한 목재(쌍떡잎식물)의 일반적 구분은 세상에서 가장 부드러운 목재인 발사balsa가 단단한 목재로 드러날 때 아주 무용하게 된다. "상록"과 "낙엽"은 어떤 종이 겨울에 그 잎을 유지하거나 기후 조건에 따라 잎을 잃을 때 유용성이 적은 범주가 된다. 다양한 분류 도식이 얼마나 정확한지 공부하는 과정에서, 학생은 나무의 종류에 부여되는 굉장히 많은 다양한 용어와 이름을 배운다.

2.4. 세부 사항 탐구하기: 이 제재에서 학생이 가장 철저하게 탐구할 수 있는 부분은 무엇인가?

이 제재에서 학생이 철저히 탐구할 수 있는 측면: 이 단원에서 소집단별로 특정한 나무, 그 나무의 부분, 성장 과정 등에 관한 상세한 지식을 찾도록 한다. 교사는 1년간 나무의 전기를 쓰거나 그림을 그리는 장기간의 과제를 학생에게 부여할 수도 있다. 이 제재의 특정 측면에 대한 이해를 가능한 철저하게 발전시키는 것이 목적이다. 그리고 세상 사람만큼 그것에 대해 알게 되었다는 안정감을 주려는 것이다.

3. 마무리: 이 제재를 만족스럽게 마무리할 수 있는 최선의 방법은 무엇인가? 학생은 어떻게 만족감을 느낄 수 있는가? 어떻게 이 제재에서 경이감을 불러일으킬 것인가?

3.1. 마무리 활동. 이 제재를 학생에게 의미 있게 차분히 호소하는 활동은 무엇인가?

마무리 활동: 이 단원의 훌륭한 마무리는 장 지오노Jean Giorno의 『나무를 심은 사람』에 대해 말하거나 읽거나 만화 영화를 보는 것이다. 지오노는 젊은 시절 프랑스 남부 지역의 황량한 지역을 걷다가, 어느 날 물과 음식 부족을 걱정해야 하는 상황에 있었는데, 그때 한 양치기를 만났다고 한다. 그날 밤 양치기는 12그루의 상수리나무를 조심스럽게 고르고, 다음날 그것을 심었다. 지오노가 머문 며칠 동안, 매일 양치기는 더 많은 상수리나무를 심었다. 부피어란 이름의 그 양치기 이야기는 40년간 알려지지 않았다. 전쟁, 결혼, 가정생활로 중단되긴 했지만, 지오노는 종종 그 양치기를 다시 찾곤 했다. 나무를 심은 그 기간 동안, 나무는 번식하고 성장하고 결국 무성한 숲이 되었

다. 그 나무는 물을 함유하고, 그래서 이전에 오랫동안 마른 바닥을 드러냈던 시내를 다시 흐르게 했다. 그리고 사람들은 그 황량한 마을로 돌아와 재건을 시작했다. 매일 천천히 심은 나무에 의해, 부피어는 바위투성이의 황무지에 다시 생명이 모이도록 했다(VHS와 DVD로 이용할 수 있는 캐나다 영화위원회The Canadian Film Board의 만화 영화는 그 이야기를 생생하게 재현하여 오스카Oscar 상을 받았다).

3.2. 초기 형식의 이론적 사고: 이론적 사고에 수반되는 인지 도구의 사용을 어떻게 조장할 수 있는가?

이론적 사고를 조장할 수 있는 다른 인지 도구: 이 사례의 전개 과정에서 이론적 사고를 위한 몇 가지 자극을 설정했다. 인간의 역사를 나무가 수행한 핵심 역할을 통해 보는 바로 그 개념이 이론적 사고를 도입한다.

4. 평가: 그 내용이 학습되고 이해되었는지 어떻게 알 수 있는가? 그리고 학생의 상상력을 활용하고 자극했는지 어떻게 알 수 있는가?

사용 가능한 평가 형식: 학생이 나무에 관한 기본적 지식을 학습했는지를 발견하기 위해 모든 전통적 평가 절차가 적절하게 사용될 수 있다. 또한 교사는 학생이 "자신의" 나무에 대한 전기를 썼는지 관찰할 수 있다. 그리고 그것이 어떤 경이감을 자극했는지 평가한다. 특이한 나무, 성장 과정, 독특한 적응에 관한 지식을 축적하기 위한 열정은 이 제재가 학생의 경이감을 이끌어낸 정도의 지표가 된다. 나무의 훌륭한 관리라는 균형 잡힌 생태학적 이상에 대한 학생의 감정은 환경에서 나무의 역할에 대한 이해의 발달 정도를 나타낸다. 이 제재에서 학생이 참여한 측면에 대한 교사의 민감성은 상상력을 자극하는 데 성공한 정도를 정확하지는 않지만 매우 실제적으로 평가하도록 한다.

참고: 나는 나무에 관한 해박한 지식을 갖고 있지 않다. 여기서 제시된 모든 정보는 펄린John Perlin의 『숲의 여행: 문명 발달에서 나무의 역할*A Forest Journey: The Role of Wood in the Development of Civilization*』(New York: Norton, 1990)에 대한 밀스(Stephen Mills, 1990)의 논평과 백과사전의 짧은 내용에 근거한 것이다. 이 단원을 정말로 생동감 있게 하려면, 실제로 펄린의 책을 참조하기 바란다.

제3장

이론적 사고 도구

이런, 또 전문 용어가 나왔군요…. 앞에서 언급한 사고와 이론적 사고
는 어떻게 다른가? 그리고 이론적 사고에 작용하는 일련의 인지 도구
에는 어떤 것이 있는가? 사람들은 나름대로 이론적 사고의 의미를 가
지고 있다. 그래서 이 용어를 장의 제목으로 사용하는 데는 난점이 있
다. 여기서 사용하려는 정도로 상세하지 않고 편하게 사용된 용어를
전문 용어로 만드는 위험을 감수해야 하기 때문이다.

　여기서 사용하는 이론적 사고의 의미를 예를 들어 소개하는 것이
도움이 될 것이다. 나와 아내는 축구하려는 아들을 태우고 운전을 하
고 있었다. 그 아이가 14살 때였다. 연방 선거가 가까이 다가와 있었
다. 어느덧 우리가 지나치는 잔디밭과 창문에는 선명한 빨강, 파랑, 노
랑, 녹색의 포스터들이 생겨났다. 이런저런 후보나 정당에 투표하도
록 권하는 포스터였다. 4년 전 선거 때, 아이들의 관심은 "우리" 후보
의 홍보물이 몇 개인가 하는 것이었다. 그리고 홍보물이 가장 많은 후
보와 가장 큰 후보는 누구인지, 어떤 정당이 승리할지에도 관심을 보
였다. 그리고 어떻게 좋은 우리 편이 아닌 나쁜 후보에게 투표할 수

있는지 관심을 보였다. 4년이 지난 후, 아들은 차 안에서 축구화를 신으며, 마당에 홍보물을 세우려면 돈이 드는지 물었다. 그리고 실제로 큰 홍보물을 세운 사람은 돈을 더 많이 지불해야 하는지 물었다. 우리 마당에 홍보물을 설치한 후보가 우리에게 돈을 지불해야 하는지도 물었다. 나는 후보자나 정당이 홍보물을 위탁하거나 직접 만들 때는 비용이 든다고 말했다. 그리고 사람들은 자신의 지지를 나타내기 위해 무료로 잔디 위에 그 홍보물을 설치하게 한다고 대답했다. "그런데 왜 사람들은 마당에 홍보물이 있다고 그 정당에 투표해요?"(아들은 합리적인 질문을 했다. 그리고 또 물었다) "정당이나 후보자가 특정한 사회적 가치와 우선순위를 제시한다면, 마당의 홍보물에 좌우되기보다는 자신의 원칙에 따라 투표해야 하지 않나요?" 우리는 잠시 이 질문에 대해 토의했다. 그리고 아들은 어떻게 마당의 홍보물이 민주적 선거 과정의 일부가 되었는지 물었다.

우리 부부가 얼마나 영리한 아이들을 키우고 있는지 자랑하려는 것이 아니다. 그보다는 사고의 변화와 거기서 나타나는 인지 도구 체제의 변화를 예시하려는 것이다. 대개 10대 중반에 일련의 문식적 인지 도구를 개발한 학생에게 왜 이런 변화가 발생하는지 설명하려는 것이 아니다. 그보다는 교사에게 이론적 상상력을 학습에 활용하는 방법을 설명하기 위해 그 특징을 서술하려는 것이다. (이 변화가 발생하는 이유를 설명하려는 시도는 Egan, 1997 참조.)

따라서 앞 장에서처럼 선조직자를 사용하여 새로운 인지 도구를 서술하는 것으로 시작하려고 한다. 이 장에서는 주로 고등학교와 대학교 학생에게 관심을 둔다. 그러나 더 어린 학생에게도 일부 도구의 초보적 발달이 시작된다. 교사가 적합하다고 생각한다면 더 어린 연령에도 사용할 수 있다. 이 개념들을 간단한 표로 정리해 보자. 그 정의의 일부를 살펴보면, 조금은 단순한 것 같다. 그렇지만 그 정의는

이 인지 도구의 개념을 제시한다. 아래와 같이 그 정의를 정교화하고
명료화하고자 한다(그렇게 되었으면 한다).

인지 도구

다음은 학생이 이론적 사고를 개발하면 지니게 될 주요 인지 도구들
이다.

추상적 실재의 인식

이 도구는 세상을 개념적으로 이해하도록 한다.
정신이 발달하면 일반적 개념으로 이루어진 추상
적 세계를 구성하기 시작한다. 추상적 세계는 실
재를 새로운 방식으로 드러낸다. 그것은 자연과
사회가 작용하는 과정과 이 과정에서 점증하는
인간의 통제를 이해하도록 한다. 그것은 탈각된
사고 형식, 합리적인 사고 형식, 논리적으로 구조
화된 사고 형식의 발달의 일부를 형성한다.

행위 원인의 인식

이 도구는 자신과 세상의 관계를 복잡한 인과적
연쇄와 조직으로 인식하도록 한다. 이 도구는 현
실 세계에서 역할을 수행하는 방식을 더 실제적
으로 이해하도록 한다. 그리고 자신을 역사적 과
정과 사회적 과정의 산물로 이해하게 한다.

일반적 개념과 예외의 파악

이 도구는 자연, 사회, 역사, 인간 심리에 관한 추상적 개념을 감지하고 구성하도록 한다. 그러고 나서 그 부적합성을 인식하고 더 복잡한 개념으로 재수립하도록 한다.

권위와 진리의 탐구

이 도구는 일반적 개념의 타당성을 검토하고 그 가치를 평가하여, 그 개념의 의미가 도출되도록 한다. 이것은 추상적인 이론적 사고 발달의 특별한 형태이며, 중요하다. 추상적, 이론적 사고는 실재에 대한 객관적이고, 확실하고, 우선적인 관점을 추구한다. 이 인지 도구가 작용한 역사적 산물로는 사전, 백과사전, 교과서(확립된 지식의 보고)가 있다.

메타 서사적 이해

메타 서사적 이해는 사실이나 사건을 일반적 개념으로 정리하는 도구이다. 그리고 사실이나 사건과 정서적 유대를 형성하도록 한다. 즉, 단순히 사실을 이론으로 조직하기보다는, 정서적으로 더 관련되도록 보다 일반적인 메타 서사로 이론을 구성한다.

여기서도 위의 인지 도구에 대해 핵심적으로 고려하는 것은 학생의 상상력 활용에 있다. 학생의 상상력 활용은 성공적 교수의 조건으로 점차 부각되고 있다. 그러므로 이 인지 도구들은 교사가 주목해야 할 범주이다.

단순히 지식과 기술을 가르치는 것이 교사의 과업은 아니다. 학습하는 지식과 기술의 기저에 있는 일반적 개념에 관련되도록 하는 일도 포함된다. 그래야 학생의 상상력을 더 활용하고, 더 의미 있게 교수할 수 있다. 그것은 교사에게도 더 흥미 있는 교수가 될 것이다.

또한, 앞 장에서 논의된 도구들(이야기, 상반, 은유, 심상, 극단과 한계, 영웅과의 제휴, 경이감 등)은 이론적 사고가 개발되어도 사라지지 않는다. 그 도구들도 유용하게 사용된다.

추상적 실재의 인식

마당의 선거용 홍보물에 대한 아들과의 논의에서, 시각적 대상인 일상적 실재가 일반적 개념으로 구성된 다른 실재를 낳는 방식이 설명된다. 이 대화(그리고 다른 대화, 학교에서 배웠던 과목, TV 시청)에서 정치, 사회, 민주주의의 개념에 새로운 의미가 발생하는 것을 볼 수 있다. 나아가, 매우 추상적인 개념들이 상호 연관된다. 분명히 과거에도 내 아이는 정치, 사회, 민주주의라는 용어를 (이에 관한 적절한 정의를 제시할 수 있다는 의미에서) 이해했다. 그러나 차 안에서의 대화는 이 용어가 새롭고 중요한 다른 의미로 채택되었음을 나타낸다.

분명히, 이전의 대화에서도 그 용어는 사용되었다. 그러나 이 대화에서 더 빈번하고 두드러지게 나타났다. 그 용어는 더 이상 이전에 알고 있던 용어가 아니다. 그 용어는 어떤 의미에서는 자신만의 "대상"이다. 사회는 이제 드물게 사용되는 모호한 용어가 아니다. 사회는 집, 가성, 이웃, 사회 부문, 국가를 막연히 언급하는 데 사용되었다. 이제 이 용어는 모든 대상의 추상적 합성물로서 명확한 의미를 갖는다.

이론적 사고는 추상적 개념이라는 새로운 세계의 발달이다. 그리고 추상의 관점에서 사고하는 능력의 성장이다. 추상적 사고의 결과는 다시 현실 세계와 연관된다. 교사는 이러한 사고가 어렵다는 것을 익숙한 말로 표현된 수학 문장제 문제에서 보고 느낄 수 있다. 예를 들어, "어떤 사람이 시속 60마일로 앨버커키에서 동쪽으로 가는 기차를 탔다. 그리고 다른 사람은 시속 80마일로 가는 기차를 타고 여행하고 있었는데 그 출발지는…"이라는 문제를 낸다. 그리고 두 사람이 어디서 만날지 계산해 보게 한다(이러한 문장제 문제에 관한 흥미 있는 논의는 Gerofsky, 2004 참조). 학생이 현실 세계에 머문다면 그 문제를 풀기 위해서는 실제로 기차를 (약 1마일 전부터) 지켜보면서 그 기차가 서로 만나는 곳을 관찰해야 한다. 그러나 이 시간은 수학 시간이다. 그래서 교사는 학생이 앨버커키에서 출발한 기차에 탄 사람을 배제하고, 그 문제를 실제 상황에서 추상화하여 수로 바꾸기를 바란다. 그리고 공식을 적용하여 그 두 사람이 만나는 지점을 계산하길 바란다. 이 문제에서 기차에 탄 사람이 슬픈지 행복한지, 키가 큰지 작은지, 야구를 잘하는지 고려하지 않도록 한다. 또한 마당에 이름을 쓴 홍보물이 많다고 그 후보에게 투표하는 이유를 알고 싶어 하는 아이의 아버지인지도 고려하지 않도록 한다. 대신 추상적 실재의 영역으로 진입하도록 한다.

문식성이 2장에서 논의된 인지 도구의 발달을 이끄는 시기에, 실재에 대한 학생의 관여는 추상적인 이론적 사고의 발달에서 발생하는 것과는 상당한 차이가 있다. 그 차이는 학생의 교육적 발달을 고려하면 분명히 인식된다. 예를 들어, 풍경 답사를 생각해 보자. 혹은 2장에서 관대한 독자에게 제시했던 이탈리아의 언덕 마을 주변 길 찾기를 생각해 보자. 거기서 학생은 이전에 개발한 도구를 사용한다. 즉, 환경의 극단적 특징, 한계, 가장 위압적인 건물, 주요 광장의 위치 등을 찾는 탐험을 한다. 그러나 이제 동일한 과제가 부여된다면, 전체를 이루는 모든 부분들의 관계를 간략한 이미지로 나타낸 지도를 그릴 것이다.

상상력을 활용하는 교실에서는, 흔히 이론적 세계의 언어가 사용된다. 그러나 교사는 지속적으로 학생이 그 언어를 이해하고 사용하도록 돕는다. 그러한 조력은 일반적 용어가 도출되는 구체적 요소의 사례를 자주 제시함으로써 시작된다. 예를 들어, 사회*society*라는 말을 사용할 때, 교사는 모든 학생이 그 의미를 확고하게 이론적으로 인식한다고 가정하지 않는다. 그래서 교사는 그 용어를 조금씩 정교하게 하면서, 그것이 어떻게 발전되어 왔는지 상기시킨다. 어원사전은 이론적 인지 도구의 발달을 돕는 데 매우 가치 있다. 약 5분 정도면, 교사는 사회라는 말이 라틴어 socius에서 유래하고, 동료를 의미한다는 것을 찾을 수 있다. 사회는 우리의 동료, 즉 공통의 목적을 공유하는 사람(실제로, **동료***companion*는 말뜻 그대로 빵을 나누는 사람이라는 의미이다. 그것은 cum(with, -와)과 panis(bread, 빵)에서 유래한다)으로 구성된다. 사회라는 말은 19세기에 일반적으로 사용되기 시작했다. 그 당시에 사회는 더 복잡해졌다. 점차 많은 사람들이 그들이 공유하는 사회에서 친밀하게 지내기 어렵다고 느끼게 되었다. 그 말의 추상화는 이제 사회에서 모든 사람이 공유하는 것을 분명히 하기가 어렵다는 것을 나타낸다.

여기서 정확한 어원을 제시하려는 것은 아니다. 그보다는 학생을 이론적 사고로 이끄는 대화를 제시하려는 것이다. 사회에 관한 언급을 이렇게 시작했다고 해보자. 사회가 더 복잡해지고 많은 사람이 소외된 시기에 왜 그 용어가 더 일반적으로 되었는지 학생의 의견을 물어볼 수 있다. 그런 다음 교사는 소외라는 말에 5분을 할애한다. 그러나 그 수업에서 가르치려는 제재는 명심해야 한다!

교사가 가르치는 모든 것에는 이론적 측면이 있다. 그리고 교사는 무엇을 가르치든 다양한 이론적 통로로 유도할 수 있다. 그리고 이론적 통로로 유도하기 위해 학생의 상상력을 자극하고 계발할 수 있다. 만약 물리학에서 빛에 대해 가르친다고 해보자. 학생에게 주요한 이론적 논쟁에 대해 주의시키는 것이 유익하다. 그 이론적 논쟁은 빛의 본질에서 발생하고 또한 빛의 본질에 대한 논의를 발생시킨다. 그리고 셰익스피어, 해양 지층의 지리, 미적분학 등도 마찬가지다. 이 기법에서는 특정 학생 집단이 스스로 다룰 수 있는 이론적 사고의 수준을 고려한다. 그리고 현명한 집단보다는 미숙한 학생을 도우려고 한다.

행위 원인의 인식

마당의 홍보물에 대한 질문은 그 아이의 사고에서 진행된 다른 변화를 암시한다. 4년 전 선거에서, 그 아이의 관심은 "편"과 주요 반대자를 이길 기회에 있었다. 관찰자로서가 아니라면, 혹은 부모를 거쳤다는 것을 제외하면, 이전 질문에서 선거는 자신도 포함된 과정으로 제시되지 않았다. 그러나 차 안에서 그 아이는 마당의 홍보물이 단지 일반적 과정의 일부임을 보기 시작했다. 즉, 주변의 특정 사건과 대상이 더 일반적인 과정의 부분으로 변하기 시작했다. 그러한 이해는 사회, 정치, 민주주의와 같은 말에 새롭고 중요한 의미가 부여될 때만 가능하다.

　추상적으로 서술된 과정은 이해에서 공통적이며 중요하다. 내 아들은 세상을 그렇게 보기 시작했다. 또한 이 과정에서 자신도 역할을 수행한다는 인식을 계발하기 시작했다. 그 아이가 깨닫기 시작한 "자아" 역시 다양한 과정의 일부이다. (점차 이해되는) 자신의 본질은 과거의 결과물이며, 역사적 과정의 일부이다. 그 아이는 "나는 과거에서 태어났다"(MacIntyre, 1981, p. 205)는 것을 깨달은 것이다. 추상적 과정을 더 분명히 이해하는 인지 도구의 발달로, 그 과정에서 역할을 수행하는 자아의 이해가 발달한다. 이론적 사고가 더 정교하게 되면, 학생

은 자신을 사회적, 역사적, 정치적, 가족적 과정의 행위자로서 인식한
다.

　상상력을 활용하는 교실에서는, 이 인지 도구의 발달을 조장한다.
이를 위해 행위 원인의 인식을 자극하는 활동에 학생이 참여하도록
한다. 교육 과정의 주제 대부분은 단순한 내용의 습득을 넘어 일반적
으로 사회를 조망하게 한다. 그리고 학생들에게 그들이 가치 있거나
즐거운 역할을 수행할 수 있다는 것을 깨닫게 한다. 봉사활동은 이 인
지 도구의 발달을 돕는 일반적 방법의 하나이다. 학생은 선거를 돕고,
알고 있거나 만날 수 있는 노인들을 인터뷰한다. 그리고 수업에서 제
기된 문제에 대해 정치가에게 편지를 쓰거나, 학습 중인 역사적 인물
에게 편지를 쓴다(나폴레옹이 현재의 정치가로서 그것을 읽는다!). 관
심 있는 주제에 대한 온라인 투표에 참여한다. 그리고 환경 보존이나
개발 계획에 참여한다. 교회 활동에 참가하거나 친구 집단이 특정한
단체나 모임이 되도록 돕는다.

　주요한 지역 문제에 초점을 맞춘 수학 문제를 통해 단지 수사적
이던 것이 통계적으로 명료하게 된다. 이것을 신문에 기고하게 한다.
지리학의 사례는 개발 계획을 이끌 수 있다. 역사 공부를 통하여 현대
정치 문제를 조명하고, 그 문제의 관계자에게 편지를 보낸다(오늘날
교육에서 바우처 제도voucher system[8]의 옹호자에게 19세기 후반 영국
의 "평가 결과에 따른 지원" 계획에 관한 간략하고 명료한 설명은 유
용하다). 물리학이나 화학 공부의 함의는 관련된 외부 집단에 제시될
수 있다. 이 간략한 사례는 특정한 활동에 학생을 참여시키려는 목적

---

8. 정부가 학부모에게 일정액의 증서를 지급하면, 부모는 자녀
　에게 가장 적합한 학교를 선택하고, 학교는 부모에게 학비를
　청구하는 제도. 이때 정부에서 지급한 증서의 금액을 초과하
　는 비용은 학부모가 별도로 지불한다.

이 아니다. 특히 현대 사회의 조건과 관련된 것을 교육 과정 내용으로 선택하려는 것도 아니다. 그보다는 정규 교육 과정에 끊임없이 새로운 학습 사례를 낳는 방법을 제시하려는 것이다. 학생들은 주변 현상의 과정에서 행위 원인의 인식을 자극하고 개발하는 데 이 사례를 사용할 수 있다.

일반적 개념과 예외

이론적 사고는 일반성을 가진 세계관의 발달에 수반되거나 발생된다. 그래서 사건과 대상은 과정, 체계, 혹은 그것들이 부분을 이루는 전체로 파악된다. 이에 관한 가장 쉬운 사례는 역사에 관한 학생의 이해이다. 그 전에는 역사를 일련의 극적 사건, 인물, 복장, 주거지의 형태 등으로 보았다. 학생의 관심은 역사적 인물, 용감한 저항, 현명한 지도자, 놀라운 성취, 낯선 관습에 사로잡혔다. 이제 이것들은 더 이상 고립된 인물이나 사건으로만 보이지 않는다. 학생은 역사를 복잡한 과정으로 이해한다. 역사를 생활 방식과 관습의 연속체의 사례로, 신체적, 심리적, 정서적 제약을 받는 일련의 인간 행위의 사례로 이해한다.

이제 역사적 사건의 의미는 전체 과정에 대한 일반적 신념으로 설정된다. 그리고 특정 사건의 의미는 그 전체의 개념에서 도출된다. 콜럼버스가 북아메리카에 도착한 것은 단순히 전적으로 좋은 결과나 나쁜 결과를 낳은 영웅적 업적으로 보이지 않는다. 그것은 더 포괄적인 서사의 한 요소로서 간주된다. 즉, 기술 발달, 국가적 단결과 왕족이나 자본 계급의 투자, 질병과 면역의 유형, 지구 곳곳으로의 식물 종의 확산으로 간주된다. 그리고 아메리카 원주민과의 접촉과 갈등에서 나타난 유럽 문화의 특징, 유럽인과의 접촉과 갈등에서 나타난 아메리카 문화의 특징의 한 요소로 간주된다. 그리고 많은 포괄적 메타 서사가 그 접촉의 의미를 서술하기 위해 사용된다. 그 사건을 다양한 메타 서사의 관점에서 봄으로써, 학생은 그 사건에 관한 "진리"의 복잡성을 배운다. 그리고 다양한 서사 속에서 콜럼버스는 이론적 사고의 정교화 과정을 촉진하는 역할을 한다.

이론적 사고를 발전시킨 일부 학생은 거대한 일반화로 결론짓기도 한다. 예를 들면, 세상은 타락하고 있다는 것이 참이라고 일반화한다. 환경을 파괴하는 어리석고 탐욕스러운 결정이 이루어지고 있다는 것을 많은 조건 없이도 수용한다. 그리고 연료 공급을 고갈시키고, 산업과 도시를 파괴하는 결정이 이루어지고 있다는 것을 수용한다. 반면, 다른 학생은 세상이 점점 좋아지고 있다고 결론짓는다. 즉, 인간 스스로 위기를 초래했지만, 인간의 정열과 현명함은 항상 그 문제를 해결했다. 그리고 삶은 순탄하지 않지만, 모두의 더 나은 미래로 향하는 상승 곡선을 그리고 있다. 그들은 자신들을 현실적이라고 하겠지만, 우리는 그런 사람들을 비관주의자와 낙관주의자라고 부른다. 그러나 비관주의와 낙관주의는 역사와 사회 이론을 형성해 왔다. 이러한 입장 중 하나로 상반된 입장에 맞서는 것은 무익하다. 왜냐하면 서로가 상대 입장에서 올바른 신념의 설정을 위한 중요한 정보를 간과한다고 생각하기 때문이다. 그리고 상대 입장은 피상적이고 무관한 사실에 초점을 맞추고 있다고 생각하기 때문이다.

비관주의와 낙관주의는 역사 이론과 사회 이론이 되었다.

이론적 사고의 개발 방법에는 익숙하고 오래된 기법이 있다. 그것을 변증법이라고 한다(어떤 가정을 옹호하는 질문과 답하기). 예를

들어, 흔히 진리에 도달하려고 서로 묻고 답하는 낙관주의자와 비관주의자가 관련 있다. 그러한 방법은 대체로 (진리에 관한 동의가 아니라) 논증법의 정교화에 크게 기여한다.

어떤 학생은 모든 것이 세상을 타락시키고 있다(그것이 낳는 이미지보다는 완곡한 표현이다)고 믿으려 한다. 그 학생에게는 분명히 개선되고 있는 삶의 구체적 사례를 제시하여 그 신념을 더 복잡하게 만들 수 있다. 관절염에 걸린 노인에게 훨씬 더 편안하고 고통을 덜어주는 외과 기술을 제시할 수 있다. 비관적인 학생이라도 이처럼 더 개선되고 있는 것을 수용하는 데 어려움은 없을 것이다. 그래도 그 학생은 전체적으로 더 나빠지고 있다고 주장할 것이다. 따라서 이 사례는 일반적 신념의 예외로 사용된다. 그것은 반증이 아니다. 그것은 현재의 상황과 일반적 방향에 관한 낙관적 견해를 지지하는 주장이 아니다. 그것은 단지 일반적 신념의 예외일 뿐이다. 그렇지만, 일반적 신념에 대한 예외를 설명하기 위해서, 그 신념은 아주 미세하게라도 재형성되어야 한다.

그러고서 다른 예외를 추가할 수 있다. 특정 질병이 근절된 것을 제시한다. 이것은 비관적인 학생에게 일반적 신념을 다소 수정하게 한다. 하지만 그것은 인구 과잉과 대규모 기아라는 재앙적 결과를 급속히 초래한다는 주장을 이끌 수도 있다. 이 입장에 대해 현재 1인당 식량이 더 많이 생산되고 있다는 예외를 추가한다. 교사는 낙관적 관점을 채택한 학생에게도 유사한 예외를 제공한다.

특정 신념이나 일반적 입장에 대해 예외를 제시하는 것은 신념을 반증하려는 것이 아니다. 그보다는 단지 그 신념을 가진 학생의 입장을 더 정교하게 만들도록 하려는 것이다. 이 절차의 성과는 대문자 T로 쓰는 진리가 아니다. 결국 학생은 그 일반적 진리가 실현될 수 없음을 인식한다. 개선되고 있다고 생각하는 것과 악화되고 있다고 생각하는 것에 타당한 근거가 있다. 금세기에, 전 지구에 걸쳐 숨 쉴 수 있는 공기와 마실 수 있는 물이 줄어들고 있다. 그렇지만 이것이 비관주의자의 현재 가정이 참이라는 것을 증명하지는 않는다. 그것은 현재 비관주의자의 예측 근거가 잘 수립되었음을 의미한다. 그러나 그것은 일반적 신념이 참이라는 것과는 다르다. 이처럼 더 복잡하고 정교한 조건은 인간의 본질, 사회, 역사에 관한 일반적이고, 지속 가능하지 않은 이념적, 형이상학적 신념을 축소한다. 이러한 정신적 조건은 현재의 문제와 희망 이면에서 노력 가능한 것에 더 분명히 초점을 맞추도록 한다.

왜 이처럼 다소 막연하고 일반적인 논의로 독자를 끌어들이는가? 나는 학생이 이론적 사고를 계발하는 데 특히 유용한 교육적 방법을 개관하고자 하기 때문이다. 그것은 일반적 개념을 형성하고 나서 그 개념의 예외를 다루는 것이다. 일단 추상적 세계를 수립하는 과정이 시작되면, 그것은 학생의 교육을 진전시키는 주된 도구 중 하나가 된다. 학생을 더 교육시키는 것은 학습한 물리학이나 역사의 양이 아니다. 물리학과 역사의 학습 과정에서 개발되는 이론적 사고의 정교화 정도가 중요하다. 그리고 물리학과 역사를 이해하기 위해서 사용하는 이론적 사고의 정교화가 중요하다. 실제로, 이 과정을 거치기 위해 물리학과 역사, 그리고 다른 과목의 학습 양이 많아야 하는 것은 아니다. 차츰 불확실해지는 이론과 일반적 도식을 옹호하기 위해 새로운 지식을 발견하도록 자극할 때만 그 예외는 효과가 있다.

> *차츰 불확실해지는 이론과 일반적 도식을 옹호하기 위해 새로운 지식을 발견하도록 자극할 때만 예외는 효과가 있다.*

권위와 진리의 탐구

이론적 사고에서 지식과 신념의 기반을 탐구하는 인지 도구는 계속해서 작용한다. 전수된 신념 체계만을 수용하는 것으로는 불충분하다. 그 신념이 진리임을 입증할 필요가 있다. 만약 진리가 아니라면, 진리를 찾아야 한다. 비록 아주 사소한 대상이라도, 이 안정성의 탐구는 이론적 사고자의 모든 삶으로 확장된다. 진리와 의미는 우선 일반적이고 추상적인 것으로 설정되어야 한다. 비록 잠재의식이라고 하더라도, 그것은 이론적 사고자에게 계속해서 권위와 진리가 설정될 수 있는 추상적 근원을 탐구하도록 한다. 만약 추상적 사고자가 노래를 좋아한다면, 단순히 다른 가수보다 특정 가수를 선호하는 것만으로 충분치 않다. 좋은 가수의 기준을 이끌어 낼 필요가 있고, 이 기준으로 가수를 비교한다. 이론적 사고가 더 정교하게 되면, 이 일은 더 어려워진다. 어떤 기준에서는 칼라스Callas가 최고이다. 그러나 다른 기준에서는 바르톨리Bartoli가 더 좋은 가수이다. 최저음 가수와 최고음 가수에 대한 상이한 기준과 범주를 가져야 하는가? 흔히 칼라스는 다른 사람보다 더 화려한 경력을 가졌다. 그리고 바르톨리는 특정 작곡가와는 그렇게 좋지 않았다, 등등. 권투 애호가는 좋은 권투 선수를 정하는 기준을 정하려고 한다. 알리Ali가 가장 위대했는가, 아니면 알리의 말처럼 루이스Louis가 가장 위대했는가? 헤비급과 라이트급에 상이한 기준을 가져야 하는가? 아니면 그들의 전성기에 여러 권투 선수와의 승부에서 누가 이겼는지가 궁극적 기준인가? 그러나 여느 날과 달리 어느 날은 우연한 동작이나 뜻밖의 일격으로 전체 경기의 흐름이 바뀔 수 있었을 것이다, 등등.

선호와 신념을 분류하려는 시도는 적절한 기준, 신념을 위한 권위의 근원을 끊임없이 숙고하도록 한다. 이러한 추이는 삶의 전 영역에서 볼 수 있다. 즉, 사회학의 발전을 위해 사회적 사건에 참여하기, 신학의 발전을 위해 종교 의식에 참여하기, 역사 이론의 발전을 위해 일상적 삶의 과정에 참여하기, 이데올로기의 발전을 위해 정치에 참여하기 등이다. 이 사례를 포함한 다른 많은 사례에서, 개념이라는 그 추상적 영역의 발달의 다른 측면을 볼 수 있다. 그리고 추상적 영역 내에서 어떻게 확실히 알 수 있는지, 무엇에 의지해야 하는지, 어떻게 개념의 기초를 수립해야 하는지 분류하려는 시도를 볼 수 있다. 이것은 어려운 일이다. 공동체의 도움이 없다면 잘해 낼 수 없다. 이러한 공동체에는 학교, 전문학교, 대학, 독서 모임, 추상적 사고 발달을 의도하는 연구 모임이 있다. 그리고 그 공동체에는 특정한 잡지, TV 쇼, 강의, 특정인과의 토의 등도 포함된다.

상상력을 활용하는 교실에서는, 이 사례에서 살펴본 것이 교육 과정의 전 영역에 적용된다. 학습에서 이론적 사고자의 상상력을 활용하고자 한다면, 특정한 지식을 일반적이고 추상적인 개념으로 보도록 분명히 제시할 필요가 있다. 시작부터 더 일반적이고 추상적일수록 더 좋다. 역사적 사실은 거대한 역사적 과정의 맥락에서 제시될 수 있다(다음 (중간) 장의 사례 중 하나에서 소개될 메타 서사와 같이). 학생은 그 사회의 역사에서 혁명의 영향을 배울 수 있다.

특정한 동물에 관한 사실은 종의 형성이라는 이론적 맥락에서 제시될 수 있다. 즉, 학생은 진화론이나 환경적 개념의 맥락에서 들쥐류의 행동을 학습할 수 있다. 모든 들쥐류가 사라진다면 어떤 일이 발생할까? 어떤 환경적 재앙이 초래될까? 모기가 사라지는 것은 어떤가? 포유류 발달에 대한 진화론적 설명이 정확한지 어떻게 알 수 있는가? 사회 집단에 관한 사실은 사회학과 인류학의 개념적 맥락으로 제시될 수 있다. 즉, 학생은 구매 통계를 인간 본성에 관한 이론을 지지하거나 반대하는 것으로 학습할 수 있다. 혹은 간문화적 비교의 맥락에서 학습할 수 있다. 어떤 사람에게 쇼핑은 종교를 대신했는가? 만약 어떤 상품이 영혼의 황폐화와 환경 파괴를 초래하여 많은 소비자의 삶에서 상쇄된다면, 특정 상품의 소비에서 파생되는 경제적 이익은 없는가? 아니면 있는가? 어떻게 그것을 신빙성 있게 비교할 수 있는가? 음성 문화에 속한 사람이 필요한 것과 원하는 것을 얻는 방식과 비교할 때, 우리의 쇼핑 유형이 가진 장점은 무엇인가?

많은 사례가 중요한 것은 아니다. 만약 상세한 내용을 더 일반적인 맥락에서 보인다면, 이 단계에서 상상력이 더 쉽게 활용된다는 것이 요점이다. 특히 지식의 새로운 부분이 일반적 관념이나 신념의 발전에 도전하거나 지지하는 역할을 수행한다면 그렇다.

메타 서사적 이해

메타 서사는 무엇보다 중요한 서사이다. 그것은 사실, 사건, 신념, 개념을 일반적 전체로 조직하는 기법이다. 그 전체는 구성 요소에 정서를 부여한다. 1장의 이야기에 관한 논의를 기억하는가? 메타 서사는 가장 단순한 이야기와 정서 형성을 공유한다. 그러나 새로운 전체로 조직된 메타 서사의 구성 부분들은 이론적 사고의 내용을 형성한다. 메타 서사는 도덕적, 미적, 사회적 정서 혹은 다른 정서와 관련된다. 그래서 매우 일반적인 관점을 제공한다.

예를 들어, 2001년 9월 11일 세계 무역 센터 쌍둥이 빌딩 붕괴 직후의 갈등과 표현을 분명히 이해할 것이다. 이것은 기독교적 전통과 이슬람적 전통에서 상충하는 메타 서사를 통해 볼 수 있다. 서구에서, 이 사건은 테러 집단의 사악한 행위로 서술된 메타 서사에 부합한다. 그래서 "테러와의 전쟁"이라는 대응이 정당화된다. 이 메타 서사는 오래되고 광범위한 서구의 팽창과 자유화라는 기독교적 전통이 결합된 것이다. 그래서 부시George W. Bush 미국 대통령은 미군의 대응을 쉽게 "십자군"으로 언급한다. 호전적인 이슬람의 메타 서사에서는, 포악한 서구의 "악마들"이 신의 영웅적 전사에 의해 공격 받은 것이다. 신의 전사가 삶에 대한 끊임없는 압제와 억압을 수용하기보다는 자신의 생명을 희생한 것이다. 서구 자본주의나 그와 결합된 이념의 침략적 압력은 수세기 전 폭력적이고 파괴적인 십자군이 다른 방식으로 잔존한 것으로 보인다. 이처럼 상이한 형태의 메타 서사는 세계화와 다문화주의, 지속 가능성과 성장 사이의 갈등으로 나타난다. 수십 년 전에는, 마르크스주의와 자본주의라는 메타 서사가 더 적절한 예로서 제공되었다.

상충하는 메타 서사의 조야한 기술은 세계 무역 센터의 대재앙에 대해 상이한 의미를 낳는다. 메타 서사는 단지 논리적 구성 도구가 아니다. 그것은 정서적 정향에 1차적인 책임이 있다. 핵심적 사실과 사건에 대해 논쟁하는 사람은 아무도 없다. 개인이 사용하는 메타 서사에 의해 형성되는 것이 바로 그것의 의미이다. 우리의 정서는 대개 사건과 사실의 의미를 수립할 때 포착된다. 그래서 메타 서사는 교육적 발달에 중요한 역할을 한다. 많은 성인들은 마음을 오도하는 조야한 메타 서사를 없애는 데 그들의 삶을 바쳤다. 그러나 오도될 수 있다고 이 도구의 사용을 무시하거나 억압하는 것은 교육적 해답이 아니다. 그것을 민감하게 사용하고, 그것이 특히 중요한 목적을 얼마나 성취할 수 있는지 분명히 이해하는 것이 답이다. (망치가 톱질에 유용하지 않고 물건을 부술 수도 있지만, 그렇다고 망치를 없애라고 주장하지 않는 것과 같다. 따라서 오용하여 나쁜 결과를 초래할 수 있다고 해서 메타 서사를 회피하라고 주장하는 것은 어리석은 짓이다. 교육적 덕은 이용 가능한 도구를 이해하고, 각각이 가장 유익하게 사용될 수 있는 방법을 이해하고 가르치는 것이다.)

또한 이 이론적 사고의 인지 도구가 가진 마지막 특징으로 신중한 사용이라는 관점이 제기된다. 메타 서사는 흥분을 불러일으킬 수 있다. 교사가 우선 특정한 메타 서사에 적합하게 다양한 내용을 조정한다고 해보자. 그것은 새로운 이해와 그 내용을 지배하는 힘을 인식하게 한다. 우리는 그 의미를 (새롭고 강력한 방식으로) 볼 수 있다. 메타 서사의 발달이 상대적으로 느리게 이루어지는 사람도 있다. 이 사람에게 흥분된 지적 힘은 미약하게 인식된다. 그러나 다른 사람에게는 그것이 빠르게 다가와 도취시킨다. 굉장한 영향력을 미칠 수 있다. 마침내 그들은 최종적으로 본 것을 제시한다. 그것은 현상 이면의 진리를 파악한 것과 같다. 추상적 실재가 일상 세계의 구체적 요소에 의미를 부여하는 것과 같다.

이 흥분의 교육학적 중요성과 용도는 흔히 (전적으로 그것에만 주목할 때) 과소평가될 수 있다. 그리고 쉽게 남용될 수 있다. 그래서 이 유력한 인지 도구에는 위험도 따른다. 그러나 이 인지 도구에 주목하지 않을 때 더 많은 교육적(그리고 아마도 다른) 위험이 있다. 민감한 교육자가 히틀러나 스탈린 같은 사람의 메타 서사를 더 세련되게 바꿨다고 생각해 보라. (나는 히틀러와 스탈린의 문제점과 정책이 학교에 다닐 때 부적절한 교수의 결과만은 아니라는 것을 인정한다! 그러나 훌륭한 교사의 능력은 일상에서 불가사의한 것을 성취한다.) 흔히 고등학교나 대학 수준에서 교사는 교육 과정에만 배타적으로 초점을 맞춘다. 그리고 교육 과정 내용에서 학생의 인지 도구 개발을 간과한다. 결과적으로, 그 교사는 어떻게 그 과목이 학생에게 지적 흥분을 낳을 수 있는지 인식하지 못한다.

이것은 두 가지 문제를 낳는다. 첫째, 그 교사는 학생의 지적 발달에서 가장 중요한 측면을 진전시키지 못한다. 둘째, 임의적이고 통제되지 않은 모든 메타 서사의 발달을 허용한다. 그것은 더 큰 정교화를 낳는 예외를 체계적으로 사용하지 않기 때문이다. 첫 번째 경우에는, 학생의 상상력을 활용하지 못하므로 학습은 단조롭고 고된 일이 된다. 대개 생기 없는 것이 된다. 두 번째 경우에는, 학생은 조야하고 단순한 이념, 형이상학적 도식 등을 발달시킬 것이다(히틀러/스탈린의 문제와 같이).

상상력을 활용하는 교실에서는, 역사에서 발생된 가장 유력한 메타 서사를 도구로 자주 소환한다. 교육 과정의 목적은 메타 서사가 그것이 나타내려는 실재보다 늘 부적절하고 부족하고 단조롭다는 것을 인식시키는 것이다. 과학에서, 과학 혁명에 대하여 대단히 성공적인 쿤Thomas Kuhn의 메타 서사는 과학 시간에 적어도 한두 차례 논의되어야 한다. 역사학에서는 다소 정교화된 개념으로 개선되거나 악화된 것을 파악해야 한다. 이 수준에서, 일반 이론을 계속 함양시키는 것은 어린 학생들에게 신비감을 함양시키는 것과 유사한 목적으로 사용될 수 있다. 그 각각은 상당히 유력한 인지 도구의 개발을 위해 작용한다. 그것은 삶과 세계에 대한 학생의 인식을 개선한다.

교육 과정의 목적은 메타 서사가 그것이 나타내려는 실재보다 늘 부적절하고 부족하고 단조롭다는 것은 인식시키는 것이다.

결론

교육적 도구 상자가 이론적 사고에서 멈추는 것은 아니다. 그러나 이 책의 구성에서는 차후의 인지 도구 체계를 더 전개하는 논의는 피하고자 한다. 그 도구들은 이론적 사고가 현재는 유용하지만, 실재를 재현하거나 설명하는 데 충분치 않다는 것을 드러낸다. (차후의 도구 상자에 포함되는 것의 의미에 대해서는 Egan, 1997, 5장 참조.)

이상의 논의에서는 초보적 도구 부분이 빠졌다. 또한 이 장은 이전 장에 비해 다양하지 못한 점도 인정한다. 실제로, 일부 논의는 큰 무리 없이 다른 부문에도 해당되는 것 같다. 거기에 진실이 있다. 실제로 이론적 사고는 매우 다양하다. 그러나 이론적 사고가 어떤 영역에서 사용되든 그 주요한 특징은 같다는 것도 틀린 말은 아니다. 그것은 이론에 대한 일반적 기초, 추상적 기초, 확실한 기초, 신념의 토대, 권위와 진리의 근원에 대한 추구이다(이 모든 것이 이론적 세계, 개념적 세계의 정교화로 이끈다).

학생에게 이러한 이론적 사고는 유익하다기보다는 혼란이 될 수도 있다. 그것은 어렵다는 특징이 있다. 즉, 이론적 사고를 개발하고 유지하기는 어려운 일이다(실제로 너무 어려워서 누구도 혼자서 이론적 사고를 다룰 수 없다). 그것을 위해 학생에게 (우리 모두처럼) 이론 공동체가 필요하다. 그 주된 목적이 개념의 추상적 세계를 낳는 것이라고 해보자. 그 개념이 명료하게 정리하기 어려운 개념이라고 해보자. 교사는 학생의 믿음에 대한 예외를 제시하여 학생이 그것을 극복할 수 있도록 열심히 노력해야 한다. 그때 그것의 가치는 무엇인가? 학생에게 그가 생각하는 내용을 다룰 수 있는 힘과 통제 능력을 부여하는 것이 바로 그러한 이론적 사고이다. 그것은 사고 능력을 크게 함양한다. 학생이 다양하게 학습한 것을 새로운 질서로 편입하게 한다. 그것은 또한 유연성을 낳는다. 그것은 학생에게 유형을 탐구하고, 본질을 찾고, 가장 전형적으로 이론을 수립하도록 한다. 이 인지 도구는 그 소유자로 하여금 세상에 대해 더 실용적으로 통제할 수 있게 한다.

여기서 한 가지를 강조할 필요가 있다. 그것은 사람이 계발할 수 있는 이론적 사고의 정도에 관한 것이다. 매우 완고한 이론, 신학, 이념을 가진 사람을 볼 수 있다. 그 사람은 다른 개념을 막고 사고를 피하는 수단으로서 이 이념을 사용한다. 가끔 매우 조야한 사고의 형식을 본다. 그리고 그 소유자는 대체로 그 신념과 관련된 지식조차도 무시한다. 이 사람은 이론적 사고의 짧은 순간을 경험했지만 발달을 멈춘 것이다. 그들은 더 향상된 정교함과 유연성을 경험하지 못한다. 그것은 그들의 이론이나 신념에 대한 예외를 인정하는 데에서 나온다. 그리고 그 예외를 설명하기 위해 그들의 이론이나 신념을 더욱더 정교하게 만든다. 그 과정(이론이나 신념을 지지하는 지식을 수립하고, 도전받고, 보다 더 지지하는 지식의 추구로 반응하는)은 간단히 진행되는 것이 아니다.

또한 이것이 이 장의 마지막 요점(확장된 지식이 개념이라는 추상적 세계의 발달을 이끌 때 수행하는 중요한 역할)이다. 개념은 지식의 꾸준한 성장을 통해 지원과 도전을 받을 때 풍부하고, 유연하고, 강해진다. 내가 여러 곳에서 언급한, 상상력을 활용하는 교육의 핵심적 특징을 다시 강조할 필요가 있다. 상상력을 적절하게 개발하고 효과적으로 활용하기 위해서 학생은 많이 알아야 한다. 무지는 상상력의 발달을 촉진하는 조건이 아니다.

개념은 지식의 꾸준한 성장을 통해 지원과 도전을 받을
때 풍부하고 유연하고 강해진다.
무지는 상상력의 발달을 촉진하는 조건이 아니다.

제3.5장

수업 사례[9]

다음의 구성은 대체로 고등학교 상급 학년이나 초급 대학과 종합 대학에서 학생을 가르치기 위해 고안된 것이다. 대개 이 수준에서 가르치는 교사는 교수 방법론을 숙고하는 데 많은 시간을 할애해야 한다고 생각하지 않는다. 어쩌면 이렇게 생각하지 않는 교사를 위해 이 장을 쓰고 있는지 모르며, 그 생각이 유익할 것이다. 어린 학생을 가르치는 교사(그리고 교육학 교수와 연수 책임자)도 이 구성에 관심을 기울였으면 한다.

이 수준에서 효과적으로 가르치기 위해서는 교과의 논리를 정리하는 것이 중요하다는 가정(이 가정에 옳은 것도 있다)이 있다. 고등

---

9. 참고: 나는 이 수준에서 수학과 과학의 사례를 서술하는 데 어려움에 직면했다. 나는 그 일을 쉽게 할 만큼 제재에 관해 충분히 상세하게 알지 못한다. 그래서 나는 데이비드 이건David Egan(선거 운동 기간에 축구하러 가는 길에 차 안에서 구두끈을 매려고 했던, 3장에서 소개된 나의 아들)에게 필요한 지식을 얻으려고 했다. 그는 친절하게도 이 장의 사례 2(미분법)와 사례 4(단순 조화 운동)를 써 주었다. 그리고 그 과정에서 구성 부분들을 내용에 적합하게 수정할 수 있는 방법을 제시했다.

학교 2-3학년이나 그 이상의 화학 수업에서, 대부분의 교사는 주로 제재를 분명히 하는 데 관심을 둔다. 그리고 최선의 순서로 필요한 지식을 습득시키는 데 관심을 두고 수업을 전개하며, 교과의 논리에 따라 교수를 조직한다.

일반적으로 이러한 접근은 상당히 효과적이다(이제까지 학교생활에서 학생은 그 영역에서 전문화되도록 지도되어 왔기 때문에, 잘 배운 것으로 바람직하게 평가된다). 그래서 12학년이나 초급 대학 수준의 화학에서, 학생 스스로가 이 학습 방식을 선택한다(그들은 논리적으로 조직된 지식을 사용하는 데 능숙하고, 사실을 잘 기억한다). 이 시기의 지배적인 교수 형태는 학생이 개발해야 할 인지 도구가 아니라 그 과목의 논리를 숙고하는 것이다. 그래서 교사는 과학과 수학에서 소위 "탈각된" 학습을 잘하는 학생을 선별하려고 한다. 이 학생들은 상상력과 정서를 전혀 활용하지 않고도 학습할 수 있다. 이 학생들은 학습 능력을 가지고 있기 때문에 어떤 것이든 학습할 수 있다. 그러나 다른 학생들은 상상력과 정서를 활용하지 않는다면, 지식을 싫어하게 된다. 그래서 상상력과 정서를 활용하지 않는 방법으로 배우는 주제를 외면하게 된다.

이 책과 일련의 저술에서 권장하는 교수법은 무엇을 배우든 상상력을 활용케 하는 데 목적이 있다. 그리고 결과적으로 그것이 의미 있으며 정서적으로 중요하다는 것을 확인하려는 것이다. 이 접근법은 과학과 수학에 대한 학생의 참여(자신감)를 개선할 것이다. 그리고 인간 탐구라는 중요한 영역에 매력을 느끼는 학생의 범위가 상당히 늘어날 것이다.

이제는 솔직히 말할 필요가 있다. 물론 이 장은 수학과 과학에 한정되지는 않는다. 반면, 그 분야는 일부의 학생에게만 적합하게 의도된 교수의 문제를 가장 잘 예시한다. 그것은 다른 분야의 학습에서도 문제이지만, 과학과 수학에서 더 잘 나타난다.

이 장을 본격적으로 시작하기 전에 다른 가능성도 고려해 보자. 오늘날의 교육 형태에서, 고등학교 3학년 그리고 초급 대학과 종합대학의 많은 학생들은 2장에서 개관된 인지 도구를 사용하는 교수에 쉽게 참여한다. 즉, 모든 학생이 3장에서 기술된 인지 도구 모두(혹은 대부분)를 개발하지는 않는다. 오늘날의 학교 형태에서는 추상적인 이론적 담론이 일반적으로 잘 개발되자 않는다. 그리고 학교 밖의 생활, 특히 오늘날 일반적으로 침투된 다양한 대중매체에서 이론적 담론에 대한 지원을 찾기는 어렵다. 그러나 앞 장에서 기술된 일련의 인지 도구를 개발한다고 해보자. 그러면, 앞으로 이 이론적 이해를 발달시키는 학생의 비율이 훨씬 더 높아질 것이다.

끝으로 앞 장에서 기술된 인지 도구가 이 새로운 인지 도구의 발달과 함께 사라지는 것은 아니라는 것을 기억하는 것이 중요하다. 그 인지 도구 모두는 이론적 사고에서도 여전히 사용된다. 이 수준에서 수업이나 단원을 계획할 때 앞에서 논의된 많은 인지 도구들과 비교적 쉽게 통합되는 방법을 이 장의 마지막 사례에서 제시한다.

세 번째 계획 구성: 완비

여기서는 이전 장에서 논의된 대부분의 인지 도구가 통합된 구성을 제시한다. 이 예시에서는, 단순 모형으로 지루하게 하기보다는 완전히 개발되고 유용한 모형으로 곧장 들어간다.

세 번째 계획 구성

1. 유력한 기초 개념 확인하기: 제재를 정합적인 전체로 가장 잘 조직하는 기초 개념이나 이론은 무엇인가? 가장 유력하고 분명하게 관련된 이론, 이념, 형이상학적 도식, 메타 서사는 무엇인가?
2. 이론적 구조로 내용 조직하기:
   2.1. 초기 접근: 어떻게 기초 이론이나 개념을 생생하게 할 수 있는가? 어떤 내용이 그것을 잘 나타내고 제재를 조직하는 힘을 보여 주는가?
   2.2. 수업이나 단원의 체계 조직하기: 수업이나 단원의 전체적 구조를 분명히 제시하는 메타 서사는 무엇인가?
3. 이론의 예외 소개하기: 일반 개념이나 이론의 예외가 되는 내용은 무엇인가? 어떻게 사소한 예외에서 시작해서 점차 일반 이론에 민감하게 도전하여 그 이론이 더 정교하게 되도록 할 수 있는가?
4. 대안적 일반 이론 제시하기: 어떤 대안적 일반 이론으로 제재를 조직할 수 있는가? 어떤 대안적 메타 서사로 제재를 조직할 수 있는가? 그 이론과 메타 서사의 본질과 한계를 보이기 위해 사용할 수 있는 최선의 것은 무엇인가?
5. 행위 원인의 인식 발달 조장하기: 그 지식의 어떤 특질이 학생의 행

위 원인의 인식 발달을 가장 잘 조장할 수 있는가?

6. 마무리: 학생이 지닌 이론이나 일반적 개념이 파괴되지 않고 사실에 기초하여 다른 지위를 갖는 것으로 인식되었는지 어떻게 확인할 수 있는가? 이론이나 일반적 개념에 대한 신념의 쇠퇴가 환멸과 소외를 이끌지 않았다고 어떻게 확인할 수 있는가?

7. 평가: 그 내용이 학습되고 이해되었는지, 학생이 이론이나 일반적 개념을 발전시키고, 정교화하고, 그 한계의 의미를 획득했는지 어떻게 알 수 있는가?

1. 유력한 기초 개념 확인하기: 제재를 정합적인 전체로 가장 잘 조직하는 기초 개념이나 이론은 무엇인가? 가장 유력하고 분명하게 관련된 이론, 이념, 형이상학적 도식, 메타 서사는 무엇인가?

여기에는 학습 내용을 설명하기 위해 요구되는 정치적, 과학적, 경제적, 사회적, 문학적, 철학적 이론들이 있다. 이 구성의 핵심 과제는 도식, 개념, 혹은 이론(이전에 학생에게 분명했을 수도 있고 아닐 수도 있는)을 명료화하고 의식하도록 교수하는 것이다. 그리고 학생이 그것을 학습 영역을 뒷받침하는 것으로 인식하고 질문하도록 하는 것이다. 유력한 기초 개념에 초점을 맞추는 방법 중 하나는 제재와 관련된 주요한 논쟁을 고려하게 하는 것이다(사람들이 일반적으로 주장하는 것은 무엇인가?).

검토할 내용:

• 제재에서 가장 유력한 기초 개념이나 이론:

• 대안:

---

2. 이론적 구조로 내용 조직하기: 이 과정에는 두 단계가 있다.

2.1. 초기 접근: 어떻게 기초 이론이나 개념을 생생하게 할 수 있는가? 어떤 내용이 그것을 잘 나타내고 제재를 조직하는 힘을 보여 주는가?

그 단원이나 수업에서 교수 행위의 기초를 형성하는 첫 번째 계획이 여기에 포함된다. 가장 유력한 기초 이론이나 개념을 확인했다고 해보자. 교사의 다음 일은 그 제재를 전체적으로 숙고하고, 그 이론이나 개념을 가장 명확하고 명료하게 하는 측면을 정하는 것이다. 이 일은 대개 그 제재를 핵심적이고 깊이 있게 한다. 흔히 그러한 선택을 위해 제재가 포함된 지식 영역에서 그 제재의 맥락을 살펴본다. 예를 들어, 역사에서 프랑스 혁명을 살펴보자. 교사는 혁명의 본질, 혹은 사회적 · 정치적 · 종교적 · 문화적 · 경제적 혁명 등과의 상이점을 반성하는 것으로 시작한다. 이것은 학생에게 일반적인 혁명 이론을 개발하도록 조장한다. 이를 통해 프랑스 혁명을 구체적으로 연구하기 위한 추상적, 이론적 맥락을 낳는다.

대안적으로, 교사는 프랑스 혁명 자체의 구체적 내용에 초점을 맞출 수도 있다. 즉, 유럽 역사에서 바람직한 결과를 낳은 비극적 사건이었는지, 아니면 유감스럽게도 과도하게 자유적이고 진보적인 사건이었는지 학생들에게 숙고해 보도록 한다. 대안적으로, 교사는 글이나 그림 등 매우 강한 표현을 설정할 수 있다. 이것은 그 내용을 조직하는 데 사용된 이론이나 개념을 생생하게 드러낸다. 예를 들어, 단두대에서 잘린 귀족의 머리가 담긴 바구니를 앞에 두고 뜨개질하는 마담 드파르주에 관한 디킨스Dickens의 서술을 읽을 수 있다. 그리고 그녀의 관점으로 프랑스 혁명을 숙고하게 할 수 있다. 이전의 구성에서처럼, 이것은 가장 어렵지만 구성을 적용하기 위해서는 가장 중요한 부분이다.

검토할 내용:
• 도식이나 이론을 가장 생생하게 드러내는 내용:

2.2. 수업이나 단원의 체계 조직하기: 수업이나 단원의 전체적 구조를 분명히 제시하는 메타 서사는 무엇인가?

여기서는 위에서 확인된 유력한 일반적 개념이나 이론을 택한다. 그리고 정합적 전체로 수업이나 학습 단원의 구조를 형성하기 위해 그것을 사용한다. 계속해서 프랑스 혁명을 예로 들어 보자. 프랑스 혁명은 유럽 역사에서 재앙적인 사건이었다는 이론을 교사의 목적에 가장 부합하는 것으로서 선택할 수 있다. 왜냐하면 사회의 전통적 기초를 파괴했고, 공포와 독재, 그리고 상당한 파괴적 전쟁을 낳았기 때문이다. 이 이론을 선택하면, 교사는 프랑스 혁명 전체에 관한 메타 서사를 수립할 수 있다. 메타 서사는 그 특정 관점이 부각시키는 사실과 사건을 선별하고, 그 사실과 사건은 혁명에 관한 진리로 메타 서사를 성립시킨다. 과학과 같은 다른 과목에서는, 그렇게 비중 있게 부여된 이념적 입장은 흔치 않다. 그러나 모든 지식 영역에는 상응하는 것이 있다. (메타) 서사 형태로 내용을 제시하는 것은 학생의 정서를 이끌어낸다는 것을 기억하자. 즉, 선택된 메타 서사가 학생이나 교사를 자극하는 어떤 개념을 포착하지 못한다면, 교사는 제재를 더 깊게 탐구하거나 다른 제재를 탐구힐 필요가 있다.

검토할 내용:
• 제재의 강력한 메타 서사를 제시하는 내용:

3. 이론의 예외 소개하기: 일반 개념이나 이론의 예외가 되는 내용은 무엇인가? 어떻게 사소한 예외에서 시작해서 점차 일반 이론에 민감하게 도전하여 그 이론이 더 정교하게 되도록 할 수 있는가?

일반 개념이나 이론은 제재에 대한 전체적인 설명을 제시하려고 하지만, 결코 그렇게 할 수 없다. 교사는 제재에 대한 진리를 설명하는 개념이나 이론적 주장에 도전하는 특정 사실이나 사건에 관심을 기울일 필요가 있다. 그 이론이 잘 설명하는 것은 무엇이며 적절하게 설명하지 못하는 것은 무엇인가? 프랑스 혁명의 경우, 교사는 지금까지 만들어진 메타 서사와 그 제재에서 분명한 예외적 측면에 관심을 기울인다. 그래서 교사는 구체제의 폐해와 개혁에 실패한 많은 시도를 살펴보도록 한다. 그러면 학생은 나폴레옹의 법률 개혁, 유태인에 대한 차별 철폐에 관심의 초점을 맞춘다. 그리고 자유주의적인 정부에서 선도한 다른 개혁과 더 많은 사람들의 더 큰 자유를 위한 개혁에 초점을 맞춘다. 그 목적은 하나의 메타 서사를 다른 메타 서사로 바꾸도록 설득하기 위한 것이 아니라는 것을 기억하자. 그것은 학생들의 메타 서사의 지위에 관한 이해를 변화시키기 위한 것이다.

검토할 내용:

• 메타 서사에 대한 주요한 예외:

---

4. 대안적 일반 이론 제시하기: 어떤 대안적 일반 이론으로 제재를 조직할 수 있는가? 어떤 대안적 메타 서사로 이 제재를 조직할 수 있는가? 그 이론과 메타 서사의 본질과 한계를 보이기 위해 사용할 수 있는 최선의 것은 무엇인가?

동일 현상을 설명하기 위해 항상 다양한 이론이 사용될 수 있다.

학생에게 그 이론들의 정합성과 설명 능력을 비교하도록 하자. 일부 교육 과정 영역에서 이것이 더 쉽기는 하지만, 모든 지식 영역에서 비교가 가능하다. 예를 들어, 제정 중국의 마지막 몇 년간을 살펴보자. 이때 서구 자유주의적 관점을 고위 관리의 보수주의적 관점 혹은 구정권을 적대시한 마르크스주의자의 관점으로 바꾸기는 비교적 쉽다. 반면 중력 이론의 대안적 관점을 찾기는 상대적으로 어렵다. 그렇지만 모든 메타 서사에는 대안적 관점이 있다.

검토할 내용:
• 사용할 대안적 이론이나 메타 서사:

---

5. 행위 원인의 인식 발달 조장하기: 그 지식의 어떤 특질이 학생의 행위 원인 인식 발달을 가장 잘 조장할 수 있는가?

이 수준의 교수는 다양한 영역의 지식 습득을 확인하는 것에 한정되지 않는다. 학생이 학습 내용을 인과적으로 조직하여 자신과 연관된 지식으로 보는지도 고려한다. 단원의 일부에서는 제재와 관련해서 학생이 할 수 있는 것에 초점을 맞추어야 한다. 산성비와 같은 과학적 제재의 학습은 새롭게 습득된 지식으로 세상에서 할 수 있는 행위에 대해 생각하게 한다. 반면 역사 학습에서 그러한 행위 원인의 인식이 발생할 것 같지는 않다. 그러나 어떤 지식 분야든, 사용된 메타 서사는 공적 함의를 가진다(프랑스 혁명에 관한 지식은 급진적, 보수적, 자유주의적 개념을 조장한다. 그것은 사회적 정치적 행위 계획을 밝히고 참여하는 능력의 일부가 될 수 있다).

> 검토할 내용:
> • 학생의 행위 원인의 인식이 활용되고 조장될 수 있는 영역:

6. 마무리: 학생이 지닌 이론이나 일반적 개념이 파괴되지 않고 사실에 기
초하여 다른 지위를 갖는 것으로 인식되었는지 어떻게 확인할 수 있는
가? 이론이나 일반적 개념에 대한 신념의 쇠퇴가 환멸과 소외로 유도되
지 않았는지 확인할 수 있는가?

이 수준의 단원과 수업에서, 학습을 통해 개발하고 사용한 이론
과 일반적 개념은 공부의 토대가 된 사실과 사건 자체와는 다르다는
것을 계속 제시해야 한다. 학생이 이론적 사고를 계발하는 시기에는
이론, 개념, 이념, 형이상학적 도식, 메타 서사에 대한 도전을 조금은
경시할 필요가 있었다. 그러나 이미 이론적 사고의 사용에 능통한 학
생이라면, 교사는 안심하고 더 어려운 예외와 대안을 제시할 수 있다.
어떤 단원이나 수업의 마무리에서, 학생은 적어도 정서를 유발한 이
론과 사실에는 차이가 있다는 강한 암시를 받아야 한다. 그 사실은 이
론을 지원하거나, 부분적으로 지원하거나, 확실히 지원하지 않을 수
도 있다. 교사는 학생의 이론적 상태에 민감할 필요가 있다. 그리고
그 이론이 진리라는 주장의 불충분함을 제시하여 이론의 발달을 조
장할 필요가 있다.

> 검토할 내용:
> • 학생의 이론, 개념, 메타 서사, 이념의 문제점을 지원하고 제시하도
>   록 고안된 마무리 활동:

7. 평가: 그 내용이 학습되고 이해되었는지, 학생이 이론이나 일반적 개념을 발전시키고, 정교화하고, 그 한계의 의미를 획득했는지 어떻게 알 수 있는가?

여기서는 학생이 수업이나 학습 단원의 구성 내용을 배웠다는 것을 분명히 하는 것이 목적이다. 이것은 다양한 전통적 기법 중 어떤 것을 사용해도 달성될 수 있다. 동시에, 학생이 이론이나 일반 개념을 충분히 개발했는지, 학습한 내용을 조직할 때 그것을 사용하는지에 대한 증거가 필요하다. 이것은 부분적으로 그 제재에 적합한 이론적 언어가 유창하고 타당하게 전개되는지 보면 된다. 쓰기 혹은 토의 검사로 평가할 수 있다. 또한 일반적 도식을 적용하여 그 내용을 성공적으로 정리한 정도에 따라 판단할 수 있다. 혹은 기록물을 통해 예외의 관점에서 이론이나 일반 개념의 정교화가 향상되었는지 검토할 수도 있다. 초기의 무조건적인 참여가 우려할 만한 것은 아니다. 그렇지만, 어떤 도식이 진리라는 무조건적인 헌신이나 임의적인 냉소는 교수와 학습의 실패를 지시하는 것일 수도 있다.

학생이 추상적 개념을 얼마나 쉽고 유창하게 사용하는지, 세상을 융통성 있게 이해하는 수단으로 사용하는지에 대한 일반적 평가는 학생의 활동이나 논의에서 비교적 쉽게 읽을 수 있다(비록 그 읽기에서 정확한 점수화가 어렵다고 하더라도). "쉽고 융통성 있는"에서 "적절한," "부적절한"으로 수행 평가를 할 때, 교사는 기록하는 데 사용할 수 있는 일련의 전체적 범주를 갖는 것이 좋다. 한편, 그 척도는 교사가 학생의 수행 측면에 민감할 때 유용하다.

검토할 내용:

• 학생이 그 내용을 학습하고 이해했으며, 어떤 이론이나 추상적 개념을 개발해 사용했다는 타당한 증거를 제공하는 평가 형식:

사례 1: 혁명

앞에서 프랑스 혁명을 예로 들면서 일반적 혁명에 관해 가르칠 수 있다고 했다. 혁명은 학생의 상상력을 활용하는 제재를 제공한다. 그리고 학생에게 이론적 사고를 사용하고 계발하도록 한다. 그러면 혁명을 구성해 진행할 때 교수 가능한 단원이 되는지 살펴보자.

1. 유력한 기초 개념 확인하기: 이 제재를 정합적인 전체로 가장 잘 조직하는 기초 개념이나 이론은 무엇인가? 가장 유력하고 분명하게 관련된 이론, 이념, 형이상학적 도식, 메타 서사는 무엇인가?

이 제재에서 가장 유력한 기초 개념이나 이론: 대부분의 인간 활동은 규칙과 관례에 따라 수행된다. 그러나 짧은 기간에 개선을 약속한 사람은 급진적인 변화를 일으킨다. 이것은 역사, 종교, 과학, 그리고 모든 지속적 활동 영역에서 발생한다. 혁명은 인간사의 법칙인가?

대안: 혁명에는 어떤 유형이 있는가?

2. 이론적 구조로 내용 조직하기: 여기에는 두 단계의 과정이 있다.

2.1. 초기 접근: 어떻게 기초 이론이나 개념을 생생하게 할 수 있는가? 어떤 내용이 그것을 잘 나타내고 이 제재를 조직하는 힘을 보여 주는가?

도식이나 이론을 가장 생생하게 드러내는 내용: 교사는 일반적으로 학생이 알고 있는 정치사와 일련의 주요 혁명을 먼저 검토한다. 그런 다음 교사는 종교사를 살펴본다. 그리고 어떻게 정상적인 관습적 실천이 정상적 시기에 붕괴되고, 분열을 낳거나 새로운 종교로 단절

되는지 살펴본다. 그것은 구식 정통을 고수하는 사람에게는 이단으로 분류된다. 그러고서 과학을 살펴본다. 과학에서 "정상 과학"이 어떻게 혁명적 이론에 의해 그 유형이 붕괴되어 중단되는지 살펴본다. 그러고서 산업이나 기술 혁명과 제조 형식의 극적인 변화를 고려한다. 이어서 학생에게 인간 활동의 다른 형식을 기술하도록 한다. 학생에게 음악, 드라마, 연예, 스포츠 등에서 유사한 형태를 볼 수 있는지 물어 본다.

2.2. 수업이나 단원의 체계 조직하기: 수업이나 단원에서 전체적 구조를 분명히 제시하는 메타 서사는 무엇인가?

이 제재에서 강력한 메타 서사를 제시하는 내용: 이 단원을 위해, 인간 활동의 주요 영역에서 혁명의 예를 선택하여 상세히 검토한다. 대안적 기초 이론이 여기서 역할하기 시작한다. 즉, 학생이 공부하고 있는 혁명의 유형을 찾아보도록 한다.

교사는 프랑스 혁명을 재검토하는 것에서 출발한다. 그것은 대부분의 학생이 역사 프로그램에서 공부한 것이다. 이 경우, 그러한 급격한 변화를 초래한 것은 무엇이며, 왜 그때 그것이 발생했는지를 찾는데 초점을 맞춘다. 그리고 이후의 전개에서 어떤 사건이 그것을 "혁명적"으로 만드는 데 결정적이었는지에 초점을 맞춘다. 그 혁명의 주요한 원동력은 무엇이었는가?

혁명에 관한 이론을 형성하기 시작한다. 그것은 학생에게 프랑스 혁명과 다른 혁명을 비교하게 함으로써 자극을 줄 수도 있다. 학생이 상이한 원동력의 작용을 확인하면 상이한 이론이 나타나기 시작한다. 학생에게 혁명의 본질이 무엇인지 결정해 보라고 질문한다. (어떤 변화가 혁명적인 것으로 고려되는 데 있어 필수적인 요소들은 무엇인가?)

　어떤 확실한 결론을 내리지 않은 채 정치적 혁명과 사회적 혁명을 남겨둔다. 다른 종류의 혁명을 택한다면 혁명에 관한 이해가 명료해질 수 있다고 학생에게 제안한다. 우리는 기독교나 이슬람교, 혹은 유교의 탄생을 살펴볼 수 있다. 그 예로, 유교를 택해 보자. 교사는 학생에게 공자의 사상이 발생하기 이전의 중국에 관해 알고 있는 것을 물어 본다. 그 당시 많은 사람들에게 그토록 강하게 공명된 공자의 가르침은 무엇인가? 통치자의 자제와 겸손 그리고 피지배자의 복종과 존경을 지지하는 사회적 조화가 그렇게 강력하고 혁명적인 가르침으로 제시된 이유는 무엇인가? 많은 사람들이 믿는 바와 달리, 공자는 조화와 존경을 사회적으로 중시했다. 그리고 교육과 덕의 함양을 통해 권력을 얻어야 한다고 했다. 덕이 있는 사람은 필요하다면 지배자에게 비판적으로 될 것이라고 주장했다. 유교가 중국 너머로 성장하고 확장된 그 원동력을 상세히 살펴볼 수 있다. 프랑스 혁명과 같거나 다른 유교 혁명의 원동력은 무엇인가?

　여기서 다시 혁명의 본질에 관해 논의한다. 그것이 더 다듬어지고 불일치가 더 명료하게 된다면, 교사는 과학 혁명으로 전환한다. 예를 들면, 아인슈타인의 상대성 이론이 낳은 결과 같은 것이다. 그 이론이 매우 혁명적으로 보인 이유는 무엇인가? 아인슈타인의 연구 이전에 과학의 상태는 어떠했는가? 많은 물리학자들의 세계관을 변화시킨 아인슈타인의 이론은 무엇에 관한 것인가? 과학자들은 그 이론을 어떻게 연구할 수 있었는가?

　우리는 발생한 변화를 상세히 살펴볼 수 있다. 그리고 결과적으로 물질을 아원자적이고 우주론적인 관점에서 생각하는 새로운 방식의 확장을 살펴볼 수 있다. 원자 폭탄 같은 공학적인 산물과 그 이론의 결합이 아인슈타인을 "과학자"의 상징적 인물이 되도록 하는 데 얼마나 기여했는지 생각할 수 있다. 그리고 혁명적인 것으로 고려되는 것에 그의 연구가 얼마나 기여했는지 생각해 본다. 이처럼 더 많은 사례를 사용하여 혁명의 본질에 관한 논의로 되돌아올 수 있다. 그리고 거기에 담긴 새로운 개념을 도출한다.

이 관점으로 산업 혁명을 공부할 수 있다. 여기서도 원인, 실제적 변화, 인간의 삶에 미친 공학의 영향에 초점을 맞춘다. 학생의 발전된 혁명 이론은 구체적인 원인, 사실, 사건, 결과의 탐구를 이끈다.

시간적 여유가 있다면, 마찬가지로 다른 혁명도 탐구할 수 있다. 그러한 탐구는 혁명의 본질에 관해 끊임없이 질문하도록 하여, 학생의 이론을 계속해서 정교하게 만든다.

3. 이론의 예외 소개하기: 일반 개념이나 이론의 예외가 되는 내용은 무엇인가? 어떻게 사소한 예외에서 시작해서 점차 일반 이론에 민감하게 도전하여 그 이론이 더 정교하게 되도록 할 수 있는가?

이 제재의 진리를 설명하는 개념이나 이론의 주장에 도전하기 위해, 그것이 잘 설명하는 것과 적절하게 설명하지 못하는 것을 살펴보자. 앞에서 언급한 바와 같이, 여기서 어떤 메타 서사를 다른 메타 서사로 바꾸도록 설득하려는 것은 아니다. 그보다는 메타 서사의 지위에 대한 학생의 이해를 변화시키려는 것이다.

메타 서사에 대한 주요한 예외: 각 혁명의 전체 기간 동안 불변한 것에 관심을 갖도록 하자. 프랑스 혁명을 숙고할 때, 프랑스에서 소작농의 삶, 특히 (혁명의 중심으로부터) 멀리 떨어져 있는 지역의 소작농의 삶에서 무엇을 발견했는지 질문한다. 그 소작농들은 혁명이 진행되고 있다는 것을 알기나 했을까? 혁명 이후에 재산을 그대로 지킨 귀족 가문은 얼마나 될까?

산업 혁명은 소작농의 삶에 어떤 영향을 미쳤을까? 주거 문제에 중요한 영향을 미쳤을까? 만약 일반적으로 산업 혁명이 유익한 것으로 보인다면, 농부들이 시골보다 도시에 관심을 갖는 데 어떤 영향을 미쳤는가? 만약 재앙으로 보인다면, 혁명 전후에 아동 사망률과 다른 질병의 통계는 어떠한가?

산업 혁명을 반성할 때, 그 혁명은 새로운 산업 계층에 권력을 주기 시작했다고 생각하는 학생도 있다. 그렇다면, 그 학생에게 새로운 산업에 막대한 투자를 한 혁명 전의 상위 토지 소유 계층의 수를 조사해 보도록 한다. 학생에게 노예무역에서 흘러나와 산업 혁명에 조달된 자본은 얼마나 되는지 찾도록 하자. 그리고 이것이 산업 혁명의 원인에 대한 학생의 이론에 얼마나 영향을 미치는지 찾도록 한다.

교사는 학생이 공부한 각각의 혁명 이론에 대한 예외를 계속 제시한다. 그리고 다른 이론에 대해 예외를 제기해 보도록 할 수 있다. 그 예외의 목적은 이론을 반증하려는 것이 아니다. 그보다는 예외에 반응하여 학생의 이론을 지지하는 더 많은 지식을 탐구하도록 조장하려는 것이다.

4. 대안적 일반 이론 제시하기: 어떤 대안적 일반 이론으로 이 제재를 조직할 수 있는가? 어떤 대안적 메타 서사로 이 제재를 조직할 수 있는가? 그 이론과 메타 서사의 본질과 한계를 보이기 위해 사용할 수 있는 최선의 것은 무엇인가?

대안적 이론 혹은 메타 서사: 두 가지 대안적 일반 개념(혁명은 모든 시대 모든 지역에서 전개되는 정상적 변화의 급격한 형태일 뿐이다. 또는 혁명은 경험, 이해, 사회생활 등에서 실적으로 다른 변화이나)을 탐구할 수 있다. 학생에게 지금까지 살펴본 각각의 혁명을 이 두 가지 메타 서사의 관점에서 재검토하도록 한다. 먼저, 각 혁명 이전에 일반적 방향으로 전개된 징후를 찾도록 한다. 그리고 소위 혁명은 우리가 회고하여 가정하는 만큼 그렇게 극적이지 않다는 것을 나타내는 사실과 사건에 초점을 맞춘다. 그런 다음 교사는 대안적 일반 개념을 채택할 수 있는지 질문한다. 다음으로 질적인 변화를 낳은 것으로 다시 혁명을 보도록 한다. 그 변화는 비록 즉각적이지는 않지만, 상대적으로 짧은 기간에 이루어진다. 그 변화는 단순히 정상적인 것의 가속이 아니라 극적이고 예측 불가능한 사건, 이해의 종류, 경험의 양식 등을 이끈다.

5. 행위 원인의 인식 발달 조장하기: 그 지식의 어떤 특질이 학생의 행위 원인의 인식 발달을 가장 잘 조장할 수 있는가?

학생의 행위 원인의 인식이 활용되고 촉진될 수 있는 영역: 각 혁명에서 개인의 역할에 관심을 갖게 한다. 그리고 학생에게 개인의 행위나 행위의 결과에서 불가피한 것은 없었는지 찾도록 한다. 평범한 환경의 사람에 의해 극적인 변화가 발생하기도 한다. 즉, 혁명에 관한 공부를 통해, 학생들은 특정한 방식에 전념한다면 그들도 주요한 영향을 미칠 수 있다고 느낀다.

교사는 학생들 자신이 각 혁명의 상황 속에 있다면 무엇을 할 것인지 혹은 무엇이 가능할지 생각하도록 한다.

6. 마무리: 학생이 지닌 이론이나 일반적 개념이 파괴되지 않고 사실에 기초하여 다른 지위를 갖는 것으로 인식되었는지 어떻게 확인할 수 있는가? 이론이나 일반적 개념에 대한 신념의 쇠퇴가 환멸과 소외를 이끌지 않았다고 어떻게 확인할 수 있는가?

마무리 활동: 이 수업에서 혁명을 질적인 변화로 보는 학생과 급격한 정상적 변화(정상적인 일이 더 빠를 뿐인)로 보는 학생 사이의 형식적 토론이 사용될 수 있다. 이때 학생은 공부한 모든 혁명을 논증의 내용으로 사용한다. 편견 없이 시작하여 소외되는 학생이 없도록

적절하게 보호하는 것이 토론의 형식적 본질이다. 학생이 속한 "팀"
의 지원은 소외감을 느끼지 않도록 보호할 것이다.

토론 외에도, 다양한 혁명을 한눈에 보여 주는 커다란 그림을 벽
에 그리도록 할 수 있다. 여러 형식으로 지식을 표현하는 것은 이론에
서 본질적인 것과 주변적인 것을 구체화하는 데 도움이 된다. 만약 그
벽화가 집단적으로 이루어진다면, 반드시 혁명을 표현하는 방법에 대
해 토론해야 한다. 이 토론을 통해, 혁명의 표현에서 사실 혹은 사건
이 다양한 형식으로 제시되듯이, 전체 그림도 유동적이라는 것을 인
식한다.

7. **평가**: 그 내용이 학습되고 이해되었는지, 학생이 이론이나 일반적 개념
을 발전시키고, 정교화하고, 그 한계의 의미를 획득했는지 어떻게 알 수
있는가?

평가 형식: 표준화된 평가 형식을 사용하여 다양한 혁명을 학습
했는지, 혁명의 상이한 형식을 이해했는지, 학습한 각 혁명의 현저한
특징을 서술할 수 있는지 평가한다. 학생이 지지하는 혁명의 본질에
관한 이론을 형성했는지 확인하기 위해, 수업 중의 논의를 평가할 수
있다(리커트 척도Likert scales[10]로 학생의 이론에 대한 정합성과 설명
능력을 등급화하기). 또한 혁명의 본질에 관한 학생 자신의 이론을 분
명히 하는 글쓰기를 부과할 수 있다.

이 단원에 도움이 되는 유익한 책은 브린턴Crane Brinton의 『혁명
의 해부*Anatomy of Revolution*』(New York: Norton, 1938)이다. 더 최근에
저술된 유사한 다른 자료도 분명히 있을 것이다.

---

10. 태도나 가치를 측정하는 데 널리 쓰이는 척도로, 주로 '매
　　우 찬성, 찬성, 보통, 반대, 매우 반대'와 같은 5단계 중 하
　　나로 표시하는 방법이다.

사례 2: 미분법(16세에서 20세)

세상은 변화한다. 미분은 변화를 분명한 의미로 정식화하여 표현하는 수학적 도구이다. 이론적으로, 단거리 선수의 가속에서부터 가을에 잎이 떨어지는 것까지 모든 변화의 과정은 수학적 함수로 표현될 수 있다. 미분법은 이 함수를 분석하고 변화 과정의 내적 작용의 의미를 나타내는 도구 체계를 제공한다. 이 2-3주에 걸친 단원은 미분법이라는 도구와 방법에 학생들을 입문시킨다.

미분법calculus은 조약돌pebble이나 돌stone을 뜻하는 라틴어이다 (의학과 치과학에서는 아직도 그 의미로 사용된다). (선사시대와 그 이후부터) 조약돌은 "계산calculate"(즉, 수량에 대한 계산 형식으로) 에 사용되었다.

1. 유력한 기초 개념 확인하기: 이 제재를 정합적인 전체로 가장 잘 조직하는 기초 개념이나 이론은 무엇인가? 가장 유력하고 분명하게 관련된 이론, 이념, 형이상학적 도식, 메타 서사는 무엇인가?

이 제재에서 가장 유력한 기초 개념이나 이론: 미분법은 변화 그 자체를 측정하기 위해 고안된 최초의 수학적 도구였다. 17세기 후반 미분법이 발명되기 전까지, 수학은 단지 사건의 정적인 상태만을 모형으로 할 수 있었다. 그렇지 않으면 기껏해야 함수로 표현된 변화율을 다룰 수 있었다. 미분법은 변화 자체를 연구 대상으로서 다루는 최초의 도구이다. 그것은 우주의 이해에서 변화를 중심을 둔다.

대안: 미분법은 "무한소 계산infinitesimal calculus"의 준말이다. 왜냐하면 무한소의 선분을 다루기 때문이다. 그것은 무한히 작지만 길이가 0은 아니다. 어떻게 무한소를 이해할 수 있는가? 이러한 노력이

어떻게 무한대, 연속, 극한의 개념을 명료하게 하는가?

2. 이론적 구조로 내용 조직하기: 이 과정에는 두 단계가 있다.

2.1. 초기 접근: 어떻게 기초 이론이나 개념을 생생하게 할 수 있는가? 어떤 내용이 그것을 잘 나타내고 이 제재를 조직하는 힘을 보여 주는가?

도식이나 이론을 가장 생생하게 드러내는 내용: 일반적으로 변화란 무엇이며, 상이하게 나타나는 변화를 어떻게 기록하는지 묻는 것으로 시작한다. 옷을 입고, 눈이 녹고, 사람에 대한 우리의 지각이 바뀌는 것에는 공통점이 있다. 이 세 가지를 변화라는 관점으로 언급할 수 있는 공통점은 무엇인가? 변화는 최종 상태와 그와 차이 나는 초기 상태와 관련 있다. 그렇다면, 어떤 경우에 한 상태에서 다른 상태로의 진행이 그 대상을 잘 이해하도록 했다고 할 수 있는가? 그것은 얼마나 걸리는가? 초기 상태와 최종 상태는 얼마나 다르며, 어떻게 다른가? 그 변화를 지적하기 위해서 사용할 수 있는 측정 단위가 있다면, 그것은 무엇인가? 어떻게 그 변화를 관찰하거나 측정해야 하는가? 변화를 측정하는 것은 어떤 가치가 있으며, 어떤 어려움이 있는가?

변화 측정을 위해 학생이 이미 가지고 있는 유력한 개념적 도구 중 하나는 다항 함수이다. 함수가 의복의 변화나 마음의 변화 과정을 분석하는 가장 분명한 방식은 아니다. 그러나 최소한 어떻게 이 과정이 나항 함수로 표현될 수 있는지 검토하는 것은 교육적이다. 예를 들어, 수업에서 옷을 입지 않은 사람의 상태를 시간 함수의 그래프로 나타내는 방법을 찾는 도전을 즐길 수 있다.

2.2. 수업이나 단원의 체계 조직하기: 수업이나 단원의 전체적 구조를

분명히 제시하는 메타 서사는 무엇인가?

이 제재의 강한 메타 서사를 나타내는 내용: 그 당시 미적분이 과학에 미친 혁명적 영향을 이해함으로써 그 힘을 평가할 수 있다. 그리고 우주와 그 안에서 인간의 지위를 이해하는 다양한 방식 중에서 미적분이 어떻게 더 일반적인 혁신의 중심에 있게 되었는지 평가할 수 있다. 미분법은 뉴턴과 라이프니츠Leibniz에 의해 개발되었다(우선권에 대한 두 인물의 상반된 주장과 계속된 논쟁은 흥미로운 토론 주제가 될 수 있다). 그것은 수학적 관점에서 변화를 표현하는 수단이었다. 처음으로, 과학자들은 엄격하고 정식화된 방식으로 변화를 연구할 수 있었다. 정적이고 고정된 우주라기보다는 동적이고 변화하는 우주라는 완전히 새로운 관점을 촉발하였다.

교사는 질서 있고 조화로운 우주의 중심에 고정된 지구라는 중세적 개념을 살펴보는 것에서 시작할 수 있다. 오랫동안 당연하게 취급된 아리스토텔레스의 관성에 관한 가정을 고려한다. 즉, 어떤 힘이 일정하게 능동적으로 계속 움직이게 하지 않는다면, 만물은 정지하게 된다는 것이다. 아리스토텔레스와 중세의 그 계승자들은 대상의 자연적 상태를 정지로 보았다. 또한 우주를 정지해 있는 것으로 보는 개념이 다양한 방식으로 중세 세계의 사회 정치적 제도와 연관된 것을 살펴볼 수 있다. 예를 들면, 이 정지된 우주의 개념이 그 당시의 고착된 사회적 계급 제도에 어떻게 반영되었는지 제시할 수 있다. 그 제도는 사회적 이동성을 거의 허용하지 않는 존재의 대연쇄Great Chain of Being의 정점에 왕을 두었다.

미분법 발명의 역사적 위치를 더 잘 평가하기 위해서, 르네상스 시기에 서구에서 일어난 세계관의 변화에 대해 고려할 수 있다. 그 시기에 서구에서는 인쇄기의 발전, 아메리카의 발견, 종교 개혁 등이 일어났다. 또한 이러한 발전은 과학에서 코페르니쿠스에서 시작해 갈릴

레오, 케플러, 뉴턴에 이르는 일련의 새로운 발전을 촉발했다. 더 이상 세상은 정지하려는 자연적 경향을 가진 우주의 중심에 있는 고정된 개체가 아니었다. 역동적이고 끊임없이 변화하는 우주의 유동적인 요소로 보게 되었다. 이 새로운 질서를 이해하기 위해서는, 그 본질을 측정하고 정량화하는 도구의 개발이 중요했다. 역동적인 우주를 이해하기 위해서 빛나는 갑옷을 입은 기사처럼 미분법이 시작되었다.

3. 이론적 구조의 분석 도구 개발하기: 일반 개념이나 이론으로 다룬 현상을 분석하는 데 유용한 수학적 혹은 과학적 도구는 무엇인가? 어떻게 일반 개념이나 이론에 대한 타당성을 강조하는 방식으로 이 도구를 개발하고 탐구할 수 있는가?

주요 도구와 그 적절성: 이미 학생은 다항 함수에 익숙하다. 그리고 곡선 그래프를 그리는 방법과 직선의 기울기를 측정하는 방법을 알고 있다. 또한 수열과 급수, 그것에 수반된 극한에 익숙하다. 미분법은 단지 이 익숙한 요소들을 새로운 방식으로 결합하는 문제이다. 학생은 함수의 극한을 확인하고, 측정하고, 표현하는 방법을 배울 필요가 있다. 그리고 주어진 점에서 곡선의 기울기를 나타내는 곡선의 접선을 알아내고 기입하는 방법을 배울 필요가 있다. 그런 다음 다항 함수의 미분 계수를 계산하기 위해 극한과 기울기의 개념을 일반화하는 방법을 배울 필요가 있다. 일단 학생이 미분 계수를 계산하는 핵심 개념을 배웠다면, 단지 이 핵심 개념을 정교하게 하면 된다. 거듭제곱의 공식, 합의 공식, 곱의 공식, 연쇄 법칙, 삼각 함수의 미분 계수 공식, 다른 어려운 함수는 모두 미분 계수라는 핵심 개념에 근거하여 성립된다.

이러한 수학적 도구를 가르치면서, 이 도구가 더 큰 서사에서 수행하는 역할을 명심하도록 학생에게 계속 상기시킬 필요가 있다. 더 큰 서사란 변화를 분석하는 일반화된 수단의 개발이다. 우리는 변화의 내적 작용을 분명하고 명백하게 보려고 노력한다. 예를 들어, 곡선에 접하는 선을 그림으로써, 곡선의 기울기는 곡선과 접선이 만나는 곳에서 무한소의 점임을 쉽게 보일 수 있다. 우리는 파악하기 힘든 곡선의 유동성을 단순한 직선으로 바꾼다. 우리는 복잡한 것을 더 간단하게 만드는 방법을 찾고 있다.

4. 이론적 구조의 한계를 고려하기: 이 단원에서 획득한 도구로 해결할 수 없는 관련 문제는 무엇인가? 이 문제에 더 복잡하게 추가된 것은 무엇인가? 어떤 도구들로 이 문제를 다룰 수 있는가?

문제와 추가된 도구: 대부분의 미분법 단원에는 (부정)적분anti-derivative에 관한 논의가 포함된다. (부정)적분은 자연스럽게 적분법을 이끈다. 여기서 학생에게 적분법을 가르치려는 것은 아니다(그것은 별도의 단원에서 다루어진다). 다만 미분법으로는 해결할 수 없고 적분법으로만 다룰 수 있는 문제들을 인식시키려는 것이다. 또한 학생이 미분 방정식을 배워야만 해결할 수 있는 문제들을 지적하려는 것이다.

여기서 학생이 곡선의 기울기를 구하는 방법은 알지만, 그 곡선 아래의 면적을 구하는 방법까지는 모른다는 점이 분명해진다. 이러한 지식의 부족을 보이기 위해, 곡선 아래의 면적을 계산해야 해결되는 문제를 제시하는 것이 좋다. 그리고 이 문제들이 미분법으로 풀기 위해서 배운 문제와 얼마나 밀접하게 연관되는지 제시하는 것도 좋다. 교사가 (부정)적분을 가르쳤다면, 적분법이 더 많이 관련된 방법을 시작하기 위해서 이 도구를 어떻게 사용할 수 있는지 제시한다.

5. 행위 원인의 인식 발달을 조장하기: 그 지식의 어떤 특질이 학생의 행위

원인의 인식 발달을 가장 잘 조장할 수 있는가?

학생의 행위 원인의 인식이 활용되고 조장될 수 있는 영역: 미분법 학습이 지역에서 선출된 공무원에게 편지를 쓰도록 자극하지는 않는다. 그러나 청소년에게 큰 압박감을 주었던 주제, 즉 변화에 대해 더 큰 통제감을 준다. 매우 추상적인 주제에서 새롭게 발견한 전문적 지식과 주변 세계의 관련성을 밝히는 몇 가지 방법이 있다. 앞에서 기술한 바와 같이, 변화는 도처에 있다. 모든 변화는 다소의 관련성을 가진 다항 함수로 표현할 수 있다. 수업에서 그래프로 표현하기 가장 어려운 변화 사례를 찾는(이어서 그 사례를 도표화하는 수단을 찾는) 도전을 즐기게 한다. 나아가 교사는 학생에게 비수학적인 변화 함수를 그래프로 작성하는 문제를 제시한다(예를 들어, 하루 동안 교사가 보인 기분의 밝기를 시간 함수로 나타내기). 그리고 그 그래프의 미분계수를 도출하고 그것이 나타내는 것을 설명하게 한다. 이 연습은 삶에서 변화와 관련된 행위 원인을 우선 인식시키려는 것이다. 미분법 자체가 학생의 낭만적 고민을 다루는 데 도움을 주지는 않는다. 그러나 변화를 재조직하고 분석할 때 더 큰 자신감을 준다.

6. 마무리: 학생들이 새로운 이론적 도구를 파악했을 뿐 아니라 더 포괄적인 개념 구성에 이 도구가 적합한 곳을 이해했는지 어떻게 확신할 수 있는가? 학습 내용의 적용 방법뿐 아니라, 그것이 작용하는 이유와 문제가 되는 이유도 이해했는지 어떻게 확신할 수 있는가?

마무리 **활동**: 이것은 뉴턴과 라이프니츠의 미분법 발견이라는 역사적 서사로 돌아가기 좋은 단계이다. 그리고 오래된 중세적 질서에서 새로운 세계관이 발생할 때 미분법이 차지했던 중요한 역할로 돌아가기 좋은 단계이다. 교사는 학생에게 미분법이 있어야 해결할 수 있는 문제를 생각하게 한다. 거기서 그 문제를 해결할 수 없었던 세계

관의 한계를 조명한다. 이 수업은 미분법이 있어야 가능한 문제의 해법과 혁신의 목록을 생각하게 한다. 이 활동으로 세계에 대한 가설이 문화적으로 이용 가능하게 된 수학적 도구에 어떤 영향을 받는지 깊이 생각하게 된다.

7. 평가: 그 내용이 학습되고 이해되었는지, 학생이 이론이나 일반적 개념을 발전시키고, 정교화하고, 그 한계의 의미를 획득했는지 어떻게 알 수 있는가?

평가 형식: 선호하지 않더라도, 반복은 수학적 도구의 기본적인 구사력을 강화하는 최선의 방법 중 하나이다. 구사하지 못하면 미분법은 단지 좋은 관념에 지나지 않는다. 연습, 숙제, 퀴즈가 이와 관련해서 유용한 것은 분명하다. 그렇지만 이렇게 익숙한 평가 방법은 미분을 위한 도구의 습득만을 보여 준다. 이 수학적 도구가 포괄적 이해에 포함되고 반영된 정도를 검토하기 위해 더 진전된 평가 방식이 필요하다. 이 포괄적 주제에 대한 이해는 수학 수업에서 대체로 꺼려하는 에세이, 학급 토의, 개방적 논쟁과 같은 활동에서 나타난다. 또한 학생이 미분법의 기술적 숙달과 변화의 포괄적 이해를 관련시키는 방식을 보여 주는 활동이 있다. 이 활동은 과정을 평가하는 유용한 수단으로 사용될 수 있다.

사례 3: 〈햄릿〉

1. 유력한 기초 개념 확인하기: 이 제재를 정합적인 전체로 가장 잘 조직하는 기초 개념이나 이론은 무엇인가? 가장 유력하고 분명하게 관련된 이론, 이념, 형이상학적 도식, 메타 서사는 무엇인가?

교수를 위해 〈햄릿〉을 고려할 때, "중요한 것은 연극이다." 이 구성은 실제로 연극을 구성하여, 학생의 접근과 이해가 증진되도록 한다. 그 기법은 수백 년 동안 이 연극에 수반된 이론에 학생이 참여하도록 하는 것이다. 〈햄릿〉은 영어로 된 가장 유명한 연극이지만, 가장 논란이 되는 연극이기도 하다. 그래서 중점적으로 논란이 된 이론 자체가 학생을 연극에 참여하게 하는 구성 틀이 될 수 있다. 〈햄릿〉이 정전 중에서도 가장 정전 같은 작품으로 제시된다면, 살아 있는 인간보다는 신의 정신에서 나온 것처럼 보일 수도 있다. 이것은 상당히 주눅 들게 한다. 난해한 정전처럼 생각하는 것을 방지하면서 이 연극을 시도한 많은 방식이 있다(이 방법으로 〈모나리자*Mona Lisa*〉를 "보기"는 어렵다. 왜냐하면 그것의 정전으로서의 지위는 관람자에게 그리기 자체의 세부 사항을 보지 못하게 하기 때문이다). 예를 들어, 〈햄릿〉의 중심 부분을 정하고 그것을 현대적으로 설정하여 이야기한다. 그리고 학생에게 그것을 어떻게 무대에 올릴지 물어 본다. 학생에게 대사를 말하게 하고, 한 장면을 즉흥극으로 해보도록 한다. 그리고 나서 셰익스피어 버전으로 옮겨 간다. 이것이 그 연극의 압도적인 무게감을 줄여 주는 것은 아니다. 그러나 이것은 "알 수 없는" 정전 예술의 생기 잃은 덩어리를 보다 생생한 드라마로 생각하도록 한다. 또한 셰익스피어를 학생들이 직면한 문제와 같은 문제를 다룬 인물로 보게 한다.

이 제재에서 가장 유력한 기초 개념이나 이론: 이것은 지금까지 쓰여진 가장 유명한 드라마의 하나이다. 그러나 사람들은 그 주제가 무엇이며, 왜 그렇게 유명한지 끊임없이 논쟁한다. 이 단원에서는 왜 복수 이야기가 그렇게 복잡하게 되어 있는지에 초점을 맞춘다. 그리고 혹자는 그것을 극적인 실패라고 생각하고, 혹자는 성공이라고 생각하는지에 초점을 맞춘다. 이러한 물음 이면에는 드라마의 본질과 무대 위의 가장된 행위가 왜 우리를 사로잡는가 하는 더 큰 물음이 있다. 즉, "헤쿠바Hecuba는 그에게 무엇이며 그는 헤쿠바에게 무엇이기에/ 그녀를 위해 울어야 하는가?" 많은 이론들이 이 단원 구성을 위한 기초로 제공된다. 이 사례에서는 〈햄릿〉이 드라마로서 성공적이라는 이론을 채택한다. 다양하게 갈등하는 충동과 힘에 이끌린 주인공을 표현했기 때문이다. 만약 충동과 힘 중 어느 하나가 어떤 점에서든 우세했다면 햄릿을 행동하도록 이끌었을 것이다. 관객은 햄릿이 벗어날 수 있는지, 그렇다면 언제 벗어날지, 무엇을 할지 긴장에 사로잡힌다.

대안: 그것은 르네상스의 공포물이다(햄릿이 먼저 왕을 죽일 것인가 아니면 왕이 햄릿을 죽일 것인가?)

2. 이론적 구조로 내용 조직하기: 여기에는 두 단계의 과정이 있다.

2.1. 초기 접근: 어떻게 기초 이론이나 개념을 생생하게 할 수 있는가? 어떤 내용이 그것을 잘 나타내고 이 제재를 조직하는 힘을 보여 주는가?

도식이나 이론을 가장 분명히 드러내는 내용: 교사는 줄거리를 개괄적으로 제시하면서 시작할 수 있다. 삼촌의 손에 살해당한 아버지의 복수를 하려는 왕자는 삼촌과 어머니의 결혼으로 갈등하게 된다.

왕자는 복수를 원하고, 어머니에 대한 사랑으로 괴로워하고, (유령에게서) 그가 받은 "증거"를 마침내 믿지 않고, 복수와 사랑과 우정이라는 열정과 생각에 사로잡힌다. 그러나 모든 것을 다 불신하게 된다. 그는 "생각"과 "사실"을 구분하는 데 어려움을 겪게 된다. 그래서 그 논의는 2막 2장의 순회 배우들에 대한 햄릿의 연설로 시작한다.

> 아! 나는 얼마나 못나고 촌스러운 노예 같은 인간인가:
> 여기 이 배우는 실로 기괴하지 않은가,
> 그러나 허구 속에서, 열정의 꿈속에서,
> 나름대로 스스로 영혼을 움직여
> 그녀의 일로 얼굴은 창백해지고,
> 눈물을 글썽이며, 혼미한 상태가 되어,
> 비탄에 잠긴 목소리, 하나 된 몸짓으로
> 나름대로 연기하지 않는가? 오직 그것만!
> 헤쿠바를 위해!
> 헤쿠바는 그에게 무엇이며 그는 헤쿠바에게 무엇이기에
> 그녀를 위해 울어야 하는가? 내가 가진 것처럼
> 열망하는 동기와 단서를 가졌다면
> 그는 어떻게 할까? 눈물로 무대를 적시고,
> 무서운 대사로 청중의 귀를 찢고,
> 죄지은 자를 미치게 하고, 자유로운 자를 떨게 하고,
> 어리석은 자를 당황하게 하고, 그리고 놀라게 하는데
> 그것이 바로 눈과 귀의 기능이다.
> 그러나 나는,
> 가장 둔하고 소심한,
> 꿈꾸는 놈처럼, 이유도 품지 못하고,

선왕을 위해 아무것도, 아무 말도 못하고 있지 않는가;
그는 재산과 가장 소중한 삶을
빼앗기고 말았는데. 나는 겁쟁이인가?
누가 나를 못된 놈이라고 부르는가? 머리를 치는가?
내 수염을 뽑아 얼굴에 불어대는가?
내 코를 비트는가? 거짓말쟁이라고 하는가?
아!
기절하자, 받아들이자, 어쩔 수 없지 않은가
나는 비둘기 간이라, 증오도 없지 않은가
그 억압에 원한을 품으려면, 먼저
솔개의 모든 부위를 살찌우자
이 노예의 썩은 고기로. 잔인하고 추잡한 악한!
무자비하고, 음흉하고, 무례한 악한!
아! 복수다!
나는 왜, 얼마나 바보인가! 기껏 이 정도 용기인가
바로 나, 살해당한 친아버지의 아들,
하늘과 지옥은 나에게 복수하라 하는데,
매춘부처럼, 나의 가슴속 말을 꺼내 놓다니,
저주에 빠지다니, 매춘부와 똑같지 않은가,
상스러운 놈!
정말 싫구나! 혐오스럽구나! 머리를 쓰자! 떠오른 것은,
죄지은 자에게 연극 구경을 시켜
바로 그 교묘한 장면을 보게 하여
이내 영혼에 감동을 주면
죄지은 자는 못된 짓을 털어 놓곤 하지;
살인자는 혀가 없어도 말하는

불가사의한 기관을 가지고 있지 않은가. 배우들에게 시켜

나의 아버지와 비슷한 장면을 삼촌 앞에

보여 주자; 그의 모습을 살펴보자;

나는 그 틈을 노릴 것이다: 그가 움찔한다면

가야 할 길을 안다. 내가 본 그 혼령

악령일지도 모른다: 악령은 힘이 있어

호감이 가는 모습을 가장한다; 그래, 아마도

나의 유약함과 우울함으로

혼령이 힘을 써서

자신을 저주하는 나를 욕하는 것인가. 증거를 찾자

이보다 더 관련된 증거: 바로 연극이다

거기서 나는 왕의 양심을 포착하자.

첫 번째 수업에서 이 연설을 사용하여 학생에게 질문한다. "이 친구의 문제는 무엇인가?" 학생은 그 이야기의 개요를 파악하고, 그 연극의 여러 중심 주제에 초점을 맞출 수 있다. 왜 그는 행위할 수 없는 자신의 무능력에서 자기 혐오감을 느끼는가? 그의 복수에 대한 갈망과 정의감이 싸우고 있는가? 그러나 왜 그는 배우의 흔한 정서와 초라한 자신을 비교하는가? 그 자신의 불확실성과 연관된 정서에는 인위적인 것이 있는가? 그 배우는 감정을 표현해야 하고, 햄릿은 생각해야 한다.

여기서 그 장면을 비디오로 보는 것도 도움이 되며, 시작할 때 출연자들이 표시되는 것이 더 좋다(케네스 브래너Kenneth Branagh의 영화는 추천할 만하다).

2.2. 수업이나 단원의 체계 조직하기: 수업이나 단원의 전체적 구조를

분명히 제시하는 메타 서사는 무엇인가?

제재의 유력한 메타 서사를 나타내는 내용: 수업 시간에 두 가지 상이한 관점으로 연출된 연극을 몇 차례 본다. 오래 전부터 정형화된 올리버Oliver의 해석은 브래너Branagh의 해석과 좋은 대비가 된다. 하나는 그 텍스트의 단편이고, 다른 하나는 전체 텍스트라는 것은 무시하자. 대비되는 두 해석은 이 연극이 어떤 정합적인 의미를 "나타내는지," 아니면 사람을 끌어들이는 자극적인 행위의 신비한 불완전함인지에 초점을 맞추게 한다. 그리고 그 연극 행위가 어디로 귀속되는지(세상인지 햄릿의 머리인지), 이 두 가지가 잘 조화되는지 결정하도록 한다.

연극의 성공적 요소에 대해 잘 소개하고 있는 이론에서 나온 메타 서사는 연극의 모든 특징을 종합적으로 보도록 한다. 즉, 각 요소, 장면, 인물은 정합적 전체에 성공적으로 기여하는지의 관점에서 해석된다.

3. 이론의 예외 소개하기: 일반 개념이나 이론의 예외가 되는 내용은 무엇인가? 어떻게 사소한 예외에서 시작해서 점차 일반 이론에 민감하게 도전하여 그 이론이 더 정교하게 되도록 할 수 있는가?

메타 서사에 대한 주요한 예외: 여기서 요점은 이 연극이 메타 서사의 주장처럼 그렇게 완벽하게 구성되어 있는지 질문하는 것이다. 교사는 학생에게 햄릿의 입장이라면 어떻게 할 것인지 물어본다. 만약 학생이 분명한 행위 노선을 제시한다면(소위, 왕을 먼저 죽인다거나, 혹은 기도할 때처럼 확실한 무방비 상태에서 죽인다), 교사는 그것이 불완전한 해결책이 되는 여러 이유를 제시한다. 신속히 죽이는 것에 대해서, 교사는 잘 방비하고 있고 의심 많은 왕을 공격하는 현실적인 문제를 제기한다. 또한 삼촌이 정말로 아버지를 죽였는지 확신하지 못하는 햄릿의 심리적 문제를 제기할 수 있다. 기도 순간을 이용하는 것에 대해서, 햄릿은 지옥에서 썩어 가는 삼촌을 보기를 원했다. 그래서 외견상 참회하고 은총에 접근한 상태에서 삼촌을 죽이는 것을 참았다고 문제를 제기할 수 있다. 이것이 오늘날의 학생에게 설득력을 갖기 위해서는, 그 당시 지옥의 개념을 알려 주는 활동을 조금 해야 한다.

이 연극이 극적으로 작용하는가라는 더 일반적인 문제에 대해서, 교사는 양쪽의 주장을 준비한다. 엘리엇T. S. Eliot의 글 「햄릿과 그의 문제Hamlet and His Problems」는 지배적인 메타 서사와 이론에 예외적 입장을 취하는 좋은 자료이다. 거기서 엘리엇은 그 연극의 정서는 행위와 어울리지 않는다고 주장한다. 그 행위에는 정서에 부합하는 어떤 "객관적인 상관관계"도 없다. 그래서 그 연극은 불만족스럽다. 엘리엇과 많은 사람들에게, 이 연극은 주요 인물의 심리라기보다는 문제일 뿐이다. (오늘날 짧고 흥미로운 이 글에 대한 쉬운 자료들이 많이 있다. 예를 들면, www.bartleby.com/200/sw9.html이다.)

햄릿이 지나치게 고민해서 무력하게 되었다는 입장("고민하는 나약한 성격"의 희생자)을 취하는 학생에게는 거짓된 로젠크란츠와 길든스턴에 대한 햄릿의 단호하고 무자비한 행위를 고려하게 한다. 그리고 햄릿은 학자이긴 했지만, 검을 다루는 솜씨에서 입증된 것처럼 "행위하는 인간"이 되려고 분명히 생각했다. 또한 그것은 포틴브라스가 햄릿을 위해 아주 명예로운 군인의 장례식을 주장할 때도 분명해진다 단호한 햄릿과 우유부단한 햄릿이 정합적인 성격을 구성하는가?

특히 오필리아를 다룰 때처럼 햄릿이 미쳤다고 생각하는 학생도 있다. 이 학생에게는 햄릿을 죽이고 그 친구들을 파멸시키려는 왕과, 분명히 그를 배신하리라고 [생각하는] 오필리아에 대한 햄릿의 두려움을 숙고해 보도록 한다. 그러나 오필리아에 대한 햄릿의 처신은 너무 지나치고 (우리의 메타 서사에서 예외적으로) 불만족스럽지 않은가? 그리고 다른 인물과의 관계도 마찬가지라고 불평할 수 있지 않은가? 정서는 과장되었으며 행위는 부적절하지 않은가?

햄릿에 대해 취한 입장에 예외는 충분히 있다. 결국, 셰익스피어는 우리보다 더 영리했다고 단순하게 결론지을 수 있다(혹은 셰익스피어는 오늘날 TV 경찰 프로에 점령된 문화 시장의 틈새를 채우려고 돈벌이 위주의 조잡한 문학 작품을 쓰고 있었을 뿐 이 내용을 해결할 필요가 있다고 느끼지 않았다).

4. 대안적 일반 이론 제시하기: 어떤 대안적 일반 이론으로 그 제재를 조직할 수 있는가? 어떤 대안적 메타 서사로 이 제재를 조직할 수 있는가? 그 이론과 메타 서사의 본질과 한계를 보이기 위해 사용될 수 있는 최선의 것은 무엇인가?

대안적 이론 혹은 메타 서사: 교사는 학생에게 그 연극을 처음 본 관객이 거기서 본 것을 상상해 보도록 한다. 이미 몇몇 〈햄릿〉 연극이 상연되었다. 그중에는 최근에 키드Thomas Kyd가 연출한 작품도 포함된다. 그 이야기에는 셰익스피어와 당시 관객들이 알고 있었을 기록들chronicles이 나타난다. 그러나 셰익스피어는 오래된 복수 공식을 아주 복잡하고 매력적인 것으로 바꾸었다. 그 줄거리에서 주의를 끄는 부분은 발생할 일을 알면서 빠져드는 햄릿의 정신이 가진 매력이 아니다. 그보다는 이 연극을 처음 보는 사람이 갖는, 누가 누구를 죽일 것인지 하는 부분이다. 그렇다면 공포물이라는 개념은 어떤가?

그러나 근본적인 메타 서사는 요소들을 솜씨 있게 배치해서 매끄러운 전체로 구성하여 사람의 마음을 사로잡는 연극의 힘을 설명한다. 교사는 학생에게 흠이 있지만 그들의 상상력을 사로잡은 예술 작품을 생각해 보도록 한다. 그리고 〈햄릿〉은 지금까지 수행된 가장 성공적인 실패가 아니었는지 숙고해 보도록 한다.

그러면 "헤쿠바는 그에게 무엇인가?"라는 질문이 남는다. 교사는 이에 대해 학생의 관점을 물어 본다. 그리고 시작할 때 인용한 연설에서 햄릿 자신의 묵상과 학생들의 생각을 비교하게 한다. 왜 그 배우는 헤쿠바를 위해 슬퍼하며, 우리는 햄릿을 위해 슬퍼하는가?

그래서 "전부는 너무 많다"는 이론이 있다. 민감한 사람이 햄릿을 강타한 일련의 압박을 전부 다 다루려고 하면 머릿속이 윙윙거릴 뿐이다. 삶, 죽음, 사랑, (한 젊은이에게 요릭Yorik과 함께 한 날들을 그리워하게 만들기에 충분한) 강렬한 두려움.

5. 행위 원인의 인식 발달을 조장하기: 그 지식의 어떤 특질이 학생의 행위 원인의 인식 발달을 가장 잘 조장할 수 있는가?

학생의 행위 원인의 인식이 활용되고 조장될 수 있는 영역: 문학의 용도 중 하나는 경험을 확장하고, 다른 사람의 경험을 자신의 경험처럼 받아들여 배우는 것이다. 진지하게 〈햄릿〉을 따르는 것 자체가 학생의 행위 원인의 인식을 확장하는 것이다.

(다음 부분에서 제시되는 바와 같이) 연극에서 학생에게 역할을 부여하는 것은 어떤 인물이 "된" 자신을 상상하게 한다. 혹은 그 인물처럼 살려고 하거나 살기 시작한 자신을 상상하도록 한다. 그것이 너무 파괴적이지 않다고 해보자. 그러면 하루 동안 학생에게 햄릿, 오필리어, 거트루드, 폴로니어스 등이 "되어" 보라고 제안해 보자. 오필리어나 서트루드, 햄릿이나 레어티스가 된 자신이 농구 경기에서 하는 역할을 생각해 보도록 하자. 혹은 상점가를 지나가거나 버스를 타거나 학교 수업에 참석한 것을 생각해 보도록 하자. 그 인물은 그것을 어떻게 할까? 그것을 어떻게 할지 상상할 때 학생의 자아감은 얼마나

확장될까? 물론, 이러한 인물의 실현은 오직 그 연극에서만 가능하다. 그러나 현대적 맥락에서 그 인물을 구체화하는 것은 흥미로운 연습이 된다. 마치 영화 속 인물처럼 행동하는 장난스러운 학생을 보는 것과 같다.

6. **마무리**: 학생이 지닌 이론이나 일반적 개념이 파괴되지 않고 사실에 기초하여 다른 지위를 갖는 것으로 인식되었는지 어떻게 확인할 수 있는가? 이론이나 일반적 개념에 대한 신념의 쇠퇴가 환멸과 소외를 이끌지 않았다고 어떻게 확인할 수 있는가?

마무리 활동: 독자는 마음속의 무대에서 연극을 공연할 수 있다. 그러나 연극은 읽기보다는 공연하고 보기 위해서 고안된 것이다. 마무리에서는 공연 준비를 하면서 연극 공부에서 혼란스러웠던 문제를 더 살펴보도록 하는 것이 좋다. 학생을 소집단으로 나누고 연극의 주요 장면을 선택한다. 각 집단마다 서로 다른 장면을 할당하고, 각각의 학생에게도 역할을 부여한다. 개인적 관계와 그 역동성이 행위의 중심이 되는 장면이 가장 좋다. 즉, 거트루드와 햄릿, 길든스턴과 로젠크란츠, 오필리어와 햄릿, 폴로니어스와 왕과 오필리어 등이다.

학생은 그 역할을 암기해서 해야 한다. (이것은 "기계적 학습"이 유해하다는 많은 교사의 가정과는 상반된다. 그러나 셰익스피어의 작품은 개인의 인지 발달을 위한 위대한 "최고의 도구" 중 하나이다. 그리고 셰익스피어의 언어 리듬, 정신, 정서를 배우는 것은 학생의 교육에 가장 크게 기여하는 것 중 하나이다. 이것의 장점은 그의 작품을 암기해 학습할 때 가장 충실히 도달된다.)

그런 다음 학생들은 학급 전체, 참석을 원하는 모든 사람들에게 그 장면을 공연한다. 그리고 그 공연 경험을 바탕으로 연극과 관련된 이론적 문제에 대한 결론을 논의한다. 각 집단이 텍스트에 더 주의를 기울이고, 특정 인물과 더 강하게 정서적으로 관련된다고 해보자. 이 때, 〈햄릿〉의 일반 개념에 대한 마무리 토의는 그 연극의 특정 이론을 분명히 하고 옹호하려고 했던 이전의 시도보다 더 많은 정보에 의해 상세하게 된다.

7. 평가: 그 내용이 학습되고 이해되었는지, 이론이나 일반적 개념을 발전시키고, 정교화하고, 그 한계의 의미를 획득했는지 어떻게 알 수 있는가?

평가 형식: 학생이 어느 정도로 그 텍스트를 이해하고, 그 구성을 알고 있는지 등을 평가하기 위해 모든 일반적 평가 형식이 사용될 수 있다. 그러한 일반적인 평가 형식 외에도, 교사는 학생이 그 연극 이론을 스스로 이해하고 발전시켰는지에 대한 증거를 찾고자 할 것이다. 학생의 이론적 이해에 대한 증거는 수행과 논의의 관찰에서 나타난다. 그리고 학생이 이 단원에서 개발한 이론을 탐구하고 분명히 하도록 부과된 글쓰기 제재에서 나타난다. 여기서 가장 중요한 목적은 연극 이론보다는 〈햄릿〉에 참여하도록 하는 것이다. 그래서 이 목적이 사용된 수단과 전도되지 않았다는 증거를 찾는 것이 좋다. 그것은 학생의 활동과 글에서 찾을 수 있다.

사례 4: 단순 조화 운동Simple Harmonic Motion(16세에서 18세)

진동은 자연이 평형을 회복하는 방식이다. 평형을 회복하는 과정에서 중요한 자연 현상이 많이 발생한다. 그것은 빛과 소리의 파동에만 한정되지 않는다. 진동은 매우 복잡한 과정이다. 그러나 단순 조화 운동에서 그 기초를 발견하고 습득하기는 어렵지 않다. 2-3주에 걸쳐 진행될 이 단원에서, 단순 조화 운동을 분석하는 데 필요한 도구를 검토하고 광범위한 적용을 탐구한다.

1. 유력한 기초 개념 확인하기: 이 제재를 정합적인 전체로 조직하는 최선의 기초 개념이나 이론은 무엇인가? 가장 유력하고 분명하게 관련된 이론, 이념, 형이상학적 도식, 메타 서사는 무엇인가?

이 제재에서 가장 유력한 기초 개념이나 이론: 진동은 평형을 찾는 자연의 방식이다. 어떤 체계가 평형을 벗어나면, 평행을 회복하기 위해서 초과 에너지를 발산해야 한다. 이 에너지의 발산 과정이 바다 혹은 소리의 파동과 같은 여러 현상을 낳는다. 자연의 도처에 평형과 불안정 사이의 상호 작용이 있다. 그것이 없다면 보지도 듣지도 못할 것이다.

대안: 용수철에 매달린 물체의 운동은 원 위의 여러 점의 좌표를 나타내는 함수와 같이 그래프화 될 수 있다. 일반적으로 조화 운동은 사인 곡선적sinusoidal이다. 이것은 신비하고 완전한 원의 속성이 보통 원과 연관되어 있다고 생각하지 않는 다양한 자연 현상에서 발견된다는 것을 뜻한다. 이 단원의 대안적 접근에는 자연의 도처에서 나타나는 원의 속성을 조사하는 방법이 포함된다.

2. 이론적 구조로 내용 조직하기: 이 과정에는 두 단계가 있다.

　2.1. 초기 접근: 어떻게 기초 이론이나 개념을 생생하게 할 수 있는 가? 어떤 내용이 그것을 잘 나타내고 이 제재를 조직하는 힘을 보여 주는가?

　도식이나 이론을 가장 명확히 드러내는 내용: 단순 조화 운동의 전형적인 사례는 용수철에 매달린 물체이다. 한편으로 그것은 조화 운동의 속성을 아주 명백히 드러내기 때문이고, 다른 한편으로는 교실 내에서 실연하기에 좋기 때문이다. 교사는 먼저 용수철에 매달린 물체의 운동을 실연한다. 그 물체가 정지할 때까지 평형점에서 어떻게 진동하는지 보여 준다. 그런 다음 이 진동과 평형이라는 단순한 속성을 보여 주는 외관상 다른 많은 현상을 생각하게 한다. 이것은 물결에서부터 기타 줄의 진동, 생태계에서 육식 동물과 먹이 개체 수의 변화에 이르기까지 도처에서 나타난다. 학생은 빛과 소리는 진동파로 전해진다는 것을 배운다. 그리고 이러한 진동에 반응하는 신체의 막을 통해서 시각과 청각이 가능하다는 것을 배운다.

　이 관찰에서, 학생은 이 모든 현상의 공통점을 조사할 수 있다. 이때 평형점과 그 평형까지의 진동에서 시작한다. 학생은 기본적인 질문을 할 수도 있다. 즉, 진동은 일정한 속도로 발생하는지 질문할 수 있다. 혹은 그 속도가 평형점이나 평형점의 최대 범위에서 더 빨라지는지 질문할 수 있다. 또한 평형점에서 즉시 정지하지 않거나 평형점에서 무한히 멀어지지 않고, 평형점 주변에서 진동하는 물체에 작용하는 힘의 종류에 대해 질문할 수 있다. 이 단원의 목적은 수학적 도구를 개발하려는 것이다. 수학적 도구는 이 모든 진동 현상의 일반성을 정식화한다. 그것은 학생에게 모든 개별적 현상이 소수의 단순한 수학적 특성을 어떻게 공유하는지 그 방식을 명확히 파악하도록 한다.

2.2. 수업이나 단원의 체계 조직하기: 수업이나 단원의 전체적 구조를 분명히 제시하는 메타 서사는 무엇인가?

이 제재의 메타 서사를 강하게 나타낼 수 있는 내용: 여기서 중요한 이야기는 자연은 평형 상태의 추구와 간섭 사이에서 끊임없이 상호 작용한다는 것이다. 평형과 불안정은 둘 사이의 진동만큼 그렇게 흥미로운 것은 아니다. 음악 소리와 대양의 조류는 평형점 주변의 진동 체계의 결과이다. 만약 이 체계가 평형점을 찾거나, 혹은 평형점에서 멀어진 상태에서 영원히 정지한다면, 그것은 흥미로운 것이 되지 못한다.

이 이야기에서 한 가지 흥미로운 점은 진동은 단순히 평형을 회복하려는 평형 체계의 부산물이라는 점이다. 그러나 이 부산물이 가장 흥미 있는 결과를 낳는다. 기타 줄의 진동은 단지 그 줄이 튕겨지기 이전 상태로 돌아가려는 것이다. 그러나 이 진동(튕겨졌거나 평형 상태가 아닌)이 바로 소리를 낳는다. 교사는 이 미운 오리와 같은 생각의 낭만을 부각시키려고 할 것이다. 한 상태에서 다른 상태로 변하는 흥미 없는 과정이 실제로는 그 두 상태보다도 더 중요한 것이다.

3. 이론적 구조의 분석 도구 개발하기: 일반적 개념이나 이론으로 취급된 현상을 분석하는 데 도움이 되는 수학적 도구나 과학적 도구는 무엇인가? 어떻게 일반적 개념이나 이론에 대한 타당성을 강조하는 방식으로 이 도구를 개발하고 탐구할 수 있는가?

주요 도구와 그 타당성: 자연에서 나타나는 매우 다양한 진동을 탐구한 후에, 교사는 원래의 용수철에 매달린 물체로 돌아간다. 단순 조화 운동의 다양한 수학적 특성은 여기서 가장 분명해진다. 용수철에 매달린 물체에서 변위와 속도 사이의 관계를 공부함으로써, 그 수업에서 훅Hooke의 법칙을 유도할 수 있다. 더불어 단순 조화 운동을 하는 물체의 주기, 진폭, 변위, 속도, 가속도, 위치 에너지와 운동 에너지를 유도할 수 있다.

단순 조화 운동의 일반적 속성을 검토할 때, 조화 운동과 사인 함수 사이의 관계를 검토하는 것도 가치 있다. 여기서 학생은 단순 조화 운동의 특성이 더 단순한 원의 특성과도 관련됨을 보게 된다. 학생은 원이라는 최고의 일반성이 자연의 거의 모든 측면에 적용됨을 발견한다.

4. 이론적 구조의 한계 고려하기: 이 단원에서 습득한 도구를 가지고 해결할 수 없는 관련 문제는 무엇인가? 이 문제에서 더 복잡해진 것은 무엇인가? 어떤 도구로 이 문제를 다룰 수 있는가?

문제와 추가적 도구: 바로 여기서 "단순 조화 운동"에서 단순*simple*과 **조화***harmonic* 부분이 작용한다. 단순 조화 운동 단원에서 일반적으로 제시되는 사례는 진자 운동이다. 진자 운동은 단순 조화 운동과 유용한 유사점을 많이 갖고 있다. 그러나 단순 조화 운동의 사례는 아니다. 학생에게 진자 운동이 단순 조화 운동의 사례인지를 묻고, 그 여부를 증명하게 하는 방식으로 진자 운동을 소개하는 것은 흥미 있을 것이다.

진자의 사례에서 더 나아가, 자연의 거의 모든 진동이 용수철에 매달린 물체처럼 그렇게 간단하지 않다는 것을 제시할 필요가 있다. 앞에서 익힌 수학적 도구를 사용하면, 학생은 평형 위치에서 변위된 대상이 더 많은 에너지를 갖는다는 것을 발견할 수 있다. 그래서 진동은 본질적으로 초과 에너지의 발산이라는 문제가 된다. 초과 에너지는 평형 위치의 정지 상태로 돌아가려는 것을 막는다. 이것은 단순 조화 운동에서는 결코 발생할 수 없다. 에너지를 발산하는 것은 없다는 가설 때문이다. 그러나 실제로 대부분의 진동은 힘이 계속 작용하지 않으면 멈춘다. 예를 들어, 용수철에 매달린 물체는 진동을 멈춘다. 왜냐하면 용수철의 경도와 마찰은 에너지를 열로 발산해서 물질을 평형 위치로 되돌리기 때문이다. 이처럼 더 복잡한 진동의 형태를 이해하기 위해서는 이 단원에서 밝혀진 것 이상의 수학을 요구한다.

복잡한 수학을 탐구하지 않고도, 교사는 감소되고, 증가되고, 지속적인 진동이 어떻게 이 단원의 앞에서 다룬 단순한 정식을 복잡하게 하는지 제시할 수 있다. 더 많은 종류의 진동의 유용성에 주목하는 것도 가치 있다. 적당한 사례로는 자동차의 충격 흡수가 있다. 만약 자동차의 반동이 단순 조화 운동의 법칙을 따른다면, 탑승자는 매우 불편한 승차 경험을 하게 될 것이다. 그래서 자동차 공학자들은 그 반동을 최소화하기 위해 차의 충격을 흡수하려 했다.

5. 행위 원인의 인식 발달 조장하기: 지식의 어떤 특질이 학생의 행위 원인의 인식 발달을 가장 잘 조장할 수 있는가?

학생의 행위 원인의 인식이 활용되고 조장될 수 있는 영역: 수학과 물리학의 추상적 일반성 안에서 여러 영역의 상이한 현상 이면에 있는 기본 원리를 파악할 때 학생은 행위 원인을 인식할 수 있다. 예를 들어, 진동에 대한 학습으로 광범위한 문제를 분석하고 이해하는 감각을 계발할 수 있다. 그리고 복잡한 행위를 소수의 간단한 용어나 방정식으로 바꿀 수 있다. 학생은 행위 원인의 인식을 활용하여 자신의 삶에서 가능한 여러 진동 사례를 찾는다. 그리고 이 진동을 다양한 관점에서 "힘"이나 "위치 에너지"로 표현하는 공식을 고안한다. 그 진동이 꼭 음악이나 튀는 공과 같이 분명한 사례일 필요는 없다. 진동은 인간사에서도 찾을 수 있다. 연예인의 인기 변화 추이, 군중들이 상가에서 자리를 차지하기 위해 이동하는 방식, 그리고 많은 다른 사회적 현상에서 많이 찾을 수 있다.

6. **마무리**: 학생이 새로운 이론적 도구를 파악했을 뿐 아니라, 이 도구가 더 큰 개념적 구성에 적합한지 이해했다고 어떻게 확신할 수 있는가? 학생이 학습 내용의 적용 방법뿐 아니라, 그것이 작용하는 이유 그리고 이해한 것이 문제가 되는 이유까지도 이해했는지 어떻게 확신할 수 있는가?

마무리 활동: 여기서 단원을 시작할 때 작성하였던, 자연에서 나타나는 다양한 진동의 목록으로 돌아가는 것은 유익한 활동이다. 용수철에 매달린 물체의 사례를 제시한다. 그리고 힘, 변위, 운동 에너지와 같은 용어들이 부적절한 진동 사례에 적용되었을 때, 용수철 사례와의 유사성을 찾도록 한다. 분명히, 생태계에서 포식자와 먹이의 개체 수의 변동은 속도나 가속도와 관련이 없다. 그러나 이 운동학적 특성이 어떻게 생물학이나 소리의 생성과 분명한 유사성을 가지는지를 검토할 수 있다. 이러한 분석 수업을 통해 비교적 간단한 일련의 수학적 도구들이 광범위하게 적용되는 방식을 인식한다.

7. **평가**: 그 내용이 학습되고 이해되었는지, 학생이 이론이나 일반적 개념을 발전시키고, 정교화하고, 그 한계의 의미를 획득했는지 어떻게 알 수 있는가?

평가의 형식: 단순 조화 운동 분석에 포함된 수학적 도구를 확실히 파악하기 위해, 수업 시간의 활동과 숙제를 통해 어느 정도 반복 연습을 할 필요가 있다. 그런 다음 표준화된 시험으로 이 도구의 숙달 정도를 평가한다. 단순 조화 운동의 포괄적인 중요성을 파악할 때, 이 중요한 현상을 분석하는 수학을 이해하지 못한다면 아무 소용이 없다. 그러나 수학을 이해했다고 해도 그 타당성을 이해하지 못한다면 마찬가지로 소용이 없다. 여기서 학생의 삶에서 조화 운동의 사례를 찾는 활동을 제시한다. 그리고 용수철에 매달린 물체의 사례에서 사

용된 역학 용어를 다른 변동 사례에 적용하였을 때, 그 용어들의 유사성을 찾도록 한다. 이러한 활동을 통해 학생이 단순 조화 운동의 일반 원리를 파악했는지 평가할 수 있다. 그리고 그 원리가 적용되는 정도를 평가할 수 있다.

결론

일상적인 상상력

이 책을 끝까지 함께 해준 것에 대해 감사한다(이 책은 뒤에서 읽거나, 부분적으로 읽어도 괜찮다).

학교에 다니는 동안 학생들은 대수, 역사 등을 학습한다. 이 시기에 학생의 상상력을 활용하기 위해 어쩌면 너무 대담한 주장을 전개한 것도 같다. 이에 대해 독자의 양해를 구한다. 내가 사용한 구성은 학습에서 활용 가능한 인지 도구에서 도출되었다.

- 가장 어린 학생: 이 시기의 학생은 이미 음성 언어라는 위대한 인지 도구를 습득했다. 교사가 이 도구들(이야기, 은유, 상반, 운율, 리듬, 유형, 농담과 유머, 심상, 잡담, 놀이, 신비감)을 사용하면, 학생들은 세상에 관해 아주 쉽게 배울 수 있다. 이 시기의 학생은 문식적 도구의 발달을 시작한다. 그렇지만 아직 문식성 도구를 습득하지 않았다고 가정하고 수업을 전개할 때, 학생의 성장을 도울 수 있다.
- 중간 연령의 학생: 음성적 도구가 유효하게 남아 있지만, 전반적으

로 문식성(현실감, 극단적 경험과 실재의 한계, 영웅과의 제휴, 경이감, 지식과 인간적 의미의 관계, 서사적 이해, 반항과 이상, 맥락 바꾸기, 문식적 시각)에 따라 새로운 체제가 개발된다. 교사는 이 도구를 익히고 활용하도록 학생을 도와야 한다. 나아가, 많은 학생이 이론적 사고 도구의 개발을 시작하므로, 교사는 그 성장을 촉진해야 한다.

• 청소년과 청년: 문식성 도구는 음성성 도구와 결합된다. 그리고 학생들은 이론적 사고(학생은 추상적 실재의 인식, 행위 원인의 인식, 일반적 개념과 예외의 파악을 계발한다. 그리고 권위와 진리를 탐구하고, 메타 서사적 이해를 수립하기 시작한다)와 관련된 세 번째 체제를 개발한다. 교사는 이 양식이 세상을 탐구하는 데 있어 갖는 유용성을 인식하도록 도와야 한다. 그리고 일부 학생은 이론적 사고의 표현이나 설명으로는 파악할 수 없는 실재를 발견하기 시작한다. 즉, "역설적" 관점을 계발하기 시작한다. 그러나 역설적 이해의 도구는 이 책의 범위를 넘는다(그것에 관심이 있다면, Egan, 1997 참조).

내가 전체적으로 강조한 바와 같이, 여기에 제시된 형식과 구성을 맹목적으로 따르라는 것은 아니다. 그것은 단지 상상력의 활용 원리를 구체화하고 상기시키려고 한 것이다. 일단 그 원리에 익숙해지면, 제재의 교수 방식을 생각할 때 일상적으로 적용하는 것이 중요하다. 그 경우라면 이 구성을 고려하지 않아도 좋다. 몇 차례 언급했듯이, 이 구성은 필요한 경우에 사용되는 토대일 뿐이다.

물론 나는 상상력을 활용하는 교수를 계획하는 유일한 방법을 서술했다고 생각하지 않는다. 이것은 상당히 광범위한 일련의 도구를 개괄적으로 파악한 것이다. 그래서 다른 많은 방식이 생략되었다. 그렇지만 상상력을 활용하는 특별한 교수에 관해 들어 보면, 대개 여기서 서술된 인지 도구들이 활용된 것으로 보인다. 그러나 그 도구들은 매우 다양한 방식으로 사용되며, 나는 그것을 피상적으로 다루었을 뿐이다.

데이비드(앞 장의 두 사례를 쓴 아들)는 〈햄릿〉 사례에 대한 유익한 비평과 함께, 다음과 같은 이메일을 보냈다.

저는 어제 진보에 대한 책을 읽으면서, 아버지도 저처럼 생각하실 두 가지 일화를 찾았습니다.

첫 번째는 콩스탕Benjamin Constant이 5살 때의 일화입니다. 가정교사와 그는 새로운 언어를 고안하기로 했습니다. 그래서 가정교사는 콩스탕을 밖으로 데리고 나가 그들이 본 모든 대상에 이름을 지어주기 시작했습니다. 콩스탕은 대상을 부르는 새로운 방식을 찾는 과정에 매우 흥미를 느끼게 되었습니다. 이어서 그들은 새로운 언어를 위한 전체 문법과 그 언어의 소리를 표현하는 새로운 쓰기 체계까지도 개발하게 됩니다. 콩스탕은 6살이 되기 전에 고대 그리스인이 배웠던 것을 발견합니다.

다른 하나는 아인슈타인의 일화입니다. 그는 대수라는 것이 X라고 부르는 생물을 사냥하는 것과 관련 있다는 것을 배웠습니다. 그것을 잡으면, 그것은 제 이름을 말해야 하는 것이지요.

콩스탕과 아인슈타인이 비범한 지능을 가진 것은 분명하다. 그러나 교사가 상상력을 활용하지 않았거나, 그들이 선택한 인지 도구의 능력을 함양하지 않았다고 해보자. 그랬다면, 그토록 비범할 수 있었을까. 이상한 이야기지만, 그들은 내가 제시한 구성을 사용하지 않고 이 모든 것을 이루었다! 따라서 이 구성은 단지 제안적이며 불필요하다고 생각할 수도 있다. 그러나 상상력을 활용하는 접근의 교수를 더 체계적인 방식으로 시도한다면 이 구성은 타당성을 가진다.

교수의 정신은 의미와 관련되어야 한다. 교육과 관련된 사람들은 그들의 임무가 단지 필요할 때 재생 가능한 사실과 기술을 가르치는 것이 아니라는 것을 처음부터 인식해 왔다. 그래서 사실과 기술을 인간 경험의 심오한 의미와 연관시키려고 했다. 역사적으로, 사상가들은 이 교육의 본질을 포착하는 이미지를 찾아 왔다. 오래 전에 재미있는 비유로 잘 알려진 장자莊子는 그의 유명한 유희적 숙고에서, 우리는 잠든 사람과 같다고 했다. 사람은 자면서 꿈을 꾸고, 꿈을 꾸는 꿈까지도 꾼다. 그러나 깨어나면, 그것이 꿈이었음을 깨닫는다. 그래서 이 일상 세계가 모두 이상한 꿈임을 인식할 때, 큰 깨달음을 가지게 될 것이다. 얼마 후, 장자와 차별되는 신비주의자, 익살가, 몽상가, 철학자인 플라톤도 유사한 이미지를 제시했다. 인간의 삶은 벽에 비친 그림자를 보면서, 완전한 실재라고 상상하는 죄수와 같다고. 그러나 내면의 죄수를 석방함으로써, 실재가 더 풍부하고 값지다는 것을 본다. 꿈이 실재와 다르듯이 일상 경험의 그림자도 실재와 다르다는 것을 알게 된다.

교수의 정신은 의미와 관련되어야 한다.

이러한 이미지들은 관습, 반복되는 일, 생활의 걱정 때문에 계속해서 경험이 무뎌질 수 있다는 생각을 반영하는 것 같다. 교육의 중요한 목적은 삶을 폄하하는 것에 맞서서 부단히 투쟁하는 것이다. 교수의 정신은 아동의 경험을 확장하고, 풍부하게 하고, 더 풍성하게 하려

는 부단한 노력이다. 여기서 학생을 둘러싼 세계에서 그의 상상력을 활용하도록 하는 것이 매우 중요하다.

어제 나는 상상력과 교육에 관한 책을 읽고 있었다. 몇 해 전에 나와 나다너Dan Nadaner가 쓴 내용을 인용한 부분을 그 책에서 보고 깜짝 놀랐다. 그때 나는 일상적인 교육의 실천에서 상상력의 중심성을 강조하며, 이 책을 마치기 위한 원고를 쓰고 있었다. 아직도 꼭 다시 하고 싶은 말이 그 오래된 텍스트에 있었다.

> 상상력은 바람직하지만 없어도 되는 장식이 아니다, … 그것은 모든 진정한 교육적 경험의 핵심이다. 상상력은 "기본"이나 훈련된 사고 혹은 합리적 탐구와 분리된 것이 아니다. 그것에 생명과 의미를 부여하는 것이 상상력의 특성이다. 상상력은 예술에만 적절한 것이 아니다. 모든 효과적 인간 사고의 실제적 중심이다. 우리의 관심은 상상력을 조장하기 위해 다른 것(소위 합리적 탐구 혹은 기본적 "읽기·쓰기·산수(3Rs)")을 희생하려는 것이 아니다. 상상력을 폄하하는 합리적 탐구의 개념이나 교육적 토대는 무력하며, 분명히 실천적으로 실패하게 됨을 보이려는 것이다. 상상력을 자극하는 것은 다른 주장들과 경쟁하는 선택적 교육 활동이 아니다. 상상력은 어떤 활동을 교육적인 것으로 만드는 데 꼭 필요한 전제 조건이다(1988, p. ix).

나는 일상적 교수에서 각 인지 도구의 사용과 관련된 사례를 제시했다. 그린 나음 수업이나 학습 단원의 계획을 구성하는 데 함께 적용할 수 있는 방식을 살펴보았다. 이 접근법에 익숙해지면, 교사는 수업에서 한두 가지 도구를 시도할 것이다. 이어 그 구성의 하나를 사용하여 전체 학습이나 단원을 형성하려고 시도할 것이다. 나아가 대개 동료들과 함께, 모든 필수 교육 과정 내용에 적합한 한 학기나 일 년간의 활동 계획을 짜기 위해 그 구성 중 하나를 사용할 것이다. 아마도 이 접근을 가장 충실히, 가장 잘 사용한 것은 마지막 활동이다. 그것은 학생과 교사에게 아주 극적이고 잊을 수 없는 경험을 낳기 때문이다.

이 책에서 나는 과감한 주장과 많은 약속을 한 것 같다. 그러나 문제도 있다. 대개 처음 생각보다 상상력을 활용하는 교수 형식으로의 전환은 더 어려워 보인다. 내가 연수회에서 계획 수립을 위해 이 구성의 사용 방식을 제시했을 때 일어난 일을 서술하려고 한다. 이를 통해 교사들이 경험한 문제를 제시하고자 한다.

그 연수회에 참여한 대부분의 교사들은 이 접근법이 현명하다는 것에 설득되었다. 물론 대개의 교사들은 연수회에 관심을 가졌다. 이미 교사들은 이 접근법에 설득되었고, 일상적인 교수에서 학생의 상상력 활용을 위한 실제적 도움을 찾고 있었기 때문이다. 나는 처음부터 전체적으로 원리가 잘 수용되어서 조금 놀랐고 기뻤다. 내가 학생의 상상력의 특성을 서술하면(이 책에서 한 것처럼), 많은 교사들은 그들이 가르치는 학생을 서술한 것이라고 했다. 그리고 직관적으로는 느꼈지만, 미처 생각하지 못한 학생의 사고와 학습 특징을 포착했다고 말했다. 대개 교사들은 학습의 이러한 특징에 초점을 맞추지 못했다고 했다. 왜냐하면 여태껏 교사가 읽어야 했던 지배적인 설계 모형과 이론에 관한 자료는 상상력을 활용하는 학생의 삶과는 거리가 있었기 때문이다. 그리고 거의 배타적으로 학생의 논리적 능력을 지향하도록 이끌었기 때문이다. 교사들은 학생의 상상력에 관한 서술이 학습자인 학생의 실재를 훨씬 잘 파악했다고 했다.

나는 이 반응에 매우 만족스러워 했지만, 문제에 직면하게 되었다. 상상력을 검토하면서 지식에 수반된 정서적 관련을 핵심 특징으로 다루었다. 즉, 우리가 중심적으로 고려한 것은, 단지 내용의 논리에 관한 개념적 파악이 아니라 학생의 정서적 반응이다. 대개 교사들은 이것을 매우 참신하게 생각한다. 그러나 나의 주된 관심은 교실에서 이 대안적 접근을 적용하기 위해, 그 내용에 수반된 교사 자신의 정서적 관련 역시 핵심이 되어야 한다는 점이다. 그리고 종종 연수회에서 문제가 되는 것도 바로 이것이었다.

소위 매력적인 구성들을 서술한 후에, 그 구성 중 하나에 따라 수업을 계획하도록 교사에게 요청했다. 세 가지 구성에서, 우선적인 요소는 목표와 무관하며, 그 내용을 깔끔하게 조직하는 것과도 무관하다. 그 구성은 바로 감정에 초점을 맞춘다. 그 내용에 대한 교사 자신의 정서적 관련을 확인할 수 없다면, 학생에게 정서적으로 참여하게 할 수 없다. 이 제안을 나는 연수회에서 실천적 부분으로 소개했다.

보통 교사들은 탈기계적으로 교육을 계획해야 한다는 제안을 잘 수용한다("목표"라는 용어는 공업의 절차에서 나온 것이다. 결국 인간의 상호 작용에서 나온 것은 아니다). 우리는 교육의 인간적 측면을 다시 강조해야 한다. 그리고 교수는 목표 도달 이상의 의사소통적 의미에 관한 것임을 다시 강조해야 한다. 물론 이것은 상호 배타적인 선택이 아니라, 수업의 전개에서 우선적 중요성을 결정하는 문제이다. 교사는 먼저 자신의 정서적 반응에 따라 가르칠 내용을 고려하여 계획해야 한다. 대부분의 신중한 교사는 이 제안을 잘 수용한다. 그러나 이것을 어떻게 해야 할지 분명한 생각을 가진 교사는 드물다.

대부분의 교사들은 적절한 수업 단위로 제재를 계획하는 데 매우 능숙하나는 것도 문제의 일부이다. 교사들은 그 제재의 학습을 확인하기 위한 다양한 수업 활동을 제공하는 데 능숙하다. 그 내용을 이해하는 논리적 순서로 수업을 계획하는 데 매우 뛰어나다. 흔히 교사가 아닌 사람은(그리고 많은 교사들도) 제재의 계획과 교수에서 30명의 학생 혹은 아주 다양한 학생 집단을 위해 일상적으로 전개되는 정교한 많은 기술을 인식하지 못한다. 그러나 이 모든 기술을 습득하는 과정에서, 핵심이 되는 것은 거의 혹은 전혀 실천되거나 조장되지 않는다. 그래서 당연히(그러나 처음에는 다소 놀랍게도), 교사는 그것을 상당히 어려워하기도 한다.

다른 한편으로 교사들이 그러한 정서적 관련이 가능하거나 현명한 것이라는 언급에 회의적이라는 문제도 있다. 최근 피츠버그의 연수회에서, 나는 가르칠 제재에 대한 교사 자신의 정서적 반응을 찾으라고 했다. 그때, 논리적인 한 예비 교사가 이렇게 말했다.

"분수나 구두점을 정서적으로 접근할 수 없다면, 성공적으로 가르칠 수 없다는 의미인가요?"

"물론, 시험을 통과하기에 충분한 내용을 학생에게 가르칠 수 있다면 성공적이라고 할 수 있지요. 그러나 내 말은, 쉼표에서 학생의 상상력을 활용하지 못한다면, 장기간 기억할 수도 없고 실제적 의미도 없다는 말입니다. 만약 선생님이 학생의 상상력을 활용한다면, 학생들은 훨씬 더 쉽게 더 높은 점수로 시험을 통과할 것입니다. 더 중요한 것은 학생이 쉼표가 문제가 되는 이유를 인식할 수 있다는 것이지요."

"그게 이해가 안 되네요. 어떻게 한 수업에서는 분수에, 다음 수업에서는 쉼표에, 그런 다음 과학에 정서적일 수 있나요. 나는 하루를 마치면 쓰러질 겁니다!"

"그 제재의 정서적 중요성을 자신에게 확인시킨다면, 하루를 마친 다음에도 쓰러지지는 않을 겁니다. 그것이 바로 핵심입니다. 그러한 정서적 관련을 찾는다면, 교사는 대개 하루를 마치며 탈진하기보다는 활기에 찬 자신을 발견할 겁니다. 그 교사의 수업에는 상상력을 활용하며 참여하는 자발적인 학생이 더 많을 것입니다. 그것이 교사에게 활력을 주지요."

정서적 관련을 찾은 교사는 대개 하루를 마치며 탈진하기보다는 활기에 찬 자신을 발견한다.

"이해는 하지만 믿어지지는 않네요."

나는 그녀에게 노력해 보자고 했다. 어떤 제재에 대해 함께 연구해 보자고 했다. 그리고 우리가 지향하는 바를 확인하는 방식을 생각할 수 없는지 살펴보자고 제안했다.

내가 그녀에게 요청한 것은 복잡한 지적 활동이 아니었다. 쉼표나 분수에 대해 잡담하기에 더 가까운 것이었다. 잡담할 때(그것은 인간의 가장 오래되고 쉬운 언어적 상호 작용 형식이다), 우리는 정서적 의미를 전하기 위해서 서사적 구조로 정보를 조직한다. 훌륭한 수다쟁이, 혹은 좀 더 세련된 용어로는 좌담가들이 참여한다. 훌륭한 잡담은 소모적인 것이 아니다. 오히려 그것은 활력과 즐거움을 준다. 우리는 쉼표 수업에 관한 개요를 짜기 시작했다. 그것은 다음 연수회에서 다른 교사들에 의해 정교화되었다. 그리고 최종 산물은 www.ierg.net/teach_la.html에서 볼 수 있다. 그녀는 그 결과에 상당히 만족하는 것 같았다. 그리고 이메일로 그녀의 수업에서 그것이 얼마나 성공적이었는지 전해 주었다.

여기서, 세 가지 구성에 수반되는 양면성과 경고 사항에 대해 말해야 할 것 같다. 한편으로, 학습에서 서사적 상상력을 불러일으키는 것은 효과적 학습을 위한 매우 "자연스러운" 방식이다. 반면, 교사의 훈련과 학교의 제도, 그리고 학생용 교재에서 인간이 세상을 이해하고 학습하는 방식의 주요 측면에는 거의 관심을 기울이지 않았다. 갑자기 이렇게 상당히 다른 방식으로 생각하기는 어렵다. 어떤 이유에

서든 그것은 매력적이고 바람직하지만, 항상 쉬운 것은 아니다.

여기서, 좀 대담하게 말하자면, 이 대안적 접근을 자연스럽게 다루는 많은 교사들을 만났다는 것을 덧붙여야 할 것이다. 그들은 마치 교사 자신이 생각하고 세상을 이해하는 방식과 훨씬 더 조화되게 가르칠 정도로 자유로운 것 같았다. 일반적 접근에서 나의 핵심적 주장은 바로 이것이다. 즉, 일상 세계를 이해하는 방식, 진정으로 흥미 있는 것과 문제가 되는 것을 배우는 방식에 훨씬 더 조화되어야 한다. 현재 교수 계획과 관련된 교재에서 제공되는 전형적인 모형보다는 이 방식이 훨씬 더 그에 가까울 것 같다.

독자는 이 접근법에 대해서 더 많은 것을 찾아볼 수 있다. 다른 사례들을 살펴보고, 이 접근법을 시도하고 있는 다른 교사와 의견을 교환할 수 있다. 혹은 '상상력을 활용하는 교육 연구회'의 웹사이트 (www.ierg.net)를 방문해서 수년간 이 접근법을 사용하고 있는 교사와 의견을 교환할 수 있다. 또한 www.educ.sfu.ca/kegan/ 혹은 www.ierg.net/forums/에서 저자와 이 책에 관해서 논의하고, 질문하고, 비판적으로 논평하고, 자신의 생각을 추가할 수도 있다.

이 책에서 나는 학습에서 학생의 상상력을 활용하는 방법을 설명할 수 있다는 과감한 주장을 했다. 그 주장은 학교에서 학생의 일상적 경험을 가능한 한 상상력을 활용하여 참여하도록 하는 방법의 문제를 다룬 많은 책과 논문의 하나라는 것은 인정한다. 그리고 수많은 교사들은 자신의 방식으로 그것을 매일 실천하고 있다. 이 책에서는 단지 그 일상적인 과업에 도움을 주려고 했을 뿐이다. 그리고 도움이 되었기를 바란다(나의 성급한 희망에 비해서 훨씬 미미한 것이더라도). 나는 이 책을 최종적 진술이나 완결된 정리로 보지 않는다. 즉, 이것은 나와 '상상력을 활용하는 교육 연구회,' 그리고 다른 많은 사람들이 연구해야 할 아이디어이다. 따라서 우리 모두가 직면한 교육적 도

전에 대한 대화의 일부로 이 책을 생각해 주었으면 한다. 그리고 앞에
서 말한 웹사이트는 제한적인 논의의 장이지만, 거기에 독자의 의견
을 부탁한다. 우리는 상호 논의와 학습을 통해서 더 발전하게 된다.
특히 내가 개괄적으로 제시한 구성은 훨씬 더 개선될 수 있다. 만약
독자가 개선을 시도했다고 생각한다면, 알려주기 바란다. (실제로, 이
책의 출판 과정에서, '상상력을 활용하는 교육 연구회'의 페터Mark
Fetter와 코다코스키Anne Chodakowski는 상당히 개선된 구성을 고안했
다. 이 구성은 부록 A, B, C에 첨부했다.)

독자의 의견을 부탁한다.

용어 해설

경이감*sense of wonder*: 이것은 주변 세상이나 내면세계의 어떤 측면에 초점을 맞추고, 그 특별한 유일성을 보고 즐기는 능력이다.

권위와 진실의 탐구*search for authority and truth*: 이 도구는 실재의 객관적이고, 확실하고, 우선적인 관점을 탐구하여, 어떤 개념이 참인지를 결정하기 위해 사용된다.

놀이*play*: 이 인지 도구는 행위 규범과 한계에 대한 이해를 확장시킨다. 그리고 가장하는 데서 즐거움을 느끼면서 자율성을 확장시킨다.

농담과 유머*jokes and humor*: 이 도구는 언어가 작용하는 기본 방식의 일부를 드러내면서, 동시에 지식의 요소를 가지고 놀이하도록 한다. 그래서 학습의 보상을 찾게 한다.

맥락 바꾸기*changing the context*: 이 도구는 학습 맥락을 변경하여 상상력이 그 제재의 의미를 더 충분히 파악하도록 한다.

메타-서사적 이해*meta-narrative understanding*: 이 도구는 지식을 더 일반적인 구조로 형성한다. 더 일반적인 구조는 지식을 이론적으로 파악하고 정서적으로 연관되도록 한다.

문식성*literacy*: 문식적으로 되었을 때 활용할 수 있는 일련의 인지 도구이다. 이 인지 도구들은 읽고 쓰기를 배우면 자동적으로 개발되는 것이 아니다. 이 도구는 문화의 역사에서 성취한 문식성을 내적으로 반복하는 학습과 연관된다.

문식적 시각*literate eye*: 이 능력은 텍스트와 표, 순서도, 도형과 같은 상징적 형태에서 정보를 도출하는 능력이다. 이때 정보 수집의 우선성은 청각에서 시각으로 바뀐다.

반항과 이상*revolt and idealism*: 이 도구를 사용하여 학생은 성인 세계에 저항하기도 하고 그 안에 안주하기 위해 변하기도 한다. 반항은 이상을 함의하며, 이상의 부재는 반항을 정당화한다.

상반된 쌍*binary opposites*: 이 도구는 세상을 조직하고 범주화하는 가장 기본적이고 유력한 도구이다. 그리고 다양하고 복잡한 지식의 형식에 초기 질서를 부여하는 도구이다.

상상력*imagination*: 대상의 가능성을 생각하는 능력이다(인간의 사고에서 융통성과 독창성의 근원이다). 문식적 상상력은 문화의 역사에서 이루어진 일련의 발견과 발명에 의해 함양된다.

서사적 이해_narrative understanding_: 이 도구는 정서적 의미를 파악하면서 대상을 이해하도록 한다. 이것은 역사나 문학뿐 아니라 물리학이나 수학에도 적용된다.

수집과 취미_collections and hobbies_: 대상의 수집이나 취미 활동에 굉장한 지적 정열을 쏟음으로써, 학생은 대상을 확실히 이해하려는 충동을 충족하는 데 정신을 사용한다.

신비_mystery_: 이 도구는 발견되어야 할 것을 아주 황홀하게 느끼는 매력적인 느낌을 낳는다. 학생의 정신을 학습에 대한 모험으로 이끈다.

실재의 극단과 한계_extremes and limits of reality_: 가장 특이하고 이상한 현상, 그리고 가장 두렵고 용기 있는 사건.

심상_mental imagery_: 단어에서 발생하는 고유한 이미지이다. 이것은 그 개념어가 나타내는 어떤 서술보다 더 상상력을 활용케 하고 기억 가능한 힘을 수반한다.

영웅과의 제휴_association with heroes_: 이 도구는 제휴한 인물의 영웅적 특성을 받아들이도록 한다. 그래서 새로운 문식적 실재감에 수반되는 소외의 우려를 극복하도록 한다. 이 도구로 우리는 실재의 특정한 측면을 더 중요히게 고취할 수 있나.

운율, 리듬, 유형_rhyme, rhythm, and pattern_: 이 도구는 내용을 의미 있고, 기억 가능하고, 매력적인 형태로 만든다.

은유*metaphor*: 이 도구는 어떤 대상을 다른 대상의 관점에서 보도록 하여 사용자의 이해를 확장시킨다.

음성성*orality*: 문식성에 능통하게 되기 전에 음성 언어 사용자가 활용할 수 있는 일련의 인지 도구이다.

이론적 사고*theoretic thinking*: 이론적 추상화를 발달시키고 이를 위해 다른 인지 도구들을 사용하는 능력이다.

이야기*story*: 허구적 내용뿐 아니라 현실 세계의 내용을 형성하는 서사적 전개이다.

인지 도구*cognitive tools*: 사고를 돕는 이 도구는 인간 문화의 역사에서 개발되었고, 현재는 사고와 이해 능력의 확장을 위해 학습된다.

일반적 개념과 예외의 파악*grasp of general ideas and their anomalies*: 이 도구는 학생에게 자연, 사회, 역사, 인간의 심리에 대한 추상적 개념을 낳는다. 그런 다음 그 개념의 부적합성을 인식하고 더 복잡한 개념으로 재구성하도록 한다.

잡담*gossip*: (쉽게 참여할 수 있고 대체로 유쾌한) 사회적 상호 작용의 가장 기본적인 형식 중 하나이다. 이것은 사건을 서사적으로 만드는 연습을 하도록 하며, 음성 언어 능력을 계발한다.

지식과 인간적 의미*knowledge and human meaning*: 이 도구는 표면적 지식을 넘어서 인간적 정서의 근원에 이르도록 한다.

초보적 도구_embryonic tools_: 각 수준의 도구(음성성, 문식성, 이론적 사고)는 이전 수준에서 형성되기 시작한다. 그래서 교사는 학생에게 초보적 도구를 사용할 기회를 제공할 필요가 있다.

추상적 실재의 인식_sense of abstract reality_: 이 도구는 학생에게 세상을 추상적 실재의 관점으로 이해하게 하는 합리적, 논리적으로 구성된 사고 형식이다.

행위 원인의 인식_sense of agency_: 복잡한 인과적 연쇄와 조직으로 세상과 자아를 관련지어 인식하는 것이다. 이것은 사람이 어떻게 현실 세계에서 역할을 수행하여 역사적 과정과 사회적 과정의 산물이 되는지 실제적으로 이해하도록 한다.

현실감_sense of reality_: 이것은 추상적, 합리적, 논리적으로 구성된 사고의 형식을 정보에 적용하는 능력이다. 여기에는 추상화 과정이 포함된다.

옮긴이의 글

역자의 긴 후기는 마치 친구에게서 내용을 듣고 영화를 보는 느낌을 주기도 한다. 그래서 내용 요약과 비평이 첨부된 긴 역자의 후기는 생략하려고 한다. 또한 이것을 생략하는 이유는 역자의 번역에는 많은 오역이 있다는 생각 때문이다. 오역에 근거해서 요약하고 비평한다는 것은 어쩌면 더 큰 오해를 낳을 수도 있다. 따라서 번역을 수정하고 내용을 정리하고 비평하는 일은 독자의 몫으로 미루고자 한다. 역자의 부족함을 스스로는 오히려 다행이라고 생각한다. 역자의 오해가 담긴 매끄러운 문장을 시도하기보다는 거칠지만 원문의 단어들을 가능한 그대로 옮겨보려고 애쓸 수 있었기 때문이다.

부족함에도 불고하고 이 책(Kieran Egan, *an imaginative approach to teaching*, San Francisco: Jossy-Bass, 2005)의 번역을 시작한 것은 도덕과 수업에 대한 관심 때문이었다. 이 책의 내용과 번역의 계기에는 단절과 비약이 있을 수 있다. 하지만 역자에게 이 책은 단절보다는 연결로 다가왔다. 초등학교 교사로 도덕과 수업을 하면서, 대학에서 학생들에게 도덕과 수업을 강의하면서 고민한 문제를 해결할 수 있는 단초를 찾았다고 생각했기 때문이다. 왜 도덕과 수업은 지루할까? 왜 도덕과 수업은 단 하나의 결정을 요구하는 것일까? 왜 도덕과 수업에서 학생들은 깊이 생각하지 않을까? 왜 도덕과 수업에서 정서의 함양이라는 이름으로 조건적 반응을 유발하려고 할까? 왜 도덕과 수업에서 앎의 기쁨을 주지 못하는 것일까? 왜 도덕과 수업에서 단위 시간의 목표 도달을 위해 효율성만이 지배적으로 강조될까?

물론 이러한 문제는 교사로서, 그리고 강의자로서 역자의 개인적 부족함에서 비롯된 것이다. 역자에게는 이런 개인적 부족함에서 비롯된 문제를 이해하고 해명하고 해결할 수 있는 하나의 단초로 이 책이 다가왔다. 그래서 이 책을 꼼꼼히 읽기 시작했고, 혹시 나와 같은 고민을 가진 교사에게 작은 도움이라도 되었으면 하는 마음에서 번역을 시작하게 되었다. 이 책이 이런 고민을 하는 교사에게 도움이 되기를 바란다. 또한 이 책에는 여러 교과와 관련된 인지 도구와 수업 사례가 담겨 있다. 이것은 다른 교과를 고민하는 교사에게도 도움이 될 수 있을 것으로 생각한다.

고백하자면, 스스로 필요성을 의심하면서 역자 후기를 첨부한 것은 어디에선가 감사의 표현을 하고 싶었기 때문이다. 먼저, 큰 가르침과 배려로 역자의 게으름과 모자람을 채워 주시려 한 은사님들께 감사드린다. 학부에서 지도해 주신 서울교육대학교의 김호성 총장님과 박문갑 교수님, 대학원에서 지도해 주신 한국교원대학교의 남궁달화 교수님께 감사드린다. 작게 배우는 제자의 아둔함에 대한 실망을 감추시고 늘 가르침과 기회를 베풀어 주셨다. 그리고 늘 따뜻한 배려와 깊은 공부를 전해 주시는 서울교육대학교 윤리교육과의 유병열, 이인재, 변순용, 지준호 교수님께도 감사드린다. 또한 초고의 교정에 여러 번 참여해 준 서울교육대학교 대학원의 하미영 선생님께 고마움을 전한다. 끝으로 도서출판 울력의 강동호 사장님께 감사의 인사를 전한다. 직접 만나 뵙기 전에도 오랫동안 인연이 지속되었으면 하는 느낌을 주신 분이다.

서울교육대학교 인문관 연구실에서
역자 송영민

부록 A: 신화적 구성

신화적 구성 제재:		
서사 찾기		
정서적 관련	중심 이미지 혹은 은유	이야기 형식으로 내용 조직하기
제재에서 정서적으로 관련된 것은 무엇인가? 그것은 어떤 의미를 갖는가? 그것이 왜 문제가 되는가?	상반된 쌍의 대비를 가장 극적으로 예시하는 내용은 무엇인가? 이것을 가능케 하는 은유나 이미지가 있는가?	내용을 이야기 형식으로 어떻게 조직할 수 있는가? 이것은 가장 기술적인 부분이며, 최고의 상상력을 요구하는 부분이다.
이것은 어려운 부분이다. 그러나 모든 대상에는 그 대상만의 깊은 의미가 있다. 이 단원이나 수업에서 교사가 학생에게 도달하기를 바라는 것은 무엇인가? 앞으로 수년간 학생이 기억하기를 바라는 것은 무엇인가?	이미지는 마음의 눈에 있는 단순한 그림이 아니다. 이미지는 모든 감각 양식에서 이루어진다. 즉, 시각, 청각, 촉각, 미각(맛), 후각(냄새), 그리고 쉽게 서술하기 어려운 다른 감각.	"정보 체계를 전달하는 것보다는 훌륭한 이야기를 하는 것에 가까운 것으로 수업이나 단원을 생각하고 있다고 해보자. 그러면 이 이야기를 가능한 뚜렷하게 말하는 방식에 초점을 맞출 필요가 있다. 그것은 일련의 지식, 기술, 태도로 목표에 도달하려는 시도보다 선행한다. 그 이야기가 잘 말해진다면, 목표는 더 유의미한 맥락으로 도달된다"(Egan, *The Educated Mind*, p.248).
제재의 의미와 정서를 가장 잘 포착하는 한 쌍의 개념은 무엇인가? 만약 이야기라면, 상충하는 힘은 무엇인가?	이야기를 전개하는 상반된 쌍을 포착하는 은유나 이미지를 생각해 보자.	전체 단원이나 수업을 숙고하고 전체적인 서사 구조의 관점에서 생각해 보자. 교사는 학생에게 명확히 할 내용을 선별하고 부각시키고자 한다. 교사는 단지 사실이나 사건의 순서를 관련짓는 것이 아니다. 교사는 학생에게 전할 이야기가 있으며, 일련의 사실과 사건은 이야기에서 통합된다.
여기서 기대하는 것은 추상적 극단이다. 즉, 사랑/미움, 선/악, 부/가난, 친구/적, 어리석은/현명한, 부지런한/나태한…		십여 가지 가능한 상반된 쌍의 목록을 만들자. 그리고 그 단원을 전개할 한 쌍만이 남을 때까지 줄여 나가자. 그중에서 서사에 가장 적합한 요소를 결정하고 나머지는 버리자. 어렵겠지만, 이야기의 맥락에 포함되지 않는 불필요한 항목을 제거하는 것이 중요하다.

인지도구 계발하기			
이미지와 은유	리듬, 운율, 유형	드라마와 역할 놀이	
학생에게 이미지, 은유, 혹은 다른 창조적 묘사 형식을 계발하도록 돕는 활동은 무엇인가? 그 이야기의 중심 이미지나 은유를 사용하여 정서적 관련을 조장하는 활동은 무엇인가? 어떻게 학생 스스로 이 은유를 계발하고 경험할 수 있는가? 제재와 관련해 발견되고 고안될 수 있는 농담이나 공상적 이야기는 무엇인가? 농담은 은유와 가까운 친척이다. 그리고 현명하게 사용되면 깊이 있는 이해에 도달하게 하는 훌륭한 방법이다.	학생에게 리듬, 운율, 예측성의 감각을 경험하고 확장하도록 돕는 활동은 무엇인가? 그 제재에서 고유한 반복이나 리듬의 유형은 무엇인가? 시각과 청각뿐 아니라 신체적 감각 혹은 시간과 정서에서도 유형과 리듬을 찾아보자. 매일 뜨고 지는 태양에도 리듬이 있다. 그리고 희망과 두려움에도 리듬감이 있다. 흔히 훌륭한 이야기를 낳는 것은 바로 이 정서적 리듬감이다. 어떤 게임, 노래, 활동이 학생에게 그 내용에 대한 구체적 리듬감을 갖게 하는가?	어떻게 학생은 이야기 속의 인물이 될 수 있는가? 어떻게 학생 자신의 용어, 몸짓, 행동을 사용해서 이야기를 제시하거나 다른 형식으로 표현하도록 격려하고 도울 수 있는가? . 가능한 학생이 이야기 속의 주인공이 되도록 하자. 혹은 그 인물을(사람, 동물, 광물, 혹은 더 추상적인 어떤 것이든) 알 수 있는 방법을 찾아보도록 하자. 예: 일단의 학생은 그들이 사각형이라고 상상하고, 다른 집단의 학생은 그들이 원이라고 상상한다.	학생 주도적／개방적 ↕ 교사 주도적／구조적

기대와 마무리		
향상된 이해	해결	평가
단원에서 낭만적, 철학적, 역설적 이해의 초기 형식을 어떻게 계발할 수 있는가? 여기서 문식성, 교과, 구체적 자기 인식을 특징으로 하는 어떤 인지 도구가 도입될 수 있는가? 낭만적, 철학적, 혹은 역설적 관점에서 제기될 수 있는 질문을 고려해 보자. 이 질문들은 그 단원 전체나 끝에서 "사고의 자극"이나 실질적인 탐구 영역이 된다. 학생은 한 단계의 이해를 "마치고" 갑자기 다음 단계로 올라가지 않음을 기억하자. 학생은 특정 문화적 도구의 사용 경향과 숙달에서 점진적 변화를 경험한다. (신비적 수준의 단원에서 차후의 도구가 소개되더라도, 음성 언어적 인지 도구는 계속 강조되고 개발된다.)	이야기는 어떻게 끝나는가? 상반은 어떻게 중재되거나 해결되는가? 교사가 그 단원에서 학생에게 도달하길 바라는 것은 무엇이며, 그것은 상반된 쌍과 어떻게 관련되는지 결정하자. 교사는 학생에게 이것을 드러낼지 결정할 수 있다. 아마도 악한은 처음 생각처럼 그렇게 나쁘지 않다고 판명될 수도 있다. 혹은 인간에게는 아주 작은 공깃돌이 벼룩에게는 아주 크다는 것을 깨달을 수 있다. 양극단 사이에서 중재할 수 없는 경우도 있다. 그렇더라도 한 극단에서 다른 극단으로의 점진적 이동은 있다. 예를 들어, 환경에 관한 단원에서 절망과 희망이라는 상반된 쌍이 있다. 교사는 그 이야기가 절망감보다는 희망감으로 끝났음을 확인하고 싶어 한다.	제재가 이해되고, 중요성이 파악되고, 내용이 학습되었는지 어떻게 알 수 있는가? 교사는 성공 여부를 알기 위해 필요한 정보를 어떻게 수집하려고 하는가? 수업이나 단원 중간에 계속 평가하는 것을 잊지 말자. 그래야 교사는 필요하다면 수업이나 단원을 조정할 수 있다. 교사는 전통적 평가 형식, 포트폴리오, 규정, 작품 활동, 사설 쓰기를 사용할 수 있다. 혹은 그 제재에서 상상력 활용의 평가에 필요한 정보 수집에 도움이 되는 모든 형식을 사용할 수 있다.

부록 B: 낭만적 구성

낭만적 구성 제재:		
서사 찾기		
영웅적 특성	영웅적 이미지	이야기 형식으로 내용 조직하기
제재에서 핵심인인 "영웅적" 특성이나 가치는 무엇인가? 이야기에서 인물을 아주 경이롭게 만드는 것은 무엇인가? 내용에 대한 학생의 정서적 유대를 위해서, 먼저 교사 자신의 정서적 애착을 확인할 필요가 있다. 그 제재에서 확인할 수 있는 영웅적 인간 특성이나 정서(용기, 동정, 끈기, 두려움, 희망, 혐오, 기쁨 등)는 무엇인가? 이러한 "낭만적" 특성은 교사에게(그리고 학생에게) 세상을 인간적 관점으로 보게 한다. 그리고 모든 교과의 사건, 사실, 개념에 인간적 의미를 부여한다. "낭만"은 세상을 인간적 관점에서 보게 한다. 즉, 인간적 의미로 세상을 혼동하는 것이 아니라 세상에 인간적 의미를 불어넣는 것이다. 이 첫 번째 과업이 수업이나 단원을 계획할 때 가장 어려운 부분이다. 교사는 그 제재에 대해 생각할 뿐 아니라 느끼기도 해야 한다. 실제로, 그 제재에 대해 "지각하고 느끼고 생각"해야 한다.	어떤 이미지가 제재의 영웅적 특성을 포착하는가? 이미지는 시각적, 청각적, 촉각적, 미각적, 후각적이다. 단원의 중심 이미지는 초월적 특성을 나타내야 한다. 그 특성으로 이야기를 전개하여 단원을 이끈다.	교사가 다루고자 하는 내용을 통합하는 "영웅적 서사"는 무엇인가? 이것은 가장 기술적인 부분이다. 여기서 최대한의 상상력이 요구된다. "교육 과정의 내용을 도달해야 할 목표보다는 전해야 할 위대한 이야기로 생각하자. 그러면 신문 편집자가 기자에게 "무슨 이야기지?"라고 묻는 의미의 "이야기"를 많이 생각할 수 있다." (Egan, *Arts as Basics*) 전체 단원이나 수업을 깊이 생각하자. 그리고 그것을 전체적으로 서사적 구조로 생각해 보자. 교사는 학생에게 명확히 할 내용을 선별하고 부각하고자 한다. 교사는 단지 사실이나 사건의 순서를 나열하는 것이 아니다. 교사는 학생에게 전할 이야기가 있다. 그리고 일련의 사실과 사건은 그 이야기로 통합된다. 십여 가지 가능한 영웅적 특성 목록을 만들었다면, 핵심적인 것 하나를 선택하자. 그중에서 서사에 가장 접합한 요소를 결정하자. 그리고 주된 영웅적 특성이나 가치에 적합한 것을 정하고 나머지는 버리자. 어렵더라도 이야기의 맥락에 포함되지 않는 불필요한 항목을 제거하는 것이 중요하다.

인지 도구 개발하기			
인간의 능력과 정서 탐구하기	극단적 실재	수집하기와 조직하기	
이 제재의 지식을 형성한 인간의 희망, 두려움, 열정, 투쟁을 학생이 어떻게 이해할 수 있는가?	그 제재와 관련된 극단적 실재(가장 큰, 가장 뜨거운, 가장 오래된, 가장 부유한)는 무엇인가?	그 제재에서 학생이 아주 상세하게 탐구할 수 있는 부분은 무엇인가? 학생은 그들의 지식을 어떻게 체계적인 형식으로 제시할 수 있는가?	학생 주도적／개방적 ↕ 교사 주도적／구조적
훌륭한 영화나 소설이 세상의 측면과 어떻게 관련되는지 생각해 보자. 거의 모든 영화에서 영웅에 대한 방해가 이런저런 형식으로 인간화된다. 그것은 인간적 관점으로 보인다. 이를 위해 교사가 어떤 것을 왜곡할 필요는 없다. 그보다는 그것을 보는 특정 방식을 부각시킨다(이것이 학생의 상상력과 지식이 관련되는 방식이기 때문이다).	이 나이의 학생은 『기네스북』에서 볼 수 있는 형태의 정보에 매우 흥미를 느낀다. 가장 큰 것과 가장 작은 것을 찾음으로써, 학생은 실재의 한계를 설정한다. 그리고 그것을 사용하여 측정의 척도를 수립한다. 어떤 제재이든 그 안에는 극단적 사례가 있다. 거미에 대해 공부를 한다고 해보자. 이때 덜 인상적인 것을 검토하기 전에 가장 큰 거미, 가장 작은 거미, 가장 독이 많은 거미 등을 먼저 설정하는 것이 가장 좋다.	학생에게 제재의 일부를 수행 과제로 제시하기는 쉽다. 반면 그 제재에서 학생이 철저히 탐구할 수 있는 측면을 생각하는 것은 다소 어렵다. 즉, 그 제재에서 거의 모든 관련 지식을 찾을 수 있는 측면을 생각하는 것은 다소 어렵다. 그러나 모든 제재에는 그러한 부분이 있다. 그리고 그 부분을 다른 사람만큼 알고 있다는 안도감과 숙달감은 탐구를 위한 큰 자극이 된다. 흥미를 자아내는 것, 상이한 관점에서 볼 수 있는 것, 혹은 그 내용이나 교수에서 암시되었지만 검토되지 않은 것을 생각해 보자. 결국 학생이 철저히 탐구하고 있는 제재는 영웅적 특성과 관련된다는 것을 확신히 하자. 그렇지 않으면, 인간화된 의미는 상실될 것이다.	

기대와 정리		
향상된 이해의 지향	만족스러운 결말	평가
그 단원에서 철학적, 역설적 이해의 초기 형식을 어떻게 개발할 수 있는가? 여기서 제시될 수 있는 교과나 구체화된 자기 인식을 특징으로 하는 인지 도구는 무엇인가? 그 제재에 관해 철학적, 역설적 관점에서 제기될 수 있는 질문을 고려해 보자. 이 질문은 단원 전체나 혹은 끝에서 "생각의 자극brain candy"으로 제시된다. 혹은 더 실질적인 탐구 영역이 되기도 한다. 학생은 한 단계의 이해를 "끝내고graduate, 갑자기 다음 단계로 올라가지 않는다는 것을 기억하자. 아마도 학생이 특정 문화적 도구를 사용하려는 경향과 그 숙달로 점진적 변화를 경험하는 것 같다. (그러나, 낭만적 수준의 단원에서 차후의 도구가 도입되더라도, 문식적 인지 도구는 계속 강조되고 개발된다.)	그 단원의 고유한 극적 긴장을 해결할 수 있는 최선의 방법은 무엇인가? 학생에게 이 해결을 경험하고 공유하도록 하는 공동 과제나 활동은 무엇인가? 교사는 그 단원이 긍정적인 분위기로 끝났음을 확인하려고 한다. 이를 위한 한 방법은 그 단원의 극적 긴장을 해결하는 공동 과업을 수행하도록 하는 것이다. 만약 교사가 철학적 이해로 이끄는 결론을 원한다면, 출발했던 이미지에 대한 재검토를 고려하자. 그리고 다른 영웅적 특성의 관점에서 그 내용에 대한 재조사를 고려하자. 그것은 그 내용에 대해 상반되거나 상충하는 이미지를 제시한다.	그 제재가 이해되고, 그 중요성이 파악되고, 그 내용이 학습되었는지 어떻게 알 수 있는가? 모든 전통적 평가 형식이 사용될 수 있다. 나아가 교사는 그 제재에서 학생의 상상력이 얼마나 활용되었는지 측정하고자 한다(학생은 그 내용과 관련하여 얼마나 성공적으로 낭만적 관련을 수행했는가). 정리 활동은 자연스럽게 평가될 수 있다. 평가할 때, 영웅적 특성은 그 내용에 다가가도록 하는 것임을 기억하자. 이 초월적 특성은 도구이지, 그 자체가 평가되어야 하는 것은 아니다.

부록 C: 철학적 구성

철학적 구성	제재:		
"위대한 사상" 확인하기	인지 도구 습득하기		
	상세한 관찰	일반적 도식을 찾고 적용하기	함의점 찾기
제재를 설명하기 위해 사용될 수 있는 포괄적 조직이나 인과적 원리는 무엇인가? 제재와 관련된 사건이나 개념 자체가 지닌 것 이상의 중요성을 부여하는 것은 무엇인가? 세상은 넓고 복잡한 곳이다. 질서의 근본 형식을 탐구하는 것은 인간 문화의 영원한 주제 중 하나이다. 철학적 사고는 모래알에서 세상을 추리한다. 즉, 일반적 도식의 증거를 찾기 위해 특정 사례에 주목한다. 여기서 가장 어려운 일은 가능하다는 느낌을 가지고 앞선 사상가들이 그 제재에 대해 느꼈던 것을 발견하는 것이다. 그러면 사상가들의 업적은 쉽게 우리가 세상을 보는 방식의 일부가 된다(혹은 좀 더 성공적인 서사로 대치된다). 단원은 구조화되고 학생 스스로 이 서사를 경험한다(결국 훌륭한 일반적 도식으로 전달된 명료성은 발견의 정서적 만족과 연결된다).	세상의 어떤 특징이 조사되고 설명될 필요가 있는 문제를 제기하는가? 그에 관한 어떤 정보가 일반적 도식의 구성력을 가장 잘 나타내는가? 모든 탐구 분야에는 특징적인 조사 도구가 있다. 과학에서처럼(현미경과 망원경은 두 가지 분명한 사례이다), 대개 이것은 문식적인 도구인 경우도 있다. 좀 더 은유적 의미의 도구도 있다. 즉, 수학적 상징, 화학적 기술, 심리적 검사, 언어 분석의 방법 등이다. 이 도구들이 의미의 숨겨진 구조나 층위를 밝힐 때(혹은 접근할 때), 철학적 상상력을 사로잡는다.	그 단원에서 어떻게 일반적 도식이 계발되고, 적용되고, 검토될 수 있는가? 이 도식을 특별히 흥미롭거나, 유익하거나, 의미 있게 만드는 것은 어떤 특징인가? 제재에 초점을 맞출 때 사용될 수 있는 풍부한 정보는 대개 새로운 조사 도구를 사용한다. 이 정보는 일반적 개념을 개발하거나, 검토하거나, 적용할 때만 충분히 의미 있게 된다. 이 개념이 경험의 작은 한 영역을 훌륭히 설명한다면, 철학적 정신은 그 개념을 폭넓게 적용하기 위한 방식을 탐구한다. 혹은 그 적용 범위를 규정하는 방식을 탐구한다.	이러한 사고방식이 세상의 본질 및 그 본질과 인간의 관계에 함의하는 바는 무엇인가? 궁극적으로, 철학적 이해는 인간 존재의 본질적 특징에 대한 탐구를 지향한다. 즉, 세상에 존재하고, 알고, 행위하는 방식의 가능성과 한계를 지향한다. 모든 발전된 이해는 새로운 탐구 영역, 새로운 가능성의 전망을 제시한다.

이해의 심화		결론: 시각화된 이론	평가
예외의 소개	대안적 도식		
지금까지 개발된 일반적 도식이 직면하는 문제점은 무엇인가? 그 문제는 어떻게 다루어져야 하는가? 철학적 이해에서 중요한 요소는 모든 일반 도식의 잠정적이고 불완전한 본질을 평가하는 것이다. 교사는 학생에게 사소한 예외에서 시작해서 일반적 이론에 점차 민감하게 도전하도록 한다. 그래서 학생의 이론을 더 정교하게 만든다.	지배적 서사에 도전하기 위해 전개되었거나 전개되어야 하는 다른 일반적 도식은 무엇인가? 개별적인 예외보다 더 도전적인 것은 제재에 대한 사고를 형성하는 완전히 다른 도식들이다. 만약 학생이 이 중 하나라도 깊이 있게 반응하도록 도전할 수 있다면, 지배적인 도식에 대한 학생의 이해와 평가를 크게 함양한다.	이 단원에서 전반적인 이해의 발달이 어떻게 정리되어 제시될 수 있는가? 교사는 이론적 구성을 시각화(행동이나 표상화된 방식으로)하여 철학적 단원을 마치고자 한다. 여기에는 장르의 변화가 포함된다. 즉, 감동적인 연기를 구성하기 위해 문학 이론을 사용할 때, 도표나 게임으로 과학 이론을 표현할 때, 문학 작품에서 사회 이론을 도입할 때이다. 시간이 충분하다면, 그 단원에서 탐구되지 않은 사례에 이론을 적용하는 근본적인 탐구 과제가 포함될 수 있다.	내용이 학습되고 이해되었는지, 학생이 이론이나 일반적 개념을 개발하고, 정교화하고, 그 한계에 대한 인식을 획득했는지 어떻게 알 수 있는가? 어떤 측면에서 이것은 신화적 혹은 낭만적 이해보다 쉽다. 철학적 이해에는 분명한 개념 형성, 증거에 근거한 개념의 정당화와 옹호가 포함되기 때문이다. 교사는 학생들이 서로 도전하도록 한다(토론, 동료 논평 등). 그리고 교사는 학생이 성공적으로 새로운 현상에 이론을 적용하고 예외를 설명하는지 조사한다. 그 단원의 결론으로 선택된 활동 자체가 이러한 평가를 제공한다.

참고 문헌

Ausubel, D. P. (1968). *Educational psychology: A cognitive view.* New York: Rinehart & Winston.

Barrow, R. (1988). "Some observations on the concept of imagination." In K. Egan & D. Nadaner (Eds.), *Imagination and education.* New York: Teachers College Press.

Bennett, J. G. (1967). *Systematics.* December.

Bettelheim, B. (1976). *The uses of enchantment.* New York: Knopf.

Brewster, D. (Ed.) (1855/1965). *Memoirs of Newton,* vol. 2, ch. 27. New York & London: Johnson Reprint Corporation.

Bruner, J. (1986). *Actual minds, possible worlds.* Cambridge, MA: Harvard University Press.

Bruner, J. (1988). "Discussion." *Yale Journal of Criticism,* 2, 1.

Carey, S., & Gelman, R. (1990). *The epigenesis of mind.* Hillsdale, NJ: Erlbaum.

Coe, R. (1984). *When the grass was taller.* New Haven, CT: Yale University Press.

Coles, R. (1989). *The call of stories: Teaching and the moral imagination.* Boston: Houghton Mifflin.

Donaldson, M. (1978). *Children's minds.* London: Croom Helm.

Dunbar, R.I.M. (1991). "Functional significance of social grooming in primates." *Folia Primatologica,* 57, 121-31.

Egan, K. (1997). *The educated mind: How cognitive tools shape our understanding.* Chicago: University of Chicago Press.

Egan, K. (2003). "Start with what the student knows or with what the student can imagine?" *Phi Delta Kappan,* 84(6), 443-45.

Egan, K., & Nadaner, D. (Eds.) (1988). *Imagination and education.* New York: Teachers College Press.

Eisner, E. W. (1985). *The educational imagination.* New York: Macmillan.

Frye, N. (1963). *The well-tempered critic.* Gloucester, MA: Peter Smith.

Gardner, H. (1991). *The unschooled mind.* New York: Basic Books.

Gardner, H. (1993). *Multiple intelligences: The theory in practice.* New York: Basic Books.

Gardner, H., & Winner, E. (1979). "The development of metaphoric competence: Implications for humanistic disciplines." In Sheldon Sacks (Ed.), *On metaphor.* Chicago: University of Chicago Press.

Gerofsky, S. (2004). *A man left Albuquerque heading east: Word problems as genre in mathematics education.* New York: Peter Lang.

Hayek, F. A. (1970). "The primacy of the abstract." In Arthur Koestler & J. R. Smythies (Eds.), *Beyond reductionism.* New York: Macmillan.

Keil, F. (1989). *Concepts, kinds, and cognitive development.* Cambridge: MIT Press.

Kermode, F. (1966). *The sense of an ending.* Oxford, England: Oxford University Press.

Lévi-Strauss, C. (1962). *Totemism.* London: Merlin.

MacIntyre, A. (1981). *After virtue.* Notre Dame, IN: University of Notre Dame Press.

Maslow, A. (1970). *Motivation and personality,* 2nd ed. New York: HarperCollins.

McLuhan, M. (1964). *Understanding media: The extensions of man.* New York: McGraw-Hill.

Mills, S. (1990, May 11). "Review of John Perlin's *A forest journey: The role of wood in the development of civilization.*" In the *Times Literary Supplement,* p. 490.

Mithen, S. (1996). *The prehistory of the mind: The cognitive origins of arts, religion and science*. London: Thames & Hudson.

Olson, D. R. (1994). *The world on paper*. Cambridge, England: Cambridge University Press.

Pinker, S. (1994). *The language instinct*. New York: Morrow.

Shepard, R. N. (1975). "Form, formation, and transformation of internal representations." In R. L. Solso (Ed.), *Contemporary issues in cognitive psychology*. Washington, DC: Winston.

Sutton-Smith, B. (1988). "In search of the imagination." In K. Egan & D. Nadaner (Eds.), *Imagination and education*. New York: Teachers College Press.

Tyler, R. (1949). *Basic principles of curriculum and instruction*. Chicago: University of Chicago Press.

Vygotsky, L. S. (1978). *Mind in society: The development of higher psychological processes*. (Michael Cole, Vera John-Steiner, Sylvia Scribner, and Elaine Souberman, Eds.). Cambridge MA: Harvard University Press.

Winner, E. (1988). *The point of words: Children's understanding of metaphor and irony*. Cambridge, MA: Harvard University Press.

Whitehead, A. N. (1922/1967). *The aims of education*. New York: Free Press.

찾아보기